古典文獻研究輯刊

七 編

潘美月‧杜潔祥 主編

第 19 冊

《上海博物館藏戰國楚竹書(四)‧
采風曲目、逸詩、內豊、相邦之道》研究(下)

陳 思 婷 著

國家圖書館出版品預行編目資料

《上海博物館藏戰國楚竹書（四）‧采風曲目、逸詩、內豊、相邦之道》研究（下）／陳思婷著 — 初版 — 台北縣永和市：花木蘭文化出版社，2008〔民97〕

目 2+214 面：19×26 公分

（古典文獻研究輯刊 七編：第19冊）

ISBN：978-986-6657-69-6（精裝）

1. 簡牘文字　2. 研究考訂

796.8　　　　　　　　　　　　　　　　97012766

ISBN - 978-986-6657-69-6

9 789866 657696

古典文獻研究輯刊

七 編　第十九冊　　　　　　　ISBN：978-986-6657-69-6

《上海博物館藏戰國楚竹書（四）‧
　采風曲目、逸詩、內豊、相邦之道》研究（下）

作　　者　陳思婷
主　　編　潘美月　杜潔祥
總 編 輯　杜潔祥
企劃出版　北京大學文化資源研究中心
出　　版　花木蘭文化出版社
發 行 所　花木蘭文化出版社
發 行 人　高小娟
聯絡地址　台北縣永和市中正路五九五號七樓之三
　　　　　電話：02-2923-1455／傳眞：02-2923-1452
電子信箱　sut81518@ms59.hinet.net
初　　版　2008 年 9 月
定　　價　七編 20 冊（精裝）新台幣 31,000 元

《上海博物館藏戰國楚竹書(四)·
采風曲目、逸詩、內豊、相邦之道》研究(下)

陳思婷　著

目
次

第四章 〈逸詩・多薪〉校釋

第一節 前 言

　　本篇是《上海博物館藏戰國楚竹書（四）》第二篇〈逸詩〉的第二首詩，共二簡，共 44 字，含重文八字，原考釋謂「現存者約爲原詩其中二章的部份詩句」〔註1〕，非是。從殘餘簡文來看，原詩至少應有四章，其中第四章保存完整，由於重章疊句的關係，我們可以根據第四章，試補出其他缺損的詩句。原考釋以詩意名篇，並謂「〈多薪〉是歌詠兄弟二人之間親密無比的關係」，其說可從。

第二節 竹簡形制及編聯

　　〈多薪〉所存僅二簡，第一簡上端殘斷，下端大致完整，簡長約 20.3 厘米，現存二十三字，其中重文四；第二簡上端亦殘，下端則平齊完整，簡長約 23 厘米，現存二十一字，其中重文四。第二簡簡末「莫奴（如）同父母」後，有一篇末結束符號 **L**，因此在簡序安排上，提供了很大的辨識度。

第三節 〈逸詩・多薪〉簡文校釋

【原文】

　　多＝新＝（多薪多薪），莫奴（如）栗榛〔1〕，倪（兄）及弟斯〔2〕，鮮我二人〔3〕。

〔註1〕馬承源主編：《上海博物館藏戰國楚竹書（四）》，（上海：上海古籍出版社），頁 173。

多＝新＝（多薪多薪），莫奴（如）萑葦〔4〕，多＝人＝（多人多人），莫奴（如）兒（兄）【一】弟。

多＝新＝（多薪多薪），莫奴（如）蕭荓〔5〕，多＝人＝（多人多人），莫奴（如）同生〔6〕。

多＝新＝（多薪多薪），莫奴（如）松杍（梓）〔7〕，多＝人＝（多人多人），莫奴（如）同父母。〔8〕【二】

【語譯】

在眾多的薪材之中，沒有比栗和榛更接近的。在多人之中，最要好的是我們兄弟二人。

在眾多的薪材之中，沒有比萑和葦更接近的。在多人之中，沒有比兄弟更親近的。

在眾多的薪材之中，沒有比蕭荓更接近的。在多人之中，沒有比同父母所生的兄弟更親近的。

在眾多的薪材之中，沒有比松梓更接近的。在多人之中，沒有比同父母所生的兄弟更親近的。

第一章

多＝新＝（多薪多薪），莫奴（如）栗榛〔1〕，兒（兄）及弟斯〔2〕，鮮我二人〔3〕。

〔1〕多＝薪＝（多薪多薪），莫奴（如）栗榛：

【各家說法】

1. 劉洪濤：

《逸詩》中題為《多薪》的這首詩共有兩支簡，內容如下（釋文用寬式）：

……兄及弟，斯鮮我二人。

多薪多薪，莫如萑葦。多人多人，莫如兄【弟。

多薪多薪，莫如□□。多人多人，】莫如同生。

多薪多薪，莫如松梓。多人多人，莫如同父母。

首詩後三段形式固定，都是「多薪多薪，莫如……。多人多人，莫如……」的句式，可見它們應屬於同一首詩。第一段的形式與之有明顯的不同，因此我們懷疑它可能不屬於《多薪》這首詩，而是另一首詩的最後一句。這

是從形式方面來看。從內容方面來看，《多薪》的中心思想是講兄弟對自己是最重要的，「兄弟」、「同生」、「同父母」同義。第一段雖然提及兄弟，但肯定不是講這方面的意思。因此第一段的八個字應該屬於另外一首詩（以下稱爲殘詩）。只是「二人」下沒有段落標誌，這好像把上面內容分爲兩首詩的反證。但是出土竹書在抄寫時漏抄標點符號的情況很多見，這裏有可能也是因一時疏忽而漏抄（整個《逸詩》標點符號運用的特點也不十分清楚），不能作爲上面內容屬於同一首詩的證據。〔註2〕

2. 林碧玲補首章兩句爲「苞彼樹杞，枝葉蓁蓁」或「陟彼畎丘，濟濟其榛」。〔註3〕

3. 季師旭昇：

本詩以「多薪」喻「多人」，因此詩篇一開始應該是「多薪多薪」。接著敘述在眾多薪材之中，只有某兩類特別接近，以喻在多人之中，只有兄弟二人最親近，因此第二句應補「莫如□□」。本詩第一章末句爲「鮮我二人」，押「眞」部韻，因此第二句應補眞韻字，在草木類中，眞韻字而特別接近的有「栗榛」。《左傳‧莊公二十四年》：「女摯不過榛栗棗脩。」杜注：「榛，小栗。」《禮記‧曲禮下》：「婦人之摯：棋、榛、脯、脩、棗、栗。」鄭注：「榛，木名。榛實似栗而小。」《毛詩‧鄘風‧定之方中》：「樹之榛栗，椅桐梓漆。」榛、栗二木性質、功能均屬相近，文獻也常常並提，因此〈多薪〉首章補以「栗榛」，應屬可行。〔註4〕

【思婷案】

第一簡上端殘斷，下端大致完整，現存 23 字。殘存的首二句爲「兄及弟斯，鮮我二人」。學者多半將這兩句視爲〈多薪〉的一部份，唯劉洪濤認爲這兩句的形式與其下三章明顯不同，而且在內容方面，「雖然提及兄弟，但肯定不是講這方面的意思」，進而懷疑它不屬於〈多薪〉這首詩。

本文仍認爲「兄及弟斯，鮮我二人」二句屬於〈多薪〉一詩，所持理由亦從內容和形式二方面而論。

首先依內容來看，「兄及弟斯，鮮我二人」，意爲「我們兄弟二人是最要好的」

〔註2〕 劉洪濤：〈讀《上海博物館藏戰國楚竹書（四）》箚記（二）〉，武漢大學簡帛網，2007年1月17日。

〔註3〕 林碧玲主講：「上博四〈逸詩‧多薪〉導讀」。（第八次簡帛資料文哲研讀會，2006年12月9日，台大哲學系201室。）可參考
http://homepage.ntu.edu.tw/~d93124002/index-new.html。

〔註4〕 季師旭昇主編：《《上海博物館藏戰國楚竹書（四）》讀本》，（台北：萬卷樓，2007年3月），頁44～45。

（詳下文），此與下文「莫如兄弟」、「莫如同生」、「莫如同父母」同義，同樣在歌詠兄弟二人互親互依。

其次，就形式而言，劉洪濤將此句讀為「……覬及弟，斯鮮我二人」，並認為其形式與其下三章明顯不同，故不應綴屬於〈多薪〉。然而「斯」字可釋為助詞句末，此句可斷句為「覬及弟斯，鮮我二人」；再者，《詩經》中有許多詩篇，並非都是形式複疊者，如《詩經‧齊風‧甫田》：

> 無田甫田，維莠驕驕。無思遠人，勞心忉忉。
>
> 無田甫田，維莠桀桀。無思遠人，勞心怛怛。
>
> 婉兮孌兮，總角丱兮。未幾見兮，突而弁兮。

全詩共三章，只有一、二章複疊。又如〈國風‧召南‧行露〉：

> 厭浥行露。豈不夙夜，謂行多露。
>
> 誰謂雀無角？何以穿我屋？誰謂女無家？何以速我獄？雖速我獄，室家不足。
>
> 誰謂鼠無牙？何以穿我墉？誰謂女無家？何以速我訟？雖速我訟，亦不女從。

〈行露〉全詩三章，就句數而言，首章有三句，二、三章各六句；在形式上，也只有二、三章是複疊。又如〈秦風‧車鄰〉：

> 有車鄰鄰，有馬白顛。未見君子，寺人之令。
>
> 阪有漆，隰有栗。既見君子，並坐鼓瑟。今者不樂，逝者其耋。
>
> 阪有桑，隰有楊。既見君子，並坐鼓簧。今者不樂，逝者其亡。

〈車鄰〉全詩三章，就句數而言，首章四句，二、三章六句，形式複疊的只有二、三章。以這幾首詩為例，不但其中一章在形式上和其他幾章不同，甚至在句數上也有不一致的狀況，因此以形式來判定「覬及弟斯，鮮我二人」不從屬於〈多薪〉，並不構成絕對的理由，故本文仍將「覬及弟斯，鮮我二人」視為〈多薪〉詩句的一部份。

簡文「覬及弟斯，鮮我二人」之前的竹簡是殘斷的。由於「覬及弟斯，鮮我二人」以後的三章皆為四句，因此我們暫時推定「覬及弟斯，鮮我二人」這一章也是四句，所以殘斷的竹簡上，此章至少應該還有二句需加以擬補。

至於如何擬補，大多數的學者均未論及，林碧玲則認為《詩經》中押韻的方式，雖有疏韻、交韻、遙韻等方式，但「交韻」是最常見的形式，故所補的第二句末字應是真韻字，又從內容說明：

> 若是我們替本詩進行補句，〈多薪〉是可單獨成篇的，因為四言成句，四

句成章，四章成篇的例子在《詩經》中並非沒有，例如《小雅》中的〈湛露〉、〈菁菁者莪〉、〈隰桑〉，因此可以在第一章句首補進八個字，由此透過《詩經》的創作手法及寫作風格，認爲本詩可能是在讚揚某種眾多而繁密的樹而起的感嘆（或是因爲身處某各地點，看到周圍的景致而起的感嘆）—自己的手足很少。完整的詩句可能爲：

〔苞彼樹杞，枝葉蓁蓁。〕（或〔陟彼畝丘，濟濟其榛。〕）

兄及弟斯，鮮我二人！〔註5〕

季師旭昇同樣認爲〈多薪〉爲四句成章，然而「覬及弟斯，鮮我二人」之前二句，則依後三章的形式補爲「多薪多薪，莫如栗榛」。

案：林碧玲補爲「苞彼樹杞，枝葉蓁蓁」或「陟彼畝丘，濟濟其榛」，補以這樣的文句，對於〈多薪〉一詩的文意上來說，雖無不可，但這樣的手法，較近似於擬詩之創作。故本文從季師旭昇之說，仿照〈多薪〉殘存的詩句，補以「多薪多薪，莫如栗榛」。目前所見的逸詩〈多薪〉實存四章，本文分別以「第一、二、三、四章」稱之。

第一章首句「多薪多薪」，乃據第二、四章所補，簡文原作「多＝新＝」，原考釋謂：

二字重文，讀爲「多薪多薪」。「新」假借作「薪」。「薪木」《詩》中常見。

〔註6〕

董珊認爲：

「多」，諸，眾多。「薪」，與「親」同聲，以「多薪」諧聲「多親」來譬喻諸多親戚。〔註7〕

案：本詩以「多親」與「多人」對舉。「親」泛指有血統關係或婚姻關係的人，就意義而言，「人」比「親」所包含的範圍更大，又以完整的第四章「多＝新＝（多薪多薪），莫（奴）如松梓，多＝人＝（多人多人），莫奴（如）同父母」爲例來看，本詩顯然是以眾多薪材中，性質種類最相近的二者，來比興人群中最親近的莫過於兄弟。

「新」與「親」音近，在楚簡中，亦有讀「新」爲「親」者〔註8〕，但此處之

〔註5〕 林碧玲主講：「上博四〈逸詩·多薪〉導讀」。（第八次簡帛資料文哲研讀會，2006年12月09日，台大哲學系201室。）可參考
http://homepage.ntu.edu.tw/~d93124002/index-new.html。

〔註6〕 馬承源主編：《上海博物館藏戰國楚竹書（四）》，（上海：上海古籍出版社），頁178。

〔註7〕 董珊：〈讀《上博戰國楚竹書（四）》雜記〉，簡帛研究網，2005年02月20日。

〔註8〕 何琳儀：《戰國古文字典》，（北京：中華書局，1998年），頁1162。

「多新」，就其與下文所列的各種植物關係來看，讀爲「薪」並無疑問，不必因爲「新」、「親」音近，就釋「多新（薪）」爲「多親」。但董說做爲詩文多面向的聯想，也有一定的意義。

第一章次句，季師旭昇依據本詩押韻及內容補爲「莫如栗榛」。季師以《詩經‧鄘風‧定之方中》、《左傳‧莊公二十四年》、《禮記‧曲禮下》等書證，說明榛、栗性質與功能相近，文獻也常並提。

榛樹爲當時常見植物，如〈邶風‧簡兮〉：「山有榛，隰有苓」，即以「榛」、「苓」作爲山與隰二種地形的代表植物。〈曹風‧鳲鳩〉：「鳲鳩在桑，其子在榛」，以桑、榛並提，表示兩者都是普遍栽種的植物。栗樹也常見於《詩經》篇章，〈鄭風‧東門之墠〉：「東門之栗」、〈唐風‧山有樞〉、〈秦風‧車鄰〉：「隰有栗」，說明栗爲常見樹種。《詩經》〈定之方中〉云：「樹之榛栗」可知榛樹與栗樹都是栽培樹種，在詩經時代即已廣泛種植。

榛樹與栗樹皆有堅果果實，榛子的形式似栗而小，味道也與栗相近〔註 9〕，二者是古代重要的食物來源，在周代也都是重要的供祭食品，《周禮‧天官家宰第一》：「饋食之籩，其實棗、栗、桃、乾蔱〔註 10〕、榛實。」除供食用外，榛樹的木質緻密，可製作各種器具；栗樹的紋理直、堅硬、耐水濕，也是良好的木材。

由〈多薪〉第二、四章的「多薪多薪，莫如蘿葦」、「多薪多薪，莫如松梓」來看，所並舉的植物都有其相近之處，再藉此兩種植物，比喻眾人之中，兄弟最爲相親。就性質、功能而言，榛樹與栗樹皆是古代重要的果樹，也是材質優良的樹種，「榛、栗」二者有著許多的共同點，正符合詩意的要求。《詩經‧豳風‧東山》：「烝在栗薪」，傳曰：「烝，眾也。」栗薪，《毛詩傳疏》曰：「栗木爲薪，故曰栗薪。」可見古人有以栗爲薪者。

〔2〕兇（兄）及弟斯：

【各家說法】

1. 原考釋謂：

    「淇」，从其、从水，字反書。〔註11〕

2. 廖名春：

〔註 9〕潘富俊：《詩經植物圖鑑》，（台北：貓頭鷹，2002 年），頁 77、87。

〔註10〕鄭注：「蔱，音老。」賈疏曰：「乾蔱，謂乾梅。」

〔註11〕馬承源主編：《上海博物館藏戰國楚竹書（四）》，（上海：上海古籍出版社，2004 年12 月），頁 178。

「兄及弟淇」，馬注：「淇」，從其、從永，字反書。

但「淇」字意義如何？馬先生並沒有解釋。從《詩・小雅・鴻雁之什・斯干》：「兄及弟矣，式相好矣，無相猶矣」來看，「淇」相當于「矣」，是語氣助詞。但文獻裡，「矣」與「其」字互用，尚爲罕見。盡管有「其」與「以」互用的例子，如《周禮・考工記・匠人》「眡以景」的「以」，《文選・景福殿賦》李注引作「其」；《禮記・王制》「不敬者，君削以地」的「以」，《通典・禮十四》引作「其」，但還是缺乏說服力。因而疑「淇」當讀作「綦」。《列子・仲尼》：「引烏號之弓，綦衛之箭。」《淮南子・原道》作「綦衛」，而《兵略》與《太平御覽》七四五引皆作「淇衛」。《隸釋》三《張公神碑》：「運置綦陽。」洪適釋以「綦」爲「淇」。「綦」與「綥」可以通用。《左傳・僖公五年》引《周書》曰：「民不易物，惟德綥物。」《書・旅獒》「綥」作「其」。《說文・糸部》：「綥，從糸，畀聲。」《類篇・糸部》：「綥，語助。」作語氣助詞的「綥」，實際就是「殹」。段玉裁《說文解字注・殳部》解「殹」字云：

秦人借爲語詞，《詛楚文》「禮使介老將之以自救殹」，薛尚功所見秦權銘「其于久遠殹」，《石鼓文》「汧殹沔沔」，權銘「殹」字，琅邪台刻石及他秦權秦斤皆作「殴」，然則周、秦人以「殹」爲「也」可信。

清朱珔《說文叚借義証》也說：

案「殴」即「也」字。「殹」、「也」一聲之轉。

從睡虎地秦簡和馬王堆帛書來看，清人的上述意見顯然是正確的。所以，《睡虎地秦墓竹簡》和《馬王堆漢墓帛書》裡大量的「殹」字，整理者都釋爲「也」。陳直將1973年西安出土的秦《兵甲之符》上的「殹」解爲「也」，也是同樣的意見。由此看，楚簡的「淇」即「綦」，可讀爲「綥」，實際就是「殹」，相當於「也」。因此，「兄及弟淇」也就是「兄及弟也」，與《詩・小雅・鴻雁之什・斯干》的「兄及弟矣」同。〔註12〕

3. 劉樂賢：

從照片看，所謂「淇」，其實是「斯」字的誤釋。楚文字中「斯」字多見，寫法與此並無不同，可以比對（唯此簡「斯」字的左部略有破裂）。簡中的「斯」爲語助詞，類似用法的「斯」在《詩經》中並不少見。《小雅・蓼蕭》：「蓼彼蕭斯，零露湑兮。既見君子，我心寫兮。燕笑語兮，是以有譽處兮。

〔註12〕廖名春：〈楚簡《逸詩・多薪》補釋〉，簡帛研究網，2005年2月12日。清華大學簡帛研究網，2005年2月13日。

蓼彼蕭斯，零露瀼瀼。既見君子，爲龍爲光。其德不爽，壽考不忘。蓼彼蕭斯，零露泥泥。既見君子，孔燕豈弟。宜兄宜弟，令德壽豈。蓼彼蕭斯，零露濃濃。既見君子，鞗革沖沖。和鸞雝雝，萬福攸同。」《小雅‧湛露》：「湛湛露斯，匪陽不晞。厭厭夜飲，不醉無歸。湛湛露斯，在彼豐草。厭厭夜飲，在宗載考。湛湛露斯，在彼杞棘。顯允君子，莫不令德。」〔註13〕

4. 董　珊：

「斯」，原釋爲「淇」，細看圖版，就是「斯」字無疑。「斯」是句尾助詞，或稱「襯字」。〔註14〕

5. 張新俊：

簡文中的 [字] 字，整理者釋作「淇」，屬上讀，並謂此字「从其、从水，字反書」。此說非是。已經有學者指出，此字乃「斯」字，而非「其」字，十分正確。楚文字中的「其」與「斯」所從形體相近而有別。整理者誤將 [字] 字左邊看作「其」，又將「斤」旁誤作「水」，從而將 [字] 字誤釋成「淇」。

〔註15〕

【思婷案】

季師旭昇謂：

劉、董隸「斯」作語氣詞用，可從，惟劉文所舉「斯」字之例，一般多釋爲詞尾，《詩經》中用法和本篇相近的「斯」字應如〈豳風〉〈破斧〉「哀我人斯」、《小雅‧出車》「彼旟旐斯」、《小雅‧巧言》「彼何人斯」。〔註16〕

本簡「[字]」字，原考釋釋「淇」，劉樂賢改釋「斯」。細審圖版，可以發現竹簡在「[字]」字中間有些裂損，左旁「其」的二橫筆很明顯地被分爲二截；上方「[字]」的筆畫「[字]」，也斷裂爲二。這二處斷裂的部件，加上右旁的部件「斤」，被誤認爲「水」，故原考釋謂「从其、从水，字反書」。事實上，此字正如劉樂賢所釋，乃「从斤、其聲」之「斯」，與楚系簡帛「斯」字作 [字]（郭‧性25）、[字]（郭‧語三‧17）者字形相同。

〔註13〕劉樂賢：〈楚簡《逸詩‧多薪》補釋一則〉，簡帛研究網，2005 年 2 月 20 日。

〔註14〕董珊：〈讀上博藏戰國楚竹書（四）雜記〉，簡帛研究網，2005 年 2 月 20 日。

〔註15〕張新俊：《上博楚簡文字研究》，吉林大學博士學位論文，2005 年 4 月，頁 34。

〔註16〕季師旭昇主編：《《上海博物館藏戰國楚竹書（四）》讀本》，（台北：萬卷樓，2007 年 3 月），頁 45。

「兄及弟斯」之「斯」，應釋為助詞，乃表示感嘆的語氣，相當於「呵」、「啊」。同於《詩經・豳風・鴟鴞》：「恩斯勤斯，鬻子之閔斯」、〈小雅・蓼蕭〉：「蓼彼蕭斯」、〈小雅・湛露〉：「湛湛露斯」的用法，

〔3〕鮮我二人：

【各家說法】

1. 廖名春：

　　「鮮我二人」，馬先生沒有注。《詩經》裡可參考的例句有：

　　營營青蠅，止于榛。讒人罔極，構我二人。（《小雅・青蠅》）

　　終鮮兄弟，維予與女。（《鄭風・揚之水》）

　　靡不有初，鮮克有終。（《大雅・蕩》）

　　鮮民之生，不如死之久矣。（《小雅・蓼莪》）

　　燕婉之求，籧篨不鮮。（《邶風・新台》）

　　鮮我覯爾，我心寫兮。（《小雅・車舝》）

　　嘉我未老，鮮我方將。（《小雅・北山》）

　　「我二人」，指兄弟兩人，應該連讀，從《青蠅》來看，這不會有歧義。但「鮮」訓「少」，還是訓「善」，就值得斟酌了。如訓「善」，「鮮我二人」，與上文「兄及弟也」就很難通讀。因此，應當如《鄭風・揚子水》、《大雅・蕩》之例，訓「鮮」為「少」。「鮮我二人」，就是說「兄及弟也」，連兄帶弟，我們兩個人太少了。

　　上述的解釋儘管也能講通，但總覺得語意不暢。因而懷疑詩句有乙文：「兄及弟淇，鮮我二人」當作「兄及弟鮮，淇我二人」，抄手將「鮮淇」兩字的前後次序顛倒了，本來當是「鮮淇」，誤乙為「淇鮮」。「兄及弟鮮」是說兄弟太少。「淇我二人」，「淇」即「綦」，通「繄」。而「繄」作為語氣助詞，多用於句首，相當於「惟」、「唯」、「維」。《左傳・隱公元年》有一段著名的記載：

　　（鄭莊公）遂寘姜氏於城潁，而誓之曰：「不及黃泉，無相見也！」既而悔之。潁考叔為潁谷封人，聞之，有獻於公。公賜之食。食舍肉。公問之。對曰：「小人有母，皆嘗小人之食矣；未嘗君之羹，請以遺之。」公曰：「爾有母遺，繄我獨無！」潁考叔曰：「敢問何謂也？」公語之故，且告之悔。對曰：「君何患焉？若闕地及泉，隧而相見，其誰曰不然？」公從之。

《論語‧顏淵》篇也有一段話可以參証：

司馬牛憂曰：「人皆有兄弟，我獨亡！」子夏曰：「商聞之矣：死生有命，富貴在天。君子敬而無失，與人恭而有禮；四海之內，皆兄弟也。君子何患乎無兄弟也？」

《左傳‧隱公元年》的「繄我獨無」，也就是《論語‧顏淵》篇的「我獨亡」。由此看簡文，「兄及弟淇，鮮我二人」若作「兄及弟鮮，淇我二人」，解爲「兄及弟鮮，繄我二人」，就是說兄弟太少，只有我們兩個。惟其少而彌足珍貴，所以下文才說「多人多人，莫如兄弟」，「多人多人，莫如同父母」。這種解釋，雖有改動原文之嫌，但比較之下，上下文意更爲流暢，也更有文獻根據，應該是合理的。〔註17〕

2. 董　珊：

「鮮」，寡。「兄及弟斯，鮮我二人」，只有我們兄弟二人。〔註18〕

3. 劉洪濤：

廖名春先生已經指出，這首殘詩內容與《詩‧鄭風‧揚之水》相近。按廖氏所引文字爲「終鮮兄弟，維予與女」，其實下章「終鮮兄弟，維予二人」，同這首殘詩的文字更加接近。《揚之水》「終鮮兄弟」鄭玄箋云：「鮮，寡也。」「其鮮我二人」的「鮮」也應該訓爲「寡」。廖氏訓「鮮」爲「少」。「寡」、「少」同義。廖氏認爲這段文字「斯」字（他從整理者釋爲「淇」，讀爲「繄」）和「鮮」字抄倒了，把這段文字改爲「兄及弟鮮，繄我二人。」這就與《揚之水》「終鮮兄弟，維予二人」的表達接近一致了。

改動文獻要有確鑿的證據，在能講得通時儘量不要改動文獻。我們認爲這句話（不是這支簡）可能是不完整的，它上面可能還有一到兩字殘去。姑且認爲缺一個字，釋寫如下：

□兄及弟，斯鮮我二人。

這一句詩雖然有缺字，但是大意還是能知道的。它可能講的是對兄弟怎麼怎麼（賞賜、表揚……），就缺少我們兩個人。可見不用改動文字也能講得通。這首詩可能是因爲同《多薪》一樣，都是講兄弟的，所以抄寫者才把它們抄在一起。〔註19〕

〔註17〕廖名春：〈楚簡《逸詩‧多薪》補釋〉，簡帛研究網，2005 年 2 月 12 日。清華大學簡帛研究網，2005 年 2 月 13 日。

〔註18〕董珊：〈讀上博藏戰國楚竹書（四）雜記〉，簡帛研究網，2005 年 2 月 20 日。

〔註19〕劉洪濤：〈讀《上海博物館藏戰國楚竹書（四）》箚記（二）〉，武漢大學簡帛網，2007

【思婷案】

季師旭昇謂：

《詩經》「鮮」字除作爲地名外，常見用法有三：新鮮、少、善。本詩不可能用「新鮮」義。廖、董二家釋爲「少」，但此義應爲動詞，釋爲「缺少」，如《鄭風・揚之水》「終鮮兄弟，維予與女」；依此義，本詩「兄及弟斯，鮮我二人」就會解釋爲「在兄及弟中，缺少我二人」，放在本詩似不合適。釋爲「善」，如《小雅・北山》：「嘉我未老，鮮我方將」。本詩用爲善、美，「鮮我二人」義爲「最要好的是我們兩人」，與後三章「莫如兄弟」、「莫如同生」、「莫如同父母」同義。〔註20〕

師說可從。《方言》卷十：「鮮，好也，南楚之外通語也。」此處「鮮」字應釋爲「好、善」之義。「兄及弟斯，鮮我二人」，意味著「我們兄弟二人啊！是最要好的！」

第二章

多＝新＝（多薪多薪），莫奴（如）藋葦〔4〕，多＝人＝（多人多人），莫奴（如）㑙（兄）【一】弟。

〔4〕莫奴（如）藋葦：

【各家說法】

1. 原考釋謂：

「莫奴」讀爲「莫如」，「奴」字在此解作本義於辭意不諧，當讀作「如」，「如」、「奴」亦雙聲疊韻字。「莫如」一辭見於《詩・小雅・鹿鳴之什・常棣》：「常棣之華，鄂不韡韡。凡今之人，莫如兄弟。」又《大雅・蕩之什・崧高》：「我圖爾居，莫如南土。」此言薪材之多，莫如藋葦。「藋葦」，植物，根叢生，亦名「蒹葭」。《子夏易傳》卷九：「則辨蔞爲藋葦之屬。」此「藋葦」字形與簡本相同。文獻「藋」亦作「萑」。《詩・豳風・七月》：「七月流火，八月萑葦」，《詩經集傳》：「萑葦即蒹葭。」《周易・說卦傳》：「萑葦類于竹也。」唐李鼎祚《周易集解》卷十七：「萑葦，震之廢氣也，故竹堅而萑葦脆，竹久而萑葦易枯。鄭康成曰竹類。」朱震《漢上易傳》：「九

年1月17日。
〔註20〕季師旭昇主編：《《上海博物館藏戰國楚竹書（四）》讀本》，（台北：萬卷樓，2007年3月），頁46。

－237－

家易曰：萑葦，蒹葭也，根莖叢生，蔓衍相連，有似雷行也。」〔註21〕

2. 廖名春：

第三、四字是「萑葦」。《廣韻‧桓韵》：「萑，萑葦，《易》亦作雚，俗作萑。」是知「萑」，又作「雚」。《詩‧豳風‧七月》：「七月流火，八月萑葦。」孔穎達疏：「初生者為菼，長大為薍，成則名為萑。」《說文‧艸部》：「葦，大葭也。」《詩‧豳風‧七月》孔穎達疏：「初生為葭，長大為蘆，成則名為葦。」由此可知，「萑」與「葦」性質雖近，但作為植物還是有區別的。……

……《淮南子‧說林》提供了線索：「橘柚有鄉，萑葦有叢，獸同足者相從游，鳥同翼者相從翔。」高誘注：「以類聚也。」《周禮‧地官‧大司徒》：「其植物宜叢物。」注：「叢物，萑葦之屬。」看來古人是認為萑葦有叢聚向心的特點，而「多薪」是「翹翹錯薪」，眾多而雜亂，故以為它不如「萑葦」。〔註22〕

【思婷案】

「萑葦」，或作「雚葦」，見於《詩經》，如〈豳風‧七月〉云：「八月萑葦」、〈小雅‧小弁〉：「萑葦淠淠」。

嚴粲《詩緝》謂「葦」一物有十一名，以形體大小而言：小者為蒹，中者為萑，大者為葭。若依生長期分稱上述三類，則「蒹」初生曰蒹，長大曰薕，成則曰荻，一物三名；「萑」，初生曰菼，長大曰薍，成則曰萑，又曰雚，一物四名；「葭」，初生曰葭，長大曰蘆，成則曰葦，又曰華，一物四名〔註23〕。由此可知「萑」與「葦」皆為多年生的高大禾草，古人將體形中等者稱「萑」，稱體形大且已長成者為「葦」，二者雖為同類植物，但細細區分，還是有所差別。

萑，又稱「雚」或「菼」，《詩經‧衛風‧碩人》即有「葭菼揭揭」之句。「萑」也就是我們所熟知的「荻」，《宋史‧歐陽修傳》中即有著名的「畫荻教子」故事。萑是禾本科、芒屬的多年生草本植物，和芒草、蘆葦一樣，都具有細長的稈，「高可達 2 公尺，有根狀莖。葉扁平，寬線形，長 20～52 公分，寬 1～1.2 公分；葉緣具細鋸齒，中肋明顯。圓錐花序扇形，長 20～30 公分，……穎果長圓形，長約 0.1 公

〔註21〕馬承源主編：《上海博物館藏戰國楚竹書（四）》，（上海：上海古籍出版社，2004 年12 月），頁 178。

〔註22〕廖名春：〈楚簡《逸詩‧多薪》補釋〉，簡帛研究網，2005 年 2 月 12 日。清華大學簡帛研究網，2005 年 2 月 13 日。

〔註23〕陳靜俐：《詩經草木意象》，（國立台灣師範大學碩士論文，1997 年），頁 27。

分。分布於東北、華北、西北、華東、朝鮮半島及日本」。〔註24〕

　　葭是我國常見的植物，也是詩詞文句中經常描寫的對象，由於荻花開放於夏季，其花穗在秋天成熟，因此在詩詞中，「葭」往往是襯托蕭瑟秋景的視覺焦點，例如著名的〈琵琶行〉開篇即云：「潯陽江頭夜送客，楓葉荻花秋瑟瑟」，又如劉禹錫〈西塞山懷古〉：「從今四海爲家日，故壘蕭蕭蘆荻秋」、李嶠〈和杜學士旅次淮口阻風〉：「水雁銜蘆葉，沙鷗隱荻苗、」岑參〈楚夕旅泊古興〉：「秋風冷蕭瑟，蘆荻花紛紛」等句。然而以〈多薪〉之詩句來看，此處提到「葭草」，並非在強調其秋天的意象，而是從其植物特性與外形著眼，將「葭」與「葦」並舉。

　　本詩云「莫如葭葦」，將二種植物並稱，這樣的手法十分常見，例如〈天問〉：「阻窮西征，岩何越焉？化爲黃熊，巫何活焉？咸播秬黍，莆雚是營，何由并投，而鯀疾修盈？」對於「咸播秬黍，莆雚是營」二句，王逸云：「言禹平治水土，萬民皆得耕種黑黍於萑蒲之地，盡爲良田也。」洪興祖云：「莆疑即蒲字。」〔註25〕〈九思・悼亂〉：「菅蒯兮野莽，雚葦兮仟眠」，由「蒲雚」、「雚葦」等詞句來看，這些都是生長於水澤的植物，同時外形又十分相似，因此將之並列成詞。

　　《詩經》中有以「葦」象徵兄弟之親者，〈大雅・行葦〉云：

　　　敦彼行葦，牛羊勿踐履。方苞方體，維葉泥泥。（首章）

　　　戚戚兄弟，莫遠具爾。或肆之筵，或授之几。（二章）

余師培林謂：

　　　首章以行葦聚生，象徵兄弟之親，猶〈小雅・常棣〉以「鄂不」象徵兄弟
　　　之同體也。牛羊勿踐，則友于之情溢於言表。此雖是興語，而一篇之旨，
　　　盡蘊其中。次章首二句顯明前章之意。肆筵授几，非有遠近，實因老幼也。

〔註26〕

　　「敦彼行葦」之「敦」，《傳》曰：「聚貌。」馬瑞辰《毛詩傳箋通釋》：「葦爲叢生之物，故《傳》以敦爲聚貌。『敦彼』爲形容之詞，猶『依彼』、『鬱彼』之彼，敦敦猶團團也。」至於「方苞方體，維葉泥泥」，陳啓源《毛詩稽古編》謂：「方者方來而不已，方將苞茂，方將成體，其葉又苞苞然美好，故不忍傷之，此正方長不折之意，所以爲仁也。」故首章以路旁葦草之叢生，隱隱然象徵宗族兄弟，並以「牛羊勿踐履」，寫周王之仁厚待下。二章承前章之意，謂「戚戚兄弟，莫遠具爾」，鄭《箋》：「王與族人燕，兄弟之親，無遠無近，俱揖而進之。」故二章寫兄弟之相聚相親，《詩序》

〔註24〕潘富俊：《楚辭植物圖鑑》，（台北：貓頭鷹，2002年），頁106～107。
〔註25〕馬茂元主編：《楚辭注釋》，（台北：文津，1993年），頁239。
〔註26〕余師培林：《詩經正詁》（下），（台北：三民，1995年），頁384。

曰：「周家忠厚，仁及草木，故能內睦九族」。由於萑葦的「莖稈下具粗根狀莖，能在污泥中四處延伸」〔註27〕，故「葦草」在〈行葦〉一詩中的意象，即是以其叢生之特性，象徵宗族兄弟親密友愛之情，而〈多薪〉此處云「莫如萑葦」，取義應與之相同。

第三章

多＝新＝（多薪多薪），莫奴（如）蕭荓〔5〕，多＝人＝（多人多人），莫奴（如）同生〔6〕。

〔5〕 莫奴（如）蕭荓

【各家說法】

1. 廖名春：

《管子‧地員》篇有一段話很值得我們注意：

凡草土之道，各有穀造。或高或下，各有草土。葉下於蘽，蘽下於莧，莧下於蒲，蒲下於葦，葦下於雚，雚下於蔞，蔞下於荓，荓下於蕭，蕭下於薜，薜下於萑，萑下於茅。凡彼草物，有十二衰，各有所歸。

夏緯英對此作了現代的解釋，他說：

十二種植物，依其生地而言，各有等次。深水植物為荷，其次為菱，再次為芡。又再次為蒲，已是淺水植物。次於蒲者為葦，水陸兩棲。次於葦者為雚（小蘆葦），已生陸上。依次而蔞，而蕭，而荓（掃帚菜），而薜，而萑（益母草），而茅，生地逐次乾旱。凡此所言，可視為植物生態學。圖示如下：

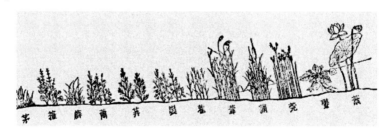

茅 萑 薜 蕭 荓 蔞 雚 葦 蒲 芡 菱 荷

這裡「葦下於雚」，可與「荓下於蕭」並舉。「葦下於雚」可謂之「雚葦」；「荓下於蕭」，亦可謂之「蕭荓」。而且「荓」古音為耕部，與「生」古音同部，可以押韻。《說文‧艸部》：「荓，馬帚也。」《爾雅‧釋草》：「蕭，萩。」郭璞注：「即蒿。」《詩‧王風‧采葛》：「彼采蕭兮，一日不見，如三秋兮。」孔穎達疏引陸璣云：「今人所謂荻蒿者是也。或云牛尾蒿，似

〔註27〕 潘富俊：《詩經植物圖鑑》，（臺北：貓頭鷹，2002 年），頁 59。

白蒿。白葉，莖麤，科生，多者數十莖，可作燭，有香氣，故祭祀以脂蒸之爲香。許慎以爲艾蒿，非也。」上海博物館藏楚簡《子羔》篇簡三有「芺」字，我認爲當讀爲「蒿」。而「蒿」即香蒿，也就是「蕭」。因此，中間一章第三句的第三、四兩字補爲「蕭莪」，不但有文獻的根據，也符合簡文押韻和用詞的要求。〔註28〕

2. 林碧玲補爲「莫如蘩蘋」，除了押韻的考量外，另一理由是這二種植物皆爲重要的祭品，如《左傳》所云「蘋、蘩、蘊藻之菜，可薦於鬼神，可羞於王公」。〔註29〕

【思婷案】

　　林碧玲補以「莫如蘩蘋」，兩者雖有做爲祭祀之用的共同點，但配合第二章「莫如蓷葦」、第四章「莫如松梓」來看，「蘩」與「蘋」在植物品種的分類上，卻沒有相似的關係。〔註30〕

　　關於「蘩、蘋」這二種植物，潘富俊謂：

　　　　陸璣《詩疏》以「蘩」爲白蒿，白蒿又名大籽蒿。《爾雅》：「蘩之醜，秋爲蒿」，說明蒿有許多種，春季時外形各有特徵，易於區分各個種名；至秋老成乾枯，外形不易區分，皆通稱爲蒿。因此《詩經》中蔞、蘩、艾、蕭、蒿、蔚均指蒿類。〔註31〕

　　　　田字草形態特殊，所謂「葉正四方，中拆如十字」，今人謂之田字草，古人曰「蘋」。……古代曾作爲食用植物。〔註32〕

　　蘩是菊科的植物，爲一年或二年生草本；蘋則屬蘋科，爲多年生沼生水草。相較於「蓷葦」與「松梓」在物種上的接近，此處若補爲「莫如蘩蘋」，說服力略嫌不足。

　　廖名春補爲「莫如蕭莪」。案：由本詩殘存的第二章「莫如蓷葦」、第四章「莫如松梓」看來，並沒有足夠的證據顯示，此處必須按照植物生長之地，依「蒲下於葦，葦下於蓷，蓷下於蔞，蔞下於莪，莪下於蕭」的植物生態來補字。

　　然而廖名春以莪、蕭性質相近、又合於此處需耕韻字的要求，補以「莫如蕭莪」

〔註28〕廖名春：〈楚簡《逸詩・多薪》補釋〉，簡帛研究網，2005 年 2 月 12 日。清華大學簡帛研究網，2005 年 2 月 13 日。

〔註29〕林碧玲主講：「上博四〈逸詩・多薪〉導讀」。（第八次簡帛資料文哲研讀會，2006 年 12 月 9 日，台大哲學系 201 室。）可參考 http://homepage.ntu.edu.tw/~d93124002/index-new.html。

〔註30〕馬承源主編：《上海博物館藏戰國楚竹書（四）》，（上海：上海古籍出版社，2004 年 12 月），頁 178。

〔註31〕潘富俊：《詩經植物圖鑑》，（台北：貓頭鷹，2001 年），頁 35。

〔註32〕潘富俊：《詩經植物圖鑑》，（台北：貓頭鷹，2001 年），頁 43。

之說，於詩義亦無不合。《說文‧艸部》謂：「薪，蕘也。」《說文‧艸部》又云：「蕘，艸薪也。」故知「薪」可指供作燃料的草或樹木，因此「蕭、荓」雖是草類，但仍符合「薪」的定義。唯廖文文末云：

> 「多薪」為什麼又「莫如蕭荓」？「蕭」的問題較為簡單，因為其「有香氣，故祭祀以脂爇之為香」，《詩‧大雅‧皇矣》所謂「載謀載惟，取蕭祭脂，取羝以軷，載燔載烈」即其事。作為祭祀用的香草，自然非一般的薪草所能比。所以《小雅‧蓼蕭》一詩就以「蕭」比「君子」。而「荓」則前人的說解太少，「文獻不足征」，就只能存疑了。〔註33〕

關於「荓」的意象為何，廖名春也持「存疑」的態度，這也是林碧玲認為此處不應補為「莫如蕭荓」的原因。

其實「蕭、荓」皆有所取義。《詩‧王風‧采葛》：「彼采蕭兮，一日不見，如三秋兮。」孔穎達疏引陸璣曰：「今人所謂荻蒿者是也。或云牛尾蒿，似白蒿。白葉，莖麤，科生，多者數十莖。可作燭，有香氣，故祭祀以脂爇之為香。」古人以蕭作祭祀之用，不僅以脂染之，又合黍稷燒之，其目的在以主要食糧（黍、稷）以及的芳香表對神靈的崇敬。《周禮‧天官天官冢宰》謂：「祭祀，共蕭茅，共野果蓏之薦。」由於蕭是重要的供品，自然有其神聖高貴的象徵意義，例如〈小雅‧蓼蕭〉乃「諸侯朝見天子，歌以美之之詩」〔註34〕，即以「蓼彼蕭兮」起興，以此推崇君子美德。

至於「荓」，《說文》曰：「荓，馬帚也。」《爾雅‧釋草》：「荓，馬帚。」義疏：「今按：此草叢生，葉小圓，莖紫赤，疏直而瘦勁，野人以為埽帚。」可知「荓」和藋葦一樣，都有叢生的特性，可以用來比喻兄弟之間的親愛團結。

〔6〕莫奴（如）同生

【各家說法】

1. 董　珊：

> 此詩大概是說：藋與葦、松與杸（梓）皆是物種相近之植物，但並非同種。眾親之中，無如同生（姓）（因為親戚之中還有異姓姻親）；而在同姓眾人之中，無如兄弟之間的關係更緊密了；兄弟之中，無如同父又同母的我們兩兄弟有最親密的關係。〔註35〕

〔註33〕 廖名春：〈楚簡《逸詩‧多薪》補釋〉，簡帛研究網，2005 年 2 月 12 日。清華大學簡帛研究網，2005 年 2 月 13 日。

〔註34〕 余師培林：《詩經正詁（下）》，（台北：三民，2003 年），頁 56。

〔註35〕 董珊：〈讀上博藏戰國楚竹書（四）雜記〉，簡帛研究網，2005 年 2 月 20 日。

【思婷案】

「莫如同生」之「同生」，意指「同父母所生的兄弟」，與第二章「莫如兄弟」、「莫如同父母」同義。這樣的關係比「同姓」更加緊密。

第四章

多＝新＝（多薪多薪），莫奴（如）松杍（梓）〔7〕，多＝人＝（多人多人），莫奴（如）同父母。〔8〕【二】

〔7〕莫奴（如）松杍（梓）：

【各家說法】

1. 原考釋：

「杍」，《說文‧木部》：「李，李果也。从木，子聲。𣏗，古文。」《集韻》：「杍，治木器曰杍。通作梓。」「松杍」也可讀作「松梓」。〔註37〕

2. 廖名春：

「歌詠兄弟二人之間親密無比的關係」爲什麼要以貶「多薪」而揚「松梓」爲比呢？從文獻的記載裡我們可以找到答案：

徂來之松，新甫之柏，是斷是度，是尋是尺。松桷有舄，路寢孔碩。新廟奕奕，奚斯所作。孔曼且碩，萬民是若。（《魯頌‧閟宮》）

陟彼景山，松柏丸丸。是斷是遷，方斲是虔。松桷有梴，旅楹有閑，寢成孔安！（《商頌‧殷武》）

「松」是建造宮殿的良材。

山有橋松，隰有游龍。不見子充，乃見狡童！（《詩‧鄭風‧山有扶蘇》）。

蔦與女蘿，施于松柏。未見君子，憂心弈弈；既見君子，庶幾說懌。蔦與女蘿，施于松上。未見君子，憂心怲怲；既見君子，庶幾有臧。（《小雅‧頍弁》）

「松」是君子人格的象徵。

帝省其山，柞棫斯拔，松柏斯兑。（《大雅‧皇矣》）

上帝所拔除的是「柞棫」，而對「松」則是垂青的。

如月之恆，如日之升；如南山之壽，不騫不崩；如松柏之茂，無不爾或承。（《小雅‧天保》）

以「松」的常青比君之高壽。

〔註37〕馬承源主編：《上海博物館藏戰國楚竹書（四）》，（上海：上海古籍出版社），頁178。

秩秩斯干，幽幽南山；如竹苞矣，如松茂矣。兄及弟矣，式相好矣，無相猶矣。(《小雅‧斯干》)

以「松」的常青來比兄弟之情，這與《多薪》詩意最爲接近。

《埤雅‧釋木》云：「梓爲木王，蓋木莫良于梓。」詩人以爲「維桑與梓，必恭敬止」(《小雅‧小弁》)，《吳越春秋》甚至稱其爲「神木」，墨子以「長松、文梓」爲楚地標志性的良木，更是這種尊崇松梓觀念的反映。〔註38〕

3. 季師旭昇：

原考釋釋「杍」爲「李」，又以爲也可以讀作「梓」。案：釋「梓」可能比較好；釋「李」不妥，「李」字楚系都從「木」、「來」聲。〔註39〕

【思婷案】

季師旭昇曾撰〈說李〉一文，分析戰國文字中的「李」應是「從子、來聲」：

楚系文字都一律從子、來聲；但是，在齊、晉、秦系文字中，「李」字的上部已漸漸寫得越來越像「木」形了。西漢文字作「李」(《馬王堆‧老子甲後》366)、「李」(上林鼎)、漢印作「李」(《漢印文字徵》6.1)，上半全做「木」形，只有少數作「李」，豎筆不向下貫穿。但已離來形越來越遠，這就是《說文》誤以「李」字爲從木、子聲的原因。〔註40〕

文中並引〈多薪〉的「杍」字爲證，說明《金文編》所收西周中期五祀衛鼎從木從子之「李」，其實應該與「杍」同字，即「梓」的古字，不得釋爲「李」：

《上博四‧逸詩‧多薪》原考釋引《集韻》云：「杍，治木器曰杍。通作梓。」又謂《松梓》也可讀作《松梓》。以本詩「莫如蓳荽」與「莫如松梓」對讀，則原考釋之後說爲是。因爲，以樹木的性質來說，「李」爲果樹，只供食用，未聞有其他功能，前人也沒有賦予他什麼德性。而松、梓就不一樣了，文獻中對松梓的德性多所稱頌。《詩‧小雅‧斯干》：「如竹苞矣，如松茂矣。」鄭玄箋：「言時民殷眾如竹之本生矣，其佼好又如松柏之暢茂矣。」孔穎達正義：「〈禮器〉曰：『如竹箭之有筠，如松柏之有心，故貫四時而不改柯易葉。』」以竹子和松樹來比喻茂盛堅固。梓也和松一樣是很好的木材，《尚書》有〈梓材〉篇，孔穎達疏：「梓，木名，木

〔註38〕 廖名春：〈楚簡《逸詩‧多薪》補釋〉，簡帛研究網，2005 年 2 月 12 日。清華大學簡帛研究網，2005 年 2 月 13 日。

〔註39〕 季師旭昇：〈上博四零拾〉，簡帛研究網，2005 年 2 月 15 日。

〔註40〕 季師旭昇：〈說李〉，(《文字的俗寫現象及多元性》，第十七屆中國文字學全國學術研討會，2006 年 5 月 20、21 日。逢甲大學中國文學系編，聖環圖書公司出版)，頁 23。

之善者。治之宜精，因以爲木之工匠之名。」《正字通》：「梓，百木之長，一名木王。羅願曰：『室屋閒有此木，餘材皆不復震。』」松梓都是良木名，二者同類，有如兄弟，因此〈多薪〉說「多薪多薪，莫如松杍（梓）」，如果讀成「多薪多薪，莫如松李」，松李的性質不同，難以相並，本詩如果把松李擺在一起來比喻「同父母」的兄弟，用字就嫌不夠精確。

從文字學的角度來看，前述楚文字明確可信的「李」字既然寫作「𣏟」，則本詩寫作「杍」的字就不應再釋「李」。據此，五祀衛鼎與本詩構形相同之 🀀 應該也不得釋爲「李」。〔註41〕

李白〈贈韋侍御黃裳〉云：「願君學長松，慎勿作桃李。受屈不改心，然後知君子。」可見松與李性質不同。此章「莫如松𣏟」應從季師之說讀爲「莫如松杍（梓）」。原考釋二說中，以「讀作松梓」之說爲是。然而原考釋引《集韻》謂：「杍，治木器曰杍。通作梓」，則不適合用以釋「莫如松杍」之「杍」。

《書‧梓材》：「若作梓材，既勤樸斲。」陸德明釋文：「馬云：『治木器曰梓。』」《孟子‧盡心下》：「梓、匠、輪、輿，能與人規矩，不能使人巧。」以上所言之「梓」，或指「治木器」，或指「治木器的人」。但本詩「莫如松杍」之「杍」，很明顯的是植物名，而非器物名。故「杍」應釋「梓」，而且應釋爲「木名」，不應釋爲「治木器」。

「梓」，《說文‧木部》曰：「楸也。」《埤雅‧釋木》：「梓，舊說椅即是梓，梓即是楸，蓋楸之疏理而白色者爲梓，梓實桐皮曰椅。其實兩木大類同而小別也。今呼牡丹謂之華王，梓爲木王，蓋木莫良於梓。」《詩‧小雅‧小弁》：「維桑與梓，必恭敬止。」朱熹《詩傳》曰：「桑、梓二木。古者五畝之宅，樹之牆下，以遺子孫給蠶食，具器用者也。」梓樹自古就是建築、製作器物（如琴瑟）的良材，由於「木莫良於梓」，因此《書經》以「梓才」名篇，《禮記》以「梓人」名匠。

至於「松」樹，由於木材質地細密，富有油脂，故能耐久，因此是重要的建築用材，由於松樹「後凋於歲寒」的特性，它的身影也常出現在文學作品之中，在《詩經》中松即與柏常並舉，有〈小雅‧天保〉、〈小雅‧頍弁〉、〈大雅‧皇矣〉、〈魯頌‧閟宮〉、〈商頌‧殷武〉等五首；單獨提到松的有〈鄭風‧山有扶蘇〉、〈小雅‧斯干〉。松樹常象徵君子，《論語‧子罕》：「歲寒，然後知松柏之後凋也。」《荀子》：「松柏經隆冬而不凋，霜雪而不變，可謂得其貞矣。」「歲不寒無以知松柏，事不難無以知君子。」

松與梓都是高大的喬木，皆爲良材，二者同類，故用以比喻兄弟之親。

〔註41〕 季師旭昇：〈說李〉，（《文字的俗寫現象及多元性》，第十七屆中國文字學全國學術研討會，2006 年 5 月 20、21 日。逢甲大學中國文學系編，聖環圖書公司出版），頁 24。

〔8〕莫奴（如）同父母：

【各家說法】

1. 董　珊：

　　此詩大概是說：蓳與菫、松與杼（梓）皆是物種相近之植物，但並非同種。
　　衆親之中，無如同生（姓）（因爲親戚之中還有異姓姻親）；而在同姓衆人
　　之中，無如兄弟之間的關係更緊密了；兄弟之中，無如同父又同母的我們
　　兩兄弟有最親密的關係。〔註42〕

2. 林碧玲認爲，此句作「莫如同父母」，不僅僅是爲了押韻，更是出自於意義層層
　　遞進的安排。第二章的「莫如兄弟」，指的是「同父」者；第三章的「莫如同
　　生」，指的是「同母」者；此處第四章的「莫如同父母」，指的是「同父同母」
　　者。認爲此詩肯定了血緣關係的重要性。〔註43〕

【思婷案】

　　〈多薪〉除了「莫如同父母」以外，皆爲四言句，這樣的例子在《詩經》中也
有所見，如〈鄭風‧子衿〉：

　　青青子衿，悠悠我心。縱我不往，子寧不嗣音？
　　青青子佩，悠悠我思。縱我不往，子寧不來？
　　挑兮達兮，在城闕兮。一日不見，如三月兮。

全詩幾乎皆爲四言一句，唯有首章末句爲五言。〈多薪〉末句「莫如同父母」應與「莫
如兄弟」、「莫如同生」意義相同，都在強調同父母所生的兄弟最爲親近，所以不必
如董、林之說，將〈多薪〉四章視爲具有層遞意味。

第四節　用　韻

　　《說文》曰：「韻，和也」，和諧的用韻，可以使詩歌富有音律之美，明代的陸
時雍認爲詩歌「有韻則生，無韻則死；有韻者雅，無韻則俗；有韻則響，無韻則沉；
有韻則遠，無韻則局」，其說甚是。

　　〈多薪〉一詩的押韻方式爲「交韻」，即兩韻交叉進行，單句與單句押韻，雙句

〔註42〕董珊：〈讀上博藏戰國楚竹書（四）雜記〉，簡帛研究網，2005 年 2 月 20 日。
〔註43〕林碧玲主講：「上博四〈逸詩‧多薪〉導讀」（第八次簡帛資料文哲研讀會，2006
　　　年 12 月 9 日，台大哲學系 201 室。）可參考
　　　http://homepage.ntu.edu.tw/~d93124002/index-new.html。

和雙句押韻，其韻腳及韻部如下（此處用寬式隸定）：

第一章：第一句「薪」爲「心紐眞部」，第三句「斯」爲「心紐支部」，二字聲同韻近〔註44〕；第二、四句「榛、人」押「眞」部韻。

多薪多薪，莫如栗榛，兄及弟斯，鮮我二人。

第二章：第一、三句「薪、人」押「眞」部韻；第二句「葦」屬微部，「弟」屬脂部，《詩經》中的〈周南・汝墳〉、〈召南・采蘩〉即爲「脂、微」合韻之例。

多薪多薪，莫如萑葦，多人多人，莫如兄弟。

第三章：第一、三句「薪、人」押「眞」部韻；「荓、生」押「耕」部韻。

多薪多薪，莫如蕭荓，多人多人，莫如同生。

第四章：第一、三句「薪、人」押「眞」部韻；第二、四句「梓、母」押「之」部韻。

多薪多薪，莫如松梓，多人多人，莫如同父母。

第五節　結　論

　　《詩經》中言及「薪」字者，除了用作「薪柴」之本義外，主要有二種作用：「同古代的薪燎之祭相聯繫，作美政、福民之象徵」、「同男女家室相聯繫，以刈薪、錯薪、析薪、束薪等等用作婚娶之象」〔註45〕，然而〈多薪〉一詩，以「多薪多薪」起興，歌詠兄弟之情。廖名春謂：

除了文獻的復原和釋讀，《多薪》一詩的比興問題也值得討論。

《説文・艸部》：「薪，蕘也。」《玉篇・艸部》：「薪，柴也。」「薪」是古代詩人取興經常涉及的題材。

《説苑・正諫》所載《楚人歌》曰：

薪乎萊乎？無諸御己訖無子乎？萊乎薪乎？無諸御己訖無人乎！

這是以取「薪」起興。

《詩經》裡以「薪」取興的篇章則更多。如：

陟彼高岡，析其柞薪。析其柞薪，其葉湑兮。（《小雅・車舝》）

析薪如之何？匪斧不克。取妻如之何？匪媒不得。（《齊風・南山》）

〔註44〕例如「鼙」從「卑」聲；「晛」讀若「瑱」，「支、眞」二韻可互通。陳師新雄：《古音學發微》，（台北：嘉新水泥公司文化基金會，1972年），頁1084。

〔註45〕李湘：《詩經名物意象探析》，（台北：萬卷樓，1999年），頁87～143。

翹翹錯薪，言刈其楚。(《周南‧漢廣》)

比較起來，與《多薪》一詩的起興最近的當是《詩‧周南‧漢廣》的「翹翹錯薪」。王引之《經義述聞》卷五：

「翹翹」與「錯薪」連言，則「翹翹」爲眾多之貌。言于眾薪之中，刈取其高者耳。《傳》、《箋》以「翹翹」爲高，則與下句相複。《廣雅》曰：「翹翹，眾也。」義蓋本於三家。

案：王說「翹翹」義當爲眾多爲是。毛傳：「翹翹，薪貌；錯，雜也。」鄭玄箋：「楚雜薪之中翹翹者，我欲刈取之。以喻眾女皆貞潔，我又欲取其尤高潔者。」孔穎達疏：「翹翹，高貌。」顯然是《箋》、《疏》而非《傳》、《箋》以『翹翹』爲高」。因此，「翹翹錯薪」即眾多雜亂的薪柴。其義與簡文之「多薪」非常接近。也就是説，《詩‧周南‧漢廣》的「翹翹錯薪」與《多薪》一詩的起興是相同的。

史載西周初，周公旦、召公奭分陝而治。周公居洛陽，統領東方諸侯。所謂《周南》當出於周公統治下的南國。其範圍包括洛陽以南，直到江漢地區。《小序》：「《漢廣》，德廣所及也。文王之道被於南國，美化行乎江漢之域，無思犯禮，求而不可得也。」從詩本身「漢有游女，不可求思。漢之廣矣，不可泳思。江之永矣，不可方思」的記載來看，説《漢廣》是江漢一帶的作品是可信的。而《多薪》詩爲戰國楚竹書，其字體爲楚文字，抄手應是楚人，其能否爲楚地之作呢？我們可以看看《墨子‧公輸》篇的記載：「荊有長松、文梓、楩枏、豫章，宋無長木，此猶錦繡之與短褐也。」墨子以「長松、文梓」作爲楚地有代表性的良木，而《多薪》則稱「多薪多薪，莫如松梓」，這顯非偶然，應該是楚地特色的表現。因此，與《漢廣》一樣，《多薪》也當爲楚地之作。

但與《詩經》比較，《多薪》詩的比興又頗有不同。

宋段昌武《毛詩集解》引陳氏説：「析薪者，以興婚姻。」又載曹氏説：「詩人常以婚娶比析薪，欲析薪者必之高岡，欲娶妻者必求大國，高岡之柞必偉，大國之女多賢……故詩人之托意如此。」魏源《詩古微》也説：「三百篇言取妻者，皆以析薪取興。蓋古者嫁娶必以燎炬爲燭，故《南山》之『析薪』，《車舝》之『析柞』，《綢繆》之『束薪』，《豳風》之『伐柯』，皆與此『錯薪』、『刈楚』同興。」而《多薪》詩「多薪」之興則在「歌詠兄弟二人之間親密無比的關係」，所謂「多薪多薪，莫如萑葦」、「多薪多薪，莫如蕭芇」、「多薪多薪，莫如松梓」，是爲了引起和突出「多人多人，

莫如兄弟」、「多人多人，莫如同生」、「多人多人，莫如同父母」的主題。

因此，兩者可以說是起興相同而所比內容有別。〔註46〕

古代析柴為薪，每次採集木料，必然不會專門只用同一樹種作為柴薪。〈多薪〉一詩，當是以柴薪來與「栗榛」、「蓷葦」、「蕭荊」、「松梓」作為對比，柴薪雖然數量很多、品種很多，但是卻多而雜亂，比不上具有共同特性的「栗榛」（「蓷葦」、「蕭荊」、「松梓」）等植物。這種情形，再用以比喻眾多的人群中，沒有人可以比兄弟更加親近。詩中用以象徵兄弟的「栗榛」、「蓷葦」、「蕭荊」、「松梓」，以其植物特徵而言，都具有美德的象徵意義。

董珊〔註47〕與林碧玲〔註48〕皆將〈多薪〉四章視為具有層遞意味，然而《詩經》中亦有每章反覆吟詠同一事者，如〈鄘風‧桑中〉：

爰采唐矣，沬之鄉矣。云誰之思？美孟姜矣。

期我乎桑中，要我乎上宮，送我乎淇之上矣。

爰采麥矣，沬之北矣。云誰之思？美孟弋矣。

期我乎桑中，要我乎上宮，送我乎淇之上矣。

爰采葑矣，沬之東矣。云誰之思，美孟庸矣。

期我乎桑中，要我乎上宮，送我乎淇之上矣。

詩中所謂「孟姜」、「孟弋」、「孟庸」皆為托言，並非指「孟庸」之美勝於「孟弋」、「孟弋」之美勝於「孟姜」，這樣的詩篇，雖重章疊句，但並不具「層遞」之意味。

或有學者謂「莫如兄弟」、「莫如同生」、「莫如同父母」為意義層層遞進，「兄弟」指同父兄弟，「同生」指同母兄弟，「同父母」指同父又同母的兄弟。〔註49〕然而此三者意義都相同，旨在強調同父母所生的兄弟最為親近，所謂「兄弟」、「同生」、「同父母」的字詞替換，一方面應是為了不使詩句呆板；另一方面，末句「同父母」乃為求押韻之必要，並非在強調「同父同母」之意。若強作解人，一一解釋「兄弟」、「同生」、「同父母」，反有畫蛇添足之感。

《詩經》中有詠兄弟之情的〈唐風‧杕杜〉：

〔註46〕 廖名春：〈楚簡《逸詩‧多薪》補釋〉，簡帛研究網，2005 年 2 月 12 日。

〔註47〕 董珊：〈讀上博藏戰國楚竹書（四）雜記〉，簡帛研究網，2005 年 2 月 20 日。

〔註48〕 林碧玲主講：「上博四〈逸詩‧多薪〉導讀」。（第八次簡帛資料文哲研讀會，2006 年 12 月 9 日，台大哲學系 201 室。）可參考 http://homepage.ntu.edu.tw/~d93124002/index-new.html。

〔註49〕 林碧玲主講：「上博四〈逸詩‧多薪〉導讀」。（第八次簡帛資料文哲研讀會，2006 年 12 月 9 日，台大哲學系 201 室。）這是研讀會中提出的意見之一。 http://homepage.ntu.edu.tw/~d93124002/index-new.html

> 有杕之杜，其葉湑湑。獨行踽踽，豈無他人？不如我同父。
>
> 嗟行之人，胡不比焉？人無兄弟，胡不佽焉？
>
> 有杕之杜，其葉菁菁。獨行睘睘，豈無他人？不如我同姓。
>
> 嗟行之人，胡不比焉？人無兄弟，胡不佽焉？

一株枝葉繁盛而又孤立的杜梨樹，引發了作者「獨行踽踽」的感觸，「豈無他人」，表示並非沒有「他人」，但這些「他人」，都「不如我同父」、「不如我同姓」，作者傷感於自己沒有親愛的兄弟。詩的第二章，只是將第一章的「湑湑」、「踽踽」、「父」，更換爲「菁菁」、「睘睘」、「姓」，其意義未變，所謂的「同父」、「同姓」，都是指「兄弟」，不必把「同姓」解爲「同姓親戚」，「同父」釋爲「同一父親」。

　　至於本詩的思想層面問題，林碧玲認爲〈多薪〉的創作，反映了南方楚人對北方「詩」的德教思想的傾慕：

> 而這正是基於「一本同德」的孝悌之道，所謂的「一本」可以有兩種，一
> 是血緣生命的同源，二則爲道德生命的同源，後者正是他所謂「一本同德」
> 的意義，也正是源自周文化中「儀刑文王」的德教思想。〔註50〕

《毛詩正義‧大序》云：「詩者，志之所之也。在心爲志，發言爲詩」，兄弟之情乃家庭生活重要的一環，人民以「兄弟友好」作爲題材，將情思用詩歌的方式呈現，發而吟詠，是自然不過的事，倒不一定要說〈多薪〉的創作，是「源自周文化中儀刑文王的德教思想」，佐藤將之言：「若我們只從德教的意義來看待詩，那麼《詩經》中每首詩的意思就都一樣了」〔註51〕，甚確。在「詩、樂」分離後，齊魯韓毛又偏重於求詩之義，以義理相高，太過推求義理的結果，反而扼殺了一首詩的生命力。我們不如就把〈多薪〉看作一首普通的抒情詩，重章疊詠，詩人反覆申明兄弟相親之意，我們可以說，這樣的人文精神合乎「孝悌之道」，倒不是因爲學習了「孝悌之道」而有兄弟相親之舉，實際上，手足之情本是天性。

〔註50〕 林碧玲主講：「上博四〈逸詩‧多薪〉導讀」。（第八次簡帛資料文哲研讀會，2006
　　　　 年12月9日，台大哲學系201室。）
　　　　 http://homepage.ntu.edu.tw/~d93124002/index-new.html
〔註51〕 林碧玲主講：「上博四〈逸詩‧多薪〉導讀」。（第八次簡帛資料文哲研讀會，2006
　　　　 年12月9日，台大哲學系201室。）這是研讀會中提出的意見之一。
　　　　 http://homepage.ntu.edu.tw/~d93124002/index-new.html

第五章 〈內豊〉校釋

第一節 前 言

　　本篇是《上海博物館藏戰國楚竹書（四）》的第五篇，根據原考釋者李朝遠先生的說明，全篇現存完簡四支，由二支斷簡拼接的整簡三支，殘簡三支，另有一支附簡。第一簡背有篇題「內豊（禮）」，全篇內容與《大戴禮記・曾子立孝》等篇有關。

　　實際上，今本《大戴禮記》中的〈曾子立孝〉、〈曾子大孝〉皆與竹簡有類似的文句記載，但精神並不完全相同。簡文中談論到君臣、父子、兄弟之間彼此對等的關係，但在〈曾子立孝〉中，所言及的僅止於臣、子、弟的片面從屬關係，這顯然和漢儒所倡言之「君爲臣綱、父爲子綱、夫爲婦綱」三綱思想有關。由此段出土的〈內豊〉簡文，我們可以一窺先秦儒家倫理孝道思想的原貌。

第二節 竹簡形制及編聯

　　〈內豊〉現存完殘簡共十支，其中有四支完簡，長 44.2 釐米，合於戰國楚系簡冊「長二尺」（45 釐米）的形制〔註1〕。第一簡至第六簡，由於可與《大戴禮記・曾子事父母》對照，在簡序編排、文字釋讀與缺文補足方面，基本上較無爭議。討論較多的部分，在於第七簡之後的綴聯與斷句、文字釋讀。除了原考釋李朝遠先生所排定的簡序之外，許多學者也曾對〈內豊〉簡序重新整理排列，茲將各家的簡序排列、隸定羅列於下：

〔註1〕胡平生：〈簡牘制度新探〉，（《文物》，2003 年 3 月），頁 70。

一、李朝遠

原考釋的簡序編排爲：

君子之立孝，愛是用，禮是貴。故爲人君者，言人之君之不能使其臣者，不與言人之臣之不能事【1】其君者；故爲人臣者，言人之臣之不能事其君者，不與言人之君之不能使其臣者。故爲人父者，言人之【2】父之不能畜子者，不與言人之子之不孝者；故爲人子者，言人之子之不孝者，不與言人之父之不能畜子者。【3】故爲人兄者，言人之兄之不能慈弟者，不與言人之弟之不能承兄者；故爲人弟者，言人之弟之不能承兄【4】 者，不與言人之兄之不能慈弟者。 故曰：與君言，言使臣；與臣言，言事君。與父言，言畜子；與子言，言孝父。與兄言，言慈弟；【5】與弟言，言承兄。反此亂也。君子事父母，無私樂，無私憂。父所樂樂之，父母所憂憂之。善則從之，不善則止之；止之而不可，憐而任【6】不可。雖至於死，從之。孝而不諫，不成 孝；諫而不從，亦 不成孝。君子孝子，不食若災，腹中巧變，故父母安【7】之，如從已起。君子曰：孝子，父母有疾，冠不力，行不頌，不依立，不庶語。時昧，攻、滎、行，祝於五祀，剴必有益，君子以成其孝。【8】

是謂君子。君子曰：孝子事父母，以食惡，嫩下之……【9】

君子曰：俤，民之經也，在小不爭，在大不亂。故爲少必聽長之命，爲賤必聽貴之命。從人勸，然則免於戾。【10】

□無難。毋忘姑姊妹而遠敬之，則民有禮，然後奉之以中準。【附簡】

李朝遠說明將附簡列於篇末的原因是：「附簡字體與本篇相同，曾將之與第 8 簡綴接，但文義不洽，且編線不整。存此備考。」〔註2〕

二、董　珊

第 6 簡後當連讀與第 8 簡：「君子事父母，亡私樂，亡私憂。父母所樂，樂之；父母所憂，憂之。善則從之，不善則止之；止之而不可，隱而任【6】之。如從己起。【8】」。〔註3〕

三、曹建敦

君子之立孝，愛是用，豊是貴。古（故）爲人君者，言人君之不能使其臣者，

〔註 2〕 馬承源主編：《上海博物館藏戰國楚竹書（四）》，（上海：上海古籍出版社），頁 229。
〔註 3〕 董珊：〈讀上博藏戰國楚竹書四雜記〉，簡帛研究網，2005 年 2 月 18 日。

不與言人之臣不能事【1】亓（其）君者；古（故）爲人臣者，言人之臣之不能事其君者，不與言人之君之不能使其臣者。故爲人父者，言人之【2】父之不能蓄子者，不與言人之子之不孝者；故爲人子者，言人之子之不孝者，不與言人之父之不能蓄其子者，不與言人父不畜其子者【3】；故爲人兄者，言人兄之不能慈弟，不與言人之弟之不能承兄者；故爲人弟者，言人之弟之不能承兄【4】，者，不與言人之兄之不能慈其弟者（簡文闕脫，根據文意補）。故曰：與君言，言使臣；與臣言，言事君。與父言，言畜子；與子言，言孝父；與兄言，言慈弟；【5】與弟言，言承兄。反此亂也。君子事父母，無私樂，無私憂。父母所樂，樂之；父母所憂，憂之。善則從之，不善則止之，止之而不可，懇而任【6】之，如從己起。君子曰：孝子，父母有疾，冠不介（紒），行不頌（容），不袞（卒）立，不庶語。時昧攻縈，行祝于五祀，豈必有益？君子以成其孝。【8】（以下簡文闕脫）不可。雖至於死，從之。孝而不諫，不成孝；不成孝。君子孝子，不食若在腹中。唯巧變，故父母安。【8】

（簡文闕脫）是謂君子。君子曰：孝子事父母以食，惡燉下之【9】

君子曰：悌，民之經也。在小不爭，在大不亂。故爲少必聽長之命，爲賤必聽貴之命。從人勸，然則免于戾。【10】

亡難。毋忘姑姊妹而遠敬之，則民有禮，然後奉之以中準【附簡】﹝註4﹞

四、魏宜輝

魏宜輝〈讀上博楚簡四札記〉認爲《內禮》簡6與簡8似可相綴連：

「君子事父母，……善則從之，不善則止之。止之而不可，憐而任【6】／之，如從己起。……【8】」

這與《大戴禮記・曾子事父母》中的「父母之行，若中道則從，若不中道則諫，諫而不用，行之如由己」十分相近。簡文中的「如從己起」與「行之如由己」應是一致的。﹝註5﹞

五、黃人二

黃人二〈讀上博藏簡第四冊內禮書後〉一文，對於《內豐》一篇的編聯做了以下的說明：

第八枚與第九枚簡和其他簡於書寫風格上略有不同，且於「孝」字明顯屢

﹝註4﹞ 曹建敦：〈讀上博藏楚竹書《內豐》篇札記〉，簡帛研究網，2005年3月4日。
﹝註5﹞ 魏宜輝：〈讀上博楚簡四札記〉，簡帛研究網，2005年3月10日。

書訛牝，共有三次。重以第六簡「∠」符為界，簡文上下文字內容與《大戴禮記‧曾子立孝》、《曾子事父母》有雷同或相似字句，故本篇可細分為兩篇。而「君子曰」出現可能有四次（至少三次，一次為擬補），置於通述大義文字之後，故疑簡文至少有四篇，然以闕佚之故，詳情不可得而聞。第十枚簡與附簡疑不應放於第八簡、第九簡之後，亦暫時不能求解，姑從整理者之編排。〔註6〕

六、房振三

房振三〈上博館藏楚竹書（四）釋字二則〉一文，除了釋簡七「」字為「畐」外，亦討論了《內豊》簡六、七、八的釋文及排序（釋文採寬式隸定）：

《禮記‧內則》和《大戴禮記‧曾子事父母》分別有一段文字可以幫助我們正確理解簡文「君子孝子不畐（負）若在腹中巧變故父母安」並斷句：

曾子曰：「孝子之養老也，樂其心，不違其志，樂其耳目，安其寢處，以其飲食終養之。孝子之身終，終身也者，非終父母之身，終其身也。是故父母之所愛亦愛之，父母之所敬亦敬之。至於犬馬盡然，而況人乎？」

單居離問于曾子曰：「事父母有道乎？」曾子曰：「有。愛而敬。父母之行，若中道則從，若不中道則諫，諫而不用，行之如由己。從而不諫，非孝也；諫而不從，亦非孝也。孝子之諫，達善而不敢爭辯。爭辯者，作亂之所由興也。由己為無咎則寧，由己為賢人則亂。孝子無私樂，父母所憂憂之，父母所樂樂之。孝子唯巧變，故父母安之。」

簡文「君子孝子不負」，是承前文「善則從之，不善則止之，止之而不可，慂而任……【簡六】……不可，雖至於死，從之」而言，簡文中間所缺部分當是君子、孝子明知「父母之行」不中道則應該諫之，而且是有關「諫而不用」的敍述。簡文「孝而不諫，不成孝……不成孝。」缺文似可據《大戴禮記‧曾子事父母》「從而不諫，非孝也；諫而不從，亦非孝也」一句補作「孝而不諫，不成孝；諫而不從，不成孝。」以上是論述「孝」、「諫」、「從」的關係，所以簡文「君子孝子不負」是指君子孝子不違恩忘德，即使父母是「諫而不用」，也應做到「雖至於死，從之」。而簡文「若（匿）在腹中」則是指君子孝子應該把與父母不同的觀點埋藏在心裏，自始至終

〔註6〕 黃人二：〈讀上博藏簡第四冊內禮書後〉，發表於台灣楚文化研究會主辦「新出土戰國楚竹書研讀會」，2005 年 3 月 12 日。另收錄於《出土文獻論文集》，（台中：高文出版社，2005 年），頁 284～285。

「從之」，所以下文說「巧變，故父母安」。然則，這是君子、孝子「成孝」的權宜之計。以上第六、第七簡都是論述如何才能成爲「君子、孝子」，而第八簡雖有殘缺，但整體上是闡述「孝子」應該如何立身行事的，論述層次頗爲清晰。

總之，「君子孝子不圓若在腹中巧變故父母安」當斷句爲「君子孝子不圓（負），若（匿）在腹中。巧變，故父母安。」而且第六、第七、第八三支簡的簡序當如整理者所排列的更近原文面貌。〔註7〕

房振三認爲簡六、七、八的排序應依原考釋。然而文中謂「第八簡雖有殘缺，但整體上是闡述『孝子』應該如何立身行事的，論述層次頗爲清晰。」思婷案：第八簡爲完簡，並未殘斷。

七、林素清

林素清〈釋「匚」——兼及〈內豊〉新釋與重編〉一文，在簡文的編排方面提出了：「〈內禮〉篇可分爲兩篇」、「上博二〈昔者君老〉簡三可以編在上博四〈內禮〉簡八之後」、「〈內禮〉簡九與附簡可合併爲一，接於〈昔者君老〉簡三後」等三項意見。文中認爲〈內禮〉篇可以分成兩部分，是基於下面三個理由：

1. 簡——至簡七可以連讀，簡七中段「不成孝」三字下有墨鉤「L」，可視爲文章段落的結束。

2. 前後兩篇文字還有一個明顯的不同，就是前篇的字裏行間有或大或小的「L」形句讀符號（共十見），而後篇全無。

3. 簡七「L」符以下的內容雖也與孝子言行有關，但與前篇的敘述方式並不相同。前篇無一「君子曰」字樣，後篇則完全由幾段以「君子曰爲首的文字組成。〔註8〕

因此林素清將〈內豊〉重編爲：

內禮【1 背】

君子之立孝，愛是用，禮是貴。故爲人君者，言人之君之不能使其臣者，不與言人之臣之不能事【1】其君者；故爲人臣者，言人之臣之不能事其君者，不與言人之君之不能使其臣者。故爲人父者，言人之【2】父之不能畜子者，不與言人之子之不孝者；故爲人子者，言人之子之不孝者，不

〔註7〕房振三：《上博館藏楚竹書（四）釋字二則》，簡帛研究網，2005年4月3日。

〔註8〕林素清：〈釋「匚」——兼及〈內禮〉新釋與重編〉，發表於「出土簡帛文獻與古代學術國際研討會」，美國芝加哥大學東亞系所，2005年5月28～30日。頁2～3。

與言人之父之不能畜子者。【3】故爲人兄者，言人之兄之不能慈弟者，不與言人之弟之不能承兄者；故爲人弟者，言人之弟之不能承兄【4】（者，不與言人之兄之不能慈弟者。故）曰：與君言，言使臣；與臣言，言事君。與父言，言畜子；與子言，言孝父。與兄言，言慈弟；【5】與弟言，言承兄。反此，亂也。君子事父母，無私樂，無私憂。父所樂樂之，父母所憂憂之。善則從之，不善則止之；止之而不可，憐而任【6】不可。雖至於死，從之。孝而不諫，不成（孝；諫而不從，亦）不成孝。

君子【曰】：「孝子不匱，若在腹中巧變，故父母安【7】之，如從巳起。」

君子曰：「孝子父母有疾，冠不介（櫛），行不頌（容），不卒（悴）立，不庶（惰）語。時、昧、功（攻）、縈（縈），行祝於五祀，豈必有益？君子以成其孝，【8】能事其親。」

君子曰「子省（姓）割（曷）？喜於內不見於外；喜於外不見於內；慍於外，不見於內＝（內，內）言不以出，外言不以入，舉美廢惡【昔 3】是謂君子。」

君子曰：「孝子事父母，以食惡美，下之【9】□□無難。毋忘姑姊妹而遠敬之，則民有禮，然後奉之以中準。」【附簡】

君子曰：「悌，民之經也，在小不爭，在大不亂。故爲少必聽長之命，爲賤必聽貴之命。從人歡然，則免於戾。【10】

其後林素清在〈上博四《內禮》篇重探〉又對上述簡文排序作出說明：

將《內禮》篇第九簡與附簡併合爲一，接於《昔者君老》第三簡之後。於是《內禮》篇後段文字變成抄錄五段由「君子曰」爲首的文章，體例頗爲一致。〔註9〕

並且進一步認爲〈昔者君老〉一、二、四簡亦可與〈內豐〉合篇：

這些內容抄錄次第爲：先內而外；先親而疏；先個人而太子，簡文內容依序爲：

（一）孝子最高準則是：「孝子不匱」，故君子必須「巧變」，以使父母安。

（二）父母有疾時孝子所採各種臨時變通之道，無非是彰顯其「能事其親」的道理，仍是君子能「成其孝」。

（三）君子與子姓輩相處要是能注意內、外之分別，並要以「舉美廢惡」

〔註 9〕林素清：〈上博楚簡四〈內禮〉篇重探〉，發表於「出土簡帛文獻與古代學術國際研討會」，國立政治大學，2005 年 12 月 2 日～3 日。頁 3。

　　　　爲原則。

（四）與姑姐妹相處，必須「遠敬之」，則能表現君子「有禮」的一面，
　　　這也是事父母（不辱父母）的重點之一。至於「以食惡美」，只是
　　　等而「下之」，不是最重要之部分。

（五）君子處於要遵守「悌」的道理：就是以「少聽於長，賤聽於貴」爲
　　　原則，如此，才能不亂。又與人相處必須「從人歡」，才能「免於
　　　戾」。

（六）太子朝君時「敬愛」之情，與大子守喪時「哀悲」之禮，全文主軸
　　　都在表現君子對父母「敬愛」之心，與應對相關禮儀。

《內禮》篇後段文字，先敘述君子對父母之孝（一、二），其次，敘及對
待子姓、姑姐妹等較疏一輩親屬之禮儀（三、四）。然後再向外談論對外、
對朋友之道（五）最後抄錄太子言行之禮儀規範（六）。總結則以「內禮」
爲標題。〔註10〕

因此，林素清認爲〈內豐〉的成篇，乃是「將這些議題相若的『君子曰』抄錄在一
起，應是整理古籍時常見的方式之一」，因此將〈內豐〉與〈昔者君老〉合爲一篇，
其簡序安排爲：

　　　1 → 2 → 3 → 4 → 5 → 6 → 7 → 8 → 昔3 → 9＋附簡＋10＋昔1＋
昔2＋昔3

　　（可連讀的標注「→」，可拼接的標注「＋」）

八、馮　時

　　馮時對〈內豐〉的校讀如下：

　　君子之立孝，愛是用，禮是貴。故爲人君者，言人之君之不能使其臣者，
　　不與言人之臣之不能事【1】其君者；故爲人臣者，言人之臣之不能事其
　　君者，不與言人之君之不能使其臣者。故爲人父者，言人之【2】父之不
　　能畜子者，不與言人之子之不孝者；故爲人子者，言人之子之不孝者，不
　　與言人之父之不能畜子者。【3】故爲人兄者，言人之兄之不能慈弟者，不
　　與言人之弟之不能承兄者；故爲人弟者，言人之弟之不能承兄【4】者，
　　不與言人之兄之不能慈弟者。君子曰：與君言，言使臣；與臣言，言事君。
　　與父言，言畜子；與子言，言孝父。與兄言，言慈弟；【5】與弟言，言承

〔註10〕林素清：〈上博楚簡四〈內禮〉篇重探〉，發表於「出土簡帛文獻與古代學術國際研
　　　討會」，國立政治大學，2005年12月2日～3日。頁5～6。

兄。反此亂也。君子事父母，無私樂，無私憂。父母所樂樂之，父母所憂憂之。善則從之，不善則止之；止之而不可，慭而仍，【6】不可，唯至於死從之。孝而不諫，不成孝；諫而不從，亦不成孝。君子曰：「孝子不匱（乖），若在腹中巧變，故父母安【7】之，如從已起。」君子曰：「孝子，父母有疾，冠不力（勅），行不頌，不卒立，不庶語。時昧，攻、禜，行祝於五祀，劀（概）必有益。君子以成其孝，【8】是謂君子。君子曰：「孝子事父母，以食惡美下之，□□【9】亡難。毋忘姑姊妹而遠敬之，則民有禮，然後奉之以中庸。」【附簡】君子曰：「俤，民之經也，在小不爭，在大不亂。故爲少必聽長之命，爲賤必聽貴之命。從人歡然則免於戾。」【10】〔註11〕

九、井上亘

　　井上亘在〈《內豊》篇與《昔者君老》篇的編聯問題〉文中，比較了兩篇共同的「君子曰」、「母（毋）」、「弟」、「者」、「之」、「言」、「不」、「命」、「事」、「是」、「以」、「能」、「於」等字，認爲二篇書手爲同一人，認爲《內豊》與《昔者君老》可合爲一篇，其理由有二，其一是兩篇竹簡長度編線一致：

　　按，兩篇的完簡是長度都是四十四‧二釐米，皆有三道的編綴痕跡，自上端至上編之間距有一‧二釐米，上編至中編、中編至下編之間距均有二十一釐米，下編至下端之間距有一釐米。就容字來說，每簡約有四十字左右，字距也整齊劃一。〔註12〕

其二，井上亘認爲二篇在內容上亦屬相關：

　　《內豊》篇的第六、七簡和第九簡，就「事父母」而言。《昔者君老》篇的第三簡，與第一、二簡和第四簡文意不合。因此，第三簡可以移至《內豊》篇。

　　《內豊》篇的第九簡「是謂君子」之前闕失，《昔者君老》篇的第三簡「舉美廢惡」之後也闕失；如果「舉美廢惡」也是君子之謂，兩簡則有可能編聯。

　　此外《昔者君老》篇的第一簡云「君子曰」，諸家大概認爲「君子」是太

〔註11〕資料來源：「第八次簡帛資料文哲研讀會」，2005年6月18日。可參 http://www3.nccu.edu.tw/~92151018/

〔註12〕（日）井上亘：〈《內豊》篇與《昔者君老》篇的編聯問題〉，簡帛研究網，2005年10月16。

子之師等。但是,《內豊》篇第八、九、十簡亦有「君子曰」。

井上亘的簡文排序是:

君子之立孝,愛是用,禮是貴。故爲人君者,言人之君之不能使其臣者,不與言人之臣之不能事【1】其君者。故爲人臣者,言人之臣之不能事其君者,不與言人之君之不能使其臣者。故爲人父者,言人之【2】父之不能畜子者,不與言人之子之不孝者。故爲人子者,言人之子之不孝者,不與言人之父之不能畜子者【3】故爲人兄者,言人之兄之不能慈弟者,不與言人之弟之不能承兄者。故爲人弟者,言人之弟之不能承兄【4】(者,不與言人之兄之不能慈弟者。故)曰,與君言,言使臣。與臣言,言事君。與父言,言畜子。與子言,言孝父。與兄言,言慈弟。【5】與弟言,言承兄。反此亂也。

君子事父母,無私樂,無私憂。父母所樂樂之,父母所憂憂之。善則從之,不善則止之。止之而不可,忞而任【6】不可。雖至於死,從之。孝而不諫,不成(「孝。諫而不從,亦」)不成孝。君子(曰),孝子不食,若在腹中巧變,故父母安。【7】

能事其親。君子曰,子性割,喜於內,不見於外,喜於外,不見於內。慍於外,不見於內。內言不以出,外言不以內。舉美廢惡【③】

……是謂君子。君子曰,孝子事父母,以食惡美下之。……【9】

……之,如從已起。君子曰,孝子,父母有疾,冠不飭,行不容,不卒立,不庶語。時昧攻縈,行祝於五祀,豈必有益,君子以成其孝。【8】

君子曰,悌,民之經也。在小不爭,在大不亂。故爲少必聽長之命,爲賤必聽貴之命。從人懽然,則免於戾。【10】

君子曰,昔者君老。太子朝君。君之母弟是相。太子側聽,庶叩,叩進。太子前之母弟,母弟遜退,前之太子再三,然後竝聽之。太子、母弟【①】/至,命於閤門,以告寺人。寺人入,告于君。君曰,召之。太子入見,如祭祀之事【②】(以下闕)尔司,各恭尔事,廢命不赦。君卒。太子乃無聞無聽,不問不命。唯哀悲是思,唯邦之大屏是敬。【④】

……□無難。毋忘姑姊妹而遠敬之,則民有禮。然後,奉之以中庸。【附簡

(1,2……是《內豊》的簡號,①,②是《昔者君老》的簡號)〔註13〕

〔註13〕 (日)井上亘:〈《內豊》篇與《昔者君老》篇的編聯問題〉,簡帛研究網,2005 年

十、福田哲之

　　福田哲之在討論「上博四《內禮》附簡的歸屬」時將附簡與〈內豊〉的其他簡文作比較，發現「亡（無）」、「母（毋）」、「而」、「敬」、「則」、「民」、「豊（禮）」、「中」等字的寫法有所異差，而附簡的字形卻與《季康子問於孔子》相同，故提出《內豊》附簡應歸於《季康子問於孔子》的看法〔註14〕，但未能說明附簡在《季康子問於孔子》中的編排位置。不過文中言及附簡「與《內禮》《昔者君老》中的相應字在字形方面間有許多不同」，顯見福田哲之認為《內豊》與《昔者君老》有相關性。

　　然而福田哲之在此之後另撰〈上博楚簡《內豊》的文獻性質—以與《大戴禮記》之《曾子立孝》、《曾子事父母》比較為中心〉一文，文中所列出的〈內豊〉釋文又包含了附簡，福田哲之謂：

>　　如果我們注意竹簡的殘存狀況，會發現第 4 簡至第 9 簡以及附簡，其斷裂部位大致相同，這暗示它們應該處於比較相近的位置。這種斷裂部位的一致，可以證明附簡也是〈內豊〉的一部份，而因為第 10 簡不見斷裂，所以附簡的排列位置可能比第 10 簡更靠前。但是由於前後兩簡在前後接續上及與其他竹簡的關聯上均不明，所以其內容十分難以把握。〔註15〕

由此段文字看來，福田哲之似乎又傾向附簡可編入〈內豊〉之中。

　　至於簡序問題，福田哲之曾以〈內豊〉中的符號作為排列簡序的佐證。他比較了原考釋的簡序（原案）與魏宜輝第六簡與第八簡綴連的說法（修改案），認為原考釋的排序較合乎內豊的原貌：

【表1】原案句讀符號之分布

段　落	原　　　文	簡　　號	符號數
（一）	君子之立孝……反此亂也┗。	第 1 簡～第 6 簡	9
（二）	君子事父母……〔亦〕不成孝┗。	第 6 簡、第 7 簡	1
（三）	君子〔曰〕：孝子不食……如從己從。	第 7 簡、第 8 簡	0
（四）	君子曰：孝子父母有疾……君子以成其孝。	第 8 簡	0
（五）	君子曰：孝子事父母，以食惡美下之。☑	第 9 簡	0
（六）	君子曰：弟，君之經也。……然則免於戾。	第 10 簡	0

10 月 16 日。

〔註14〕　（日）福田哲之：〈上博四《內禮》附簡、上博五《季康子問於孔子》第十六簡的歸屬問題〉，武漢大學簡帛研究中心網站，2006 年 3 月 7 日。

〔註15〕　（日）福田哲之：〈上博楚簡《內豊》的文獻性質——以與《大戴禮記》之《曾子立孝》、《曾子事父母》比較為中心〉，《簡帛》第一輯，（武漢大學簡帛研究中心主辦，上海古籍出版，2006 年 10 月），頁 163。

【表2】修改案句讀符號之分布

段　落	原　　　　　　文	簡　　號	符號數
（一）	君子之立孝…反此亂也▄。	第1簡～第6簡	9
（二）-1	君子事父母……如此己起。	第6簡、第8簡	0
（四）	君子曰：孝子父母有疾……君子以成其孝。	第7簡、第8簡	0
（二）-2	（簡文脫卻）不可……〔亦〕不成孝▄。	第7簡	1
（三）	君子〔曰〕：孝子不食……故父母安。	第7簡	0
（五）	君子曰：孝子事父母，以食惡美下之。☐	第9簡	0
（六）	君子曰：弟，民之經也。……然則免於戾。	第10簡	0

　　根據各表，先就原案進行分析。就（一）而言，原案與修改案一致。《內
豊》中可見十個符號，有九個都集中在這一章。產生這種現象的原因是：
（一）這一章比其他各章都長，而且有同一文句重複出現的特殊文章結
構。也就是說，我們可以看出其欲藉由句讀點的使用，來避免相同文句重
複出現所導致的誤讀。與此相對，（二）的文章量不足（一）的三分之一，
也沒有誘發誤讀的重要因素，所以可以理解爲只是使用標示篇章完結的章
尾符號。再者，（三）以下的各章全然不見句讀符號之使用，這是因爲各
章具有以「君子曰」開頭的共同形式，且行文簡短，所以沒有必要使用句
讀符號或章尾符號。如依據原案，對於使用句讀符號和章尾符號的原因，
我們可以從文章結構上的對應關係獲得極爲合理的解釋。

　　那麼，修改案方面又如何呢？（一）因爲和原案一致，十個符號中有九個
符號在此被使用，沒有什麼疑問。值得注意的是（二）-2中的一個。根據
修改案，雖然（二）-2的上文闕脫，但由於（四）和（三）、（五）、（六）
各章均以「君子曰」開頭，所以，（二）-2的開頭也很有可能是「君子曰」。
但是這樣推理的話，就留下了爲什麼只有（二）-2的末尾處使用章尾符號
的難解疑問。如果將（二）-1、（四）、（二）-2解釋爲一個大段落，可以
理解（二）-2末尾章尾符號之意義。但是（二）-1、（二）-2的主題是向
父母諫言，而接（二）-1後的（四）則是以父母生病時的禮數爲主題，內
容上說不通。而且（四）具有以「君子曰」開頭的獨立章之形式，所以這
種假設無法成立。綜上所述，修改案中（二）-2末尾處有章尾符號之理由，
很難得到合理的解說。〔註16〕

〔註16〕（日）福田哲之：〈上博楚簡《內豊》的文獻性質——以與《大戴禮記》之《曾子立

因此在編聯上，福田哲之最終還是依從原考釋的說法。

十一、本文的簡序編排

（一）各學者的簡序

為方便討論，茲將上列學者對《內豐》簡序的意見表列於下：

一、李朝遠	二、董珊	三、曹建敦	四、魏宜輝	五、黃人二	六、房振三	七、林素清	八、馮時	九、井上亘	十、福田哲之	
									後說	前說
1	1	1	1	1	1	1	1	1	1	
2	2	2	2	2	2	2	2	2	2	
3	3	3	3	3	3	3	3	3	3	
4	4	4	4	4	4	4	4	4	4	
5	5	5	5	5	5	5	5	5	5	
6	6	6	6	6	6	6	6	6	6	2. 認爲附簡屬於《季康子問於孔子》。　1. 認爲《內豐》與《昔者君老》在編聯上有相關性。
7	8	8	8	7	7	7	7	7	7	
8	7	7	7	8	8	8	8	昔者君老3	8	
9	9	9	9	9	9	昔者君老3	9	9	9	
10	10	10	10	10	10	9	附簡	8	10	
附簡	附簡	附簡	附簡	附簡	附簡	附簡	10	10	附簡	
						10		昔者君老1		
						昔者君老1		昔者君老2		
						昔者君老2		昔者君老4		
						昔者君老4		附簡		

最早對《內豐》篇的簡序提出重新編排看法的是董珊，他認爲第六簡之後應接續以第八簡，董珊的意見隨後爲曹建敦、魏宜輝、梁濤〔註17〕所採用。林素清則是

孝》、《曾子事父母》比較爲中心〉，《簡帛》第一輯，〔武漢大學簡帛研究中心主辦，上海古籍出版，2006 年 10 月〕，頁 170～171。

〔註17〕梁濤：〈上博簡《內禮》與《大戴禮記‧曾子》〉，簡帛研究網，2005 年 6 月 26 日。

最早提出《內豊》可與《昔者君老》之內容聯綴的學者，井上亘亦有相似的看法。

由上表可見，大部分的學者皆以李朝遠所編排的十一支簡爲基礎，或者再加上上博二《昔者君老》的簡文予以重新編序，惟有福田哲之曾提出「附簡」應由《內豊》篇中剔除的意見。

（二）〈內豊〉附簡與〈內豊〉一至十簡字形不同

首先，我們討論「附簡」是否屬於《內豊》。由於附簡並非完簡，故難以確知附簡長度是否與《內豊》其他竹簡一致。我們可以試著由字體加以判別：

A.「亡」形

編　　號	1.	2.	3.	4.
字　　形〔註18〕				
隸　　定	亡	忘	亡	亡
出　　處	附簡	附簡	第6簡	第6簡

楚系「亡」字主要有三種類型：

1. 作（望‧二策）、（包171），與楚系「止」形相近。
2. 作（郭‧尊33）、（芒，信‧2.023），簡寫爲兩「L」形。
3. 作（郭‧語三64）、（郭‧語三64），中間豎筆與橫筆互相貫穿作「十」形，與楚系「乍」字易混。

附簡「亡」字屬於第三類，而第六簡「亡」字則屬第二類，這兩種寫法筆順不同。

B.「女」形

編　　號	1.	2.	3.	4.	5.
字　　形					
隸　　定	母	姑	姊	妹	毋
出　　處	附簡	附簡	附簡	附簡	第6簡
編　　號	6	7	8	9	
字　　形					
隸　　定	毋	如	毋	毋	
出　　處	第7簡	第8簡	第8簡	第9簡	

〔註18〕表列字形縮小比例均相同。

△1 依字形應隸定爲「母」，然而依文例「～忘姑姊妹而遠敬之」，則應讀爲「毋」。△2、3、5、6 依字形應隸定爲「毋」，但依文例「父～」，皆應讀爲「母」。這是由於「女」、「母」、「毋」乃一字分化，因此偶有混用〔註19〕。

仔細比較上表，△2、4、5、6，中間豎筆的筆勢也與△1 之「 」不同，而且最重要的是左邊的筆畫末端都勾起作「 」形，可見寫爲「 」形是此書手的習慣，但我們可以發現，在附簡中出現的四個「女」旁，無一作此形者。

C. 「而」形

編　　號	1.	2.	3.	4.
字　　形				
出　　處	附簡	第 6 簡	第 6 簡	第 7 簡

楚系「而」字字形多變，△3 是最常見的「而」字寫法，常見於楚系簡帛如：（磚 370.1）、（包 137），或不加上方飾筆。在第六簡中，分別出現了△2 與△3 兩種字形不同的「而」字。

△1 的寫法較少見，《楚文字編》僅收 （郭‧語三 18）一例。

《楚文字編》中亦有「而」字作 （郭‧成 8）、（郭‧成 19），但沒有如△2、△4 上方加橫筆爲飾者，可見隨著楚系簡帛不斷地出土，會出現更多不同的字形。

D. 「則」形

編　　號	1.	2.	3.	4.
字　　形				
出　　處	附簡	第 6 簡	第 6 簡	第 10 簡

楚系「則」字也是異體繁多，以上表而言，△2、3、4 鼎形皆簡化爲目形，下方加兩橫簡化符號右旁皆从「勿」形；△1 鼎形下方則訛似「火」形。附簡的「則」字，與其他簡文的「則」字寫法不同。

E. 「豊」形

〔註19〕陳嘉凌：《楚系簡帛字根研究》，（國立台灣師範大學國文研究所碩士論文，2002 年），頁 78～84。

編　　號	1.	2.	3.
字　　形			
出　　處	附簡	第 1 簡	第 1 簡反

　　△3 字形殘沴不清。△1 和△2 有兩點相異之處：△2 下方作「口」形，△1 則否；△1 上方兩「爪」形中間爲一豎筆，△2 兩「爪」形中間似作「勹」形，與 🔲（郭‧成 35）相近。

　　由上述的字形比較，我們可以發現，《內豊》附簡的字體，並非如原考釋者所云：「此簡字體與本篇相同」〔註 20〕。《內豊》附簡與《內豊》一至十簡不是同一書手所作，可信。至於福田哲之認爲《內豊》附簡應歸入《上博五‧季康子問於孔子》的看法，則值得參考與重視。

（三）《內豊》與《昔者君老》有相關性

　　就《內豊》與《昔者君老》的字形而言，林素清、井上亘、福田哲之均指出兩篇字形有共通之處。

　　楚系文字中，由於簡化、繁化、飾筆、偏旁位置不固定等原因，因此一個字往往有數種不同的寫法。下列字形，都是在楚文字中異體、變化較多的字，但是，我們卻可以發現，《內豊》和《昔者君老》兩篇，有著高度的相關性。

A.「母」

編　　號	1	2	3	4	5	6
字　　形						
隸　　定	毋	毋	毋	毋	毋	毋
出　　處	昔者君老 1	昔者君老 1	內豊 6	內豊 7	內豊 8	內豊 9

　　上文已言及《內豊》篇的書手習慣是「女」形左方筆畫作「乚」形，這個特色也同樣出現在〈昔者君老〉中。而且兩篇的「父母」一詞，「母」字皆寫作「毋」，我們比較其他篇章（如上博（二）《民之父母》的「母」字作 🔲），就可以發現《內豊》與《昔者君老》的共同點。

B. 「不」

編　　號	1	2	3	4	5	6
字　　形						
出　　處	昔者君老 4	昔者君老 4	昔者君老 4	內豐 1	內豐 2	內豐 3
編　　號	7	8	9	10	11	
字　　形						
出　　處	內豐 4	內豐 6	內豐 7	內豐 8	內豐 10	

　　楚系文字的「不」字，依飾筆的添加與否、位置，其形體大略可分爲以下七種，而這七種形體均見於上博簡：

1. 不加任何飾筆，例如 （包 42）、（包 54）、（郭・老丙 1），甲骨文「不」字多未添加飾筆，此類字形承甲骨文而來。《上博三・周易》第四簡「不」亦作此形。

2. 於中間豎筆加一圓點作爲飾筆，例如 （郭・老甲 7）、（郭・緇 14）、（郭・語二 39），此形體多出現於郭店楚簡，《上博一・孔子詩論》第一簡「不」字亦作此形。

3. 於中間豎筆加一橫畫作爲飾筆作 （郭・老丙 13）、（郭・忠 1）、（郭・成 12）。何琳儀認爲此字形後來分化爲「丕」字〔註21〕。此字形也出現於《緇衣》第一簡。

4. 在「不」字之上加一短橫畫作飾筆。例如 （包 61）、（郭・老甲 20）、（郭・五 21）。《上博三・周易》第一簡「不」字亦作此形。

5. 在「不」字之上加一短橫畫，並於中間豎筆加一圓點作爲飾筆，如 （郭・老乙 11）、（郭・五 1）、（郭・語一 57）此類字形多見於郭店楚簡。這種寫法的「不」字亦見於《上博三・恆先》第五簡。

6. 在「不」字之上加一短橫畫，並於中間豎筆加一橫畫作爲飾筆，如 （天卜）、（包 38）、（郭・老甲 7）。《上博一・性情論》第三十九簡「不」字亦作此形。

7. 「不」字下方筆畫作「巾」形，如 （郭・語一・60）、（郭・語二・45）。此類形體或在中間豎筆或「不」字上方加飾筆。同樣字形亦見於《上博一・

〔註21〕 何琳儀：《戰國古文字典》（上），（北京：中華書局，1998 年），頁 117。

《緇衣》。

《內豊》「不」字共出現 29 次，寫法皆爲上列第 6 種字形，在「不」字之上方及中間豎筆分別加上一短橫畫作飾筆；《昔者君老》的「不」字亦作此形。

C. 佅

編 號	1	2	3	4	5
字 形					
出 處	昔者君老 1	昔者君老 1	昔者君老 1	內豊 4	內豊 4
編 號	6	7	8	9	10
字 形					
出 處	內豊 4	內豊 4	內豊 5	內豊 6	民之父母 1

弟，甲骨文作 （乙 484）、（燕 128），乃以韋索纏繞戈柲之形，由束戈柲有次第，又引伸有兄弟之意〔註22〕。金文作 （沈子它簋）、（季曆卣）。

下列楚系「弟」字，依其文例，皆兄弟之「弟」，作 （包 80）、（郭‧語一 70）等形；或有減省作 （郭‧唐 23）、（郭‧唐 23）；也有在「弟」的基礎上增加「人」爲形符，藉以強調人倫稱謂之義者，見於《包山》227「舉禱兄 無後者」、《九店》M56‧25「生子，無 」，李家浩云：「『無佅』，秦簡《日書》甲種楚除結日占辭作『毋弟』。『佅』從『人』從『弟』聲，當爲兄弟之『弟』的專字。」〔註23〕整體而言，楚系文字中，兄弟之「弟」，以未添加「人」旁者佔多數。

《內豊》的「兄弟」二字與《昔者君老》母弟的「弟」字，一律加上「人」旁。除了這個共同點之外，我們可以再和△10 比較，同樣從人的「佅」字，筆順也有所不同：△10「弟」形上方，是先在左邊點一點，右邊筆畫是一筆而下；△1～10 則是左邊筆畫一筆而下，再加上右邊的一點。

D. 「亞」

編 號	1	2
字 形		
出 處	昔者君老 3	內豊 9

〔註22〕季師旭昇：《說文新證》（上），（台北：藝文，2002 年 10 月），頁 477。

〔註23〕湖北省考古研究所、北京大學中文系編：《九店楚簡》，（北京：中華書局，2005 年 5 月），頁 79。

楚系的「亞」字，由於飾筆有無、添加位置的不同，異體甚多。其基本形體為 （天卜），有時則在字上或字下加一短橫飾筆作 （天卜）、（郭‧性48）、（包174），有時字上所加之飾筆又彎曲作 （包188）。此外，在「亞」形之中，有時加上「十」字形或一短橫作 （郭‧老乙4）、（郭‧緇43）（郭‧魯7），這樣的字形在石鼓文（）及東漢史晨碑（）中亦有所見。「亞」字有時左右兩旁筆畫寫成兩豎筆作 （郭‧語一8），也有中間部份寫為兩個「乂」形作 （郭‧緇2）。以上諸形雖有所不同，但皆為「亞」字。

《內豐》與《昔者君老》的「亞」字字形是相同的，皆是在「亞」字上下加一短橫飾筆，且在「亞」形中間加「十」形飾筆的寫法。

E.「者」

編　號	1	2	3	4	5
字　形					
出　處	昔者君老1	內豐1	內豐2	內豐3	內豐4

楚系「者」字異體甚多，至少有以下幾種寫法〔註24〕：
1. 下從皿：a （郭‧成2）　b （郭‧成3）　c （上三‧恆1）
2. 下從八古：a （郭‧老丙11）
3. 下從千口：a （郭‧老甲10）　b （郭‧六24）
4. 下從壬：a （上二‧子羔1）
5. 下從丌：a （上三‧中弓6）
6. 下從衣省〔註25〕：a （郭‧五50）　b （郭唐25）　c （上二‧緇1）
7. 上從老省：a （郭‧唐2）

在眾多楚系「者」字的寫法中，《內豐》與《昔者君老》皆屬於1b的類型。

【思婷案】

《內豐》與《昔者君老》兩篇，在字體的共同點，林素清、井上亘、福田哲之等學者已經有很詳細的說明。本文則以五個異體較多的字為例，補充、印證《內豐》與《昔者君老》屬於同一書手的作品。

〔註24〕季師旭昇：《上海博物館藏戰國楚竹書（三）讀本》，（台北：萬卷樓，2005年），頁258。
〔註25〕思婷案：下方部件可視為從皿而訛。

　　然而《內豐》與《昔者君老》屬於同一書手的作品，並不代表《內豐》與《昔者君老》必定可以綴續。主要判斷的依據乃在於「內容」是否密切相關。

（四）本文的簡序編排

　　由上文的討論，本文認為《內豐》附簡不屬於《內豐》，福田哲之提出將附簡歸入《上博五・季康子問於孔子》的說法值得重視，本文暫將附簡附於文末，討論其內容；另一方面，《上博二・昔者君老》第三簡內容似與孝子事父母無關，故不必與《內豐》合編；而原考釋所排定第六、七、八簡的次序，於文意上來說，並沒有滯礙不可讀通的缺點，因此不必加以更動。基於以上三點理由，本文仍從原考釋之簡序編排。

第三節　〈內豐〉與《大戴禮記》〈曾子立孝〉、〈曾子大孝〉

　　今本《大戴禮記・曾子立孝》與〈內豐〉有一段相似的記載，其原文如下：

　　曾子曰：「君子立孝，其忠之用，禮之貴。故爲人子而不能孝其父者，不敢言人父不畜其子者；爲人弟而不能承其兄者，不敢言人兄不能順其弟者；爲人臣而不能事其君者，不敢言人君不能使其臣者也。故與父言，言畜子；與子言，言孝父；與兄言，言順弟；與弟言，言承兄；與君言，言使臣；與臣言，言事君。

　　君子之孝也，忠愛以敬；反是，亂也。盡力而有禮，莊敬而安之；微諫不倦，聽從而不息，懽欣忠信，咎故不生，可謂孝矣。

　　盡力無禮，則小人也；致敬而不忠，則不入也。是故禮以將其力，敬以入其忠；飲食移味，居處溫愉，著心於此，濟其志也。

　　子曰：「可人也，吾任其過；不可人也，吾辭其罪。」詩云「有子七人，莫慰母心」，子之辭也。「夙興夜寐，無忝爾所生」，言不自舍也。不恥其親，君子之孝也。

　　是故未有君，而忠臣可知者，孝子之謂也；未有長，而順下可知者，弟弟之謂也；未有治，而能仕可知者，先脩之謂也。」

　　故曰：「孝子善事君，弟弟善事長，君子一孝一弟，可謂知終矣。」

　　《大戴禮記・曾子事父母》也有一部份的內容和本文相近，其原文如下：

　　單居離問於曾子曰：「事父母有道乎？」曾子曰：「有。愛而敬。父母之行若中道，則從；若不中道，則諫；諫而不用，行之如由己。從而不諫，非

孝也；諫而不從，亦非孝也。孝子之諫，達善而不敢爭辨；爭辨者，作亂之所由興也。由己爲無咎，則盜；由己爲賢人，則亂。孝子無私樂，父母所憂憂之，父母所樂樂之。孝子唯巧變，故父母安之。若夫坐如尸，立如齊，弗訊不言，言必齊色，此成人之善者也，未得爲人子之道也。」

除此之外，〈曾子大孝〉所言「孝有三：大孝尊親，其次不辱，其下能養」、「父母有過，諫而不逆」……皆與〈內豊〉之主旨相關。

第四節　〈內豊〉簡文校釋

【原文】

內禮【1背】

君子之立孝，忢（愛）是用，豊（禮）是貴〔1〕。古（故）為人君者，言人之君之不能叓（使）其臣者，不與言人之臣之不能事【1】丌（其）君者┗；古（故）為人臣者，言人之臣之不能事丌（其）君者，不與言人之君之不能叓（使）其臣者〔2〕┗。古（故）為人父者，言人之【2】父之不能畜子者，不與言人之子之不孝者┗；古（故）為人子者，言人之子之不孝者，不與言人之父之不能畜子者┗。【3】故為人偈（兄）者，言人之偈（兄）之不能慈俤（弟）者，不與言人之俤（弟）之不能承偈（兄）者┗；故為人俤（弟）者，言人之俤（弟）之不能承偈（兄）【4】者，不與言人之偈（兄）之不能慈俤（弟）者〔3〕。故曰：與君言＝（言，言）叓（使）臣；與臣言＝（言，言）事君。與父＝（言，言）畜子┗；與子言＝（言，言）孝父┗。與偈（兄）言＝（言，言）慈俤（弟）┗；【5】與俤（弟）言＝（言，言）承（承）偈（兄）〔4〕。反此，亂（亂）也┗〔5〕。

【語譯】

君子建立孝道，要用中心的誠懇，重視行爲的規範。因此做人國君的，應談論人君不能領導臣子的情況，不去談論臣子無法爲國君謀事的情況；做人臣子的，應談論人臣無法爲國君謀事的情況，不去談論國君無法領導臣子的情況。因此做人父親的，應談論父親不能蓄養兒子的情況，不去談論兒子不孝敬父親的情況；做人兒子的，應談論兒子不能孝敬父親的情況，不去談論父親不蓄養兒子的情況。因此做人兄長的，應談論哥哥不能慈愛弟弟的情況，不去談論弟弟不承奉哥哥的情況；做

人弟弟的，應談論弟弟不能承奉哥哥的情況，不去談論哥哥不慈愛弟弟的情況。所以說，和做國君的人說話，說領導臣下的事；和做臣子的人說話，說侍奉國君的事。和做父親的人說話，說蓄養子女的事；和做兒子的人說話，說孝敬父親的事。和做哥哥的人說話，說慈愛弟弟的事；和做弟弟的人說話，說承奉哥哥的事。若違反以上的做法，就會產生悖亂。

〔1〕君子之立孝，忎（愛）是甬，豊是貴：

1. 甬：

甲骨文未見「甬」字，金文「甬」作 （彔伯簋）、（師克盨）。楚系簡帛「甬」的字形承金文而來，作 （郭・老甲・37）、（郭・六 5）、（郭・性 43）等形，；或在中間豎畫加短橫飾筆；上方的「卩」形寫成「ㄚ」形，但仍是兩筆，或作三筆寫作「Y」形。〈內豐〉此簡「甬」作 ，也屬於加飾筆的字形。

從金文來看「用」和「甬」兩者的關係，以字體而言，「甬」字與「用」字相比，除了字形上方的「卩」形部件之外，幾乎無別；在字音上，甬從用得聲，甬字「余隴切」，用字「余訟切」，古音同為東部、喻紐，兩者雙聲疊韻。在用字上，也有「以甬為用」的例子：「江小仲母生自乍甬鬲」（春秋早・江小仲鼎）。〔註26〕

由於「甬」、「用」二字的字形字音相近，因此有學者認為「用」、「甬」為一字分化〔註27〕。楚系文字中無論簡文或銘文，「以甬為用」之例十分常見，例如戰國時期的曾姬無卹壺：「後嗣甬之」〔註28〕、郭店楚簡〈緇衣〉文句引《書》作：「非甬痙，折以荃，隹乍五瘧之荃曰瀀」，今本《禮記・緇衣》文句作：「苗民匪用命，製以刑，惟作五虐之刑曰法」〔註29〕、《郭店・老子・丙本》：「君子居則貴左，甬兵則貴右」，「甬」字亦通假為「用」、鄂陵君鑑：「羕甬之」，讀作「永用之」〔註30〕、楚帛書：「民勿甬」（乙二・一○），讀作「民勿用」。此種用法，當是沿襲金文而來。《內豐》此簡「忎是甬」讀作「愛是用」，同樣也是以「甬」為「用」。

〔註26〕于省吾：《甲骨文字釋林》，（台北：大通書局，1981 年 10 月），頁 361。

〔註27〕于省吾：《甲骨文字釋林》：「甬字的造字本義，係於用字上附加半圓形，作為指事字的標志，以別于用，而仍因用字以為聲。」。（台北：大通書局，1981 年 10 月），頁 454。

何琳儀：「甬……从用，ㄅ為分化符號。用、甬古本一字。」《戰國古文字典》（上），（北京：中華書局，1998 年 9 月），頁 423。

〔註28〕曾姬無卹壺 字，《金文編》、《古文字詁林》、《金文常用字典》皆收錄於「用」字之下，而《楚文字編》則收錄於「甬」字之下。依文例來看，「甬」當讀為「用」。

〔註29〕《十三經注疏・5 禮記》，（台北：藝文印書館，1989 年第 11 版），頁 927。

〔註30〕張世超、孫凌安、金國泰、馬如森合編：《金文形義通解》，（中文出版社，1996 年 3 月），頁 1743。

2. 君子之立孝，愛是用，禮是貴：

【各家說法】

原考釋：

《大戴禮記・曾子立孝》：「曾子曰：『君子立孝，其忠之用，禮之貴。』」簡文與此略同。簡文「愛是用，禮是貴」的「是」同於「忠之用，禮之貴」的「之」字。「悉」，「愛」的古字。竹書「悉（愛）」和「忠」在字形上有近似處，「悉」或誤摹爲「忠」。「豐」，《說文・豐部》：「豐，行禮之器也……讀與禮同。」《左傳・隱公十一年》：「禮，經國家、定社稷、序民人、利後嗣者也。」〔註31〕

廖名春以爲：

「悉」（愛）字《大戴禮記・曾子立孝》作「忠」，應該是同義換讀。

《呂氏春秋・慎大覽・權勳》：「故豎陽穀之進酒也，非以醉子反也，其心以忠也。」高誘注：「忠，愛也。」《韓非子・十過》：「故豎穀陽之進酒，不以讎子反也，其心忠愛之而適足以殺之。」又《飾邪》：「故曰豎穀陽之進酒也，非以端惡子反也，實心以忠愛之，而適足以殺之而已矣。」《呂氏春秋》之單音詞「忠」，《韓非子》皆作複音詞「忠愛」，可見高誘注訓「忠」爲「愛」是正確的。此外，《呂氏春秋・仲冬紀・至忠》：「臣之兄犯暴不敬之名，觸死亡之罪於王之側，其愚心將以忠於君王之身，而持千歲之壽也。」高誘注：「忠，猶愛也。」《大戴禮記・文王官人》：「誠忠必有可親之色。」王聘珍：「忠，愛也。」

「忠」、「愛」義近，故文獻常並稱。《管子・五輔》：「薄稅斂，毋苟於民，待以忠愛，而民可使親。」《禮記・王制》：「悉其聰明、致其忠愛以盡之。」《逸周書・官人》：「忠愛以事親，驩以敬之。」

《說文・心部》：「悉，惠也。」《國語・楚語上》：「攝而不徹，則明施舍以導之忠。」王念孫：「忠，謂惠愛也。《吳語》曰『忠惠以善之』是也。」《逸周書・官人》：「君臣之閒觀其忠惠，鄉黨之閒觀其信誠。」《墨子・天志下》：「故凡從事此者，聖知也，仁義也，忠惠也，慈孝也。」「忠，謂惠愛」或「忠惠」並稱，也是「悉」（愛）、「忠」義近之証。〔註32〕

〔註31〕 馬承源主編：《上海博物館藏戰國楚竹書（四）》，（上海：上海古籍出版社，2004 年），頁 220。

〔註32〕 廖名春：〈讀楚竹書《內豐》篇箚記（一）〉，簡帛研究網，2005 年 2 月 20 日。

曹建敦：

> 本簡首句統領以下簡文，主要闡述立孝之本在與愛和豊。簡文「愛」字，今本《大戴禮記》作「忠」。古書中多有忠訓愛或二者連用之例，《大戴禮記・曾子立孝》：「君子之孝也，忠愛以敬。」忠者，指人內心之誠敬，《大戴禮記・曾子本孝》：「忠者，其孝之本與！」《說文》：「忠，敬也。」賈誼《新書・道術》：「子愛利親謂之孝，愛利出中謂之忠。」儒家看重孝道在於內心的眞情，侍奉父母是否具有誠敬之心。所謂：「自中出生於心也。心怵而奉之以禮」（《禮記・祭統》）。簡文中的愛也是指內心具有的眞情。豊，爲外在的符合禮的行爲。竹簡《內豊》篇多有孝子應恪守之禮的文字，參下。簡文強調君子立孝須發自內心的眞情和外在行爲符合禮的規範，愛和豊二者具備，則孝道立。〔註33〕

黃人二：

> 「是」、「之」二字，各有其用，不必通假。「悉」亦非「忠」之誤摹。〔註34〕

季師旭昇謂：

> 秦漢以後大一統，君權思想高張，「忠」、「愛」形義俱近而致誤，以義理而言，自以簡本作「悉」爲是。《廣雅・釋詁》：「立，成也。」立孝，成孝道。〔註35〕

【思婷案】

曾子是孝道的倡導者，也是孔門中對於孝道闡述得最爲詳盡、最有系統的儒者，他將行孝者的身份，區分爲「君子之孝」、「士之孝」、「庶人之孝」，《大戴禮記・曾子本孝》謂：「君子之孝也，以正致諫。士之孝也，以德從命。庶人之孝也，以力惡食。」；將孝的層次，區分爲「大孝」、「中孝」、「小孝」《大戴禮記・曾子大孝》：「孝有三，大孝尊親，其次不辱，其下能養。」、「孝有三：大孝不匱，中孝用勞，小孝用力」。而從曾子的言論來看，他對於「君子之孝」的論述最多，例如可與《內豊》相對照的《大戴禮記・曾子立孝》，全篇皆在闡明何謂君子所行之孝。

「悉」，《說文》曰：「惠也」，段注曰：「許君惠悉字作此，愛爲行皃；乃自行愛

〔註33〕 曹建敦：〈讀上博藏楚竹書《內豊》篇雜記〉，清華大學簡帛研究網，2005 年 2 月 25

〔註34〕 黃人二：〈讀上博藏簡第四冊內禮書後〉，發表於台灣楚文化研究會主辦「新出土戰國楚竹書研讀會」，2005 年 3 月 12 日。另收錄於《出土文獻論文集》，（台中：高文出版社，2005 年）。

〔註35〕 季師旭昇主編：《上海博物館藏戰國楚竹書（四）讀本》，（台北：萬卷樓，2007 年 3月），頁 109。

而恩廢。」《說文》曰：「愛，行皃也。」段注曰：「心部曰：『恩，惠也。』今字假愛爲恩而恩廢矣。」

簡文謂「君子之立孝，恩（愛）是用，禮是貴」，今本《大戴禮記・曾子立孝》作：「君子立孝，其忠之用，禮之貴」，學者對「恩（愛）」與「忠」二字的關係多有討論，或認爲〈曾子立孝〉「忠是用」乃簡本「恩（愛）」之誤摹；或認爲此二字乃同義換讀。

清人王聘珍釋〈曾子立孝〉「其忠之用」曰：

> 《賈子道術》云：「子愛利親謂之孝，愛利出中謂之忠。」《論語》曰：「生事之以禮，死葬之以禮，祭之以禮。」盧注云：「有忠與禮，孝道立。」〔註36〕

高明對「其忠之用」一句的註解爲：

> 《賈子道術》云：「子愛利親，謂之孝；愛利出中，謂之忠。」忠，是說中心的懇誠。這句是說，君子建立孝道，他是用中心的懇誠。〔註37〕

子曰：「君子務本，本立而道生，孝弟也者，其爲仁之本歟」，倫理關係乃「從己到家，由家到國，由國到天下」〔註38〕。〈曾子立孝〉「其忠之用，禮之貴」是「君子立孝（君子欲建立孝道）」的方式，故「忠」不應釋爲對人主、國家盡忠之義。《說文・心部》謂「忠，敬也」，可知「竭誠、盡心盡意」即爲「忠」。《論語・學而》：「爲人謀而不忠乎？」朱注：「盡己之謂忠」。

上引廖、曹二文已對「忠」、「愛」義近作了十分詳細的說明。由於儒家倫理被漢儒解釋爲「強調差序格局、上下排比關係及權威主義」〔註39〕，這種觀念成爲漢代以後控制社會的力量、維持威權統治的利器，加上「恩」與「忠」意義相近，字形亦相似，故〈曾子立孝〉誤「恩」爲「忠」。

簡文謂「君子之立孝，恩（愛）是用，禮是貴」，意即「君子建立孝道，要用中心的誠懇，重視行爲的規範」。儒家重視孝道，乃因人倫關係中父母子女是最爲親近的，「孝」是出自於人的天性，也是所有德性的根本。孝道的建立，除了內心要懇誠，表現於外的行爲也要合乎禮的規範。談遠平分析孔孟的禮治思想，謂：

> 孔孟倫理禮治思想雖由個人之修身而闡明人倫關係。但因人倫關係中，任

〔註36〕 （清）王聘珍：《大戴禮記解詁・曾子立孝第五十一》卷四，（台北：文史哲出版社，1986年），頁80。
〔註37〕 高明註譯：《大戴禮記今註今譯》，（台北：台灣商務，1975年），頁170。
〔註38〕 費孝通：《鄉土中國》，（台北：台灣文俠出版社，1973年），頁27。
〔註39〕 談遠平：《中國思想政治》，（台北：揚智文化，2004年），頁181。

一個人皆以必須各盡自己的責任與義務方能實現「父子有親、夫婦有別、
長幼有序」的理想，所以在倫理關係中自然就有見父母應孝、遇兄弟應友
愛等儀則，這些儀則就形成維繫群體社會秩序的「禮」，這些「禮」所顯
現的責任、義務，又有個人內在「仁」為本源，這樣就調和了「個體之自
由」與「群體之秩序」之問題。〔註40〕

這段話指出了人們在面對、處理人倫關係時，彼此有了情誼與義務，而「禮」於焉
產生。《禮記・哀公問》曰：

子曰：「非禮無以辨君臣上下長幼之位也，非禮無以別男女父子兄弟之親、
昏姻疏數之交也」。

《禮記・曲禮》謂「夫禮者，所以定親疏，決嫌疑，別同異，明是非也。」《左
傳・莊公十八年》亦謂「名位不同，禮亦異數」。各種人倫關係中若欲各守名份，各
盡職責，就要以「禮」為度。故簡文謂：「君子之立孝，炁（愛）是用，禮是貴」。

〔2〕古（故）為人君者，言人之君之不能叟（使）亓（其）臣者，不與言人
之臣之不能事亓（其）君者；古（故）臣者，言人之臣之不能事亓（其）
君者，不與言人之君之不能叟（使）亓（其）臣者：

【各家說法】

原考釋：

本簡與下一簡的「亓君者」連讀。第一、二簡皆有「叟」字，假借為「使」。
《大戴禮記・曾子立孝》中有類似的句式，但無此句，僅記「為人子」、「為
人弟」、「為人臣」者，簡文中的「為人君」、「為人父」、「為人兄」句，文獻
失載，且君臣、父子、兄弟的順序也不同於現存文獻。簡文更體現了儒家「君
君」、「臣臣」、「父父」、「子子」以及「兄兄」、「弟弟」的思想。〔註41〕
《大戴禮記・曾子立孝》：「為人臣而不能事其君者，不敢言人君不能使其
臣者也。」簡文與此略同，只是簡文的「人臣」所涵括的是所有的人臣，
文獻中所指僅為「不能事其君」的人臣。文獻中所記著重於對未盡子、弟、
臣之道的戒告，簡文所論則是君臣、父子、兄弟之道的通則。簡文是一種
規定，具有法則的意義，文獻中的「不敢」，仍屬於道德的範疇，而且僅
限於人子、人弟和人臣，未涉及人君、人父和人兄，頗有「為尊者諱」的

〔註40〕談遠平：《中國思想政治》，（台北：揚智文化，2004年），頁208。
〔註41〕馬承源主編：《上海博物館藏戰國楚竹書（四）》，（上海：上海古籍出版社，2004年），
　　　　頁220。

意涵。〔註42〕

曹建敦：

> 下簡文二、三、四、五、六可與今本《大戴禮記》內容相互對讀，二者語句順序略有差異。文意指不以己所不能而責人所不能，強調孝道在於身體力行，重在踐履，以行教化之道。〔註43〕

【思婷案】

「古」，卜辭作 （甲1394），金文作 （盂鼎）、（牆盤）。楚系文字「古」承甲金文作 （郭・成5）；或在「口」形中加一短橫作為飾筆作 （郭・成28）；也有中央豎筆貫穿下方「口」形作 （包157）者；上博（一）《孔子詩論》簡十六作 ，「十」形的橫筆已寫為一點。《內豊》一篇「古」字凡七見，皆寫作「」，未加任何飾筆。

古，公乍切；故，古暮切，古音同為魚部、見紐，二字雙聲疊韻，因此「古」可讀「故」。在先秦典籍中，古、故通假之例常見，例如：《詩・大雅・蒸民》：「古武是式。」《列女傳》二引「古」作「故」；《戰國策・燕策二》：「欲以復振古埜也。」鮑本「古」作「故」〔註44〕。

在出土的楚系簡帛中也有「故」字，但較為少見，一般多用「古」字，兩者互相通假，例如：長沙楚帛書《老子・甲本・42》：「故人教，夕議而教人」，此處「故」字當假為「古」，「故人」應讀作「古人」；郭店《老子》：「古吉事尚左，喪事尚右。」、郭店〈性自命出〉與《上博一・性情論》：「實性者，古也」，「古」皆讀「故」。〈內豊〉全篇之「古」字皆讀為「故」，作關係詞用，即「因此、所以」之意。

〈內豊〉關於「為人君」、「為人父」、「為人兄」的句子，今本《大戴禮記・曾子立孝》皆失載，季師旭昇說明：

> 秦漢以後大一統，君父思想高張，因此今本《大戴禮記・曾子立孝》僅要求臣子弟，自有其時代因素。〔註45〕

《論語・顏淵》曰：

> 齊景公問政於孔子，孔子對曰：「君君、臣臣、父父、子子。」公曰：「善

〔註42〕 馬承源主編：《上海博物館藏戰國楚竹書（四）》，（上海：上海古籍出版社，2004年），頁221～222。

〔註43〕 曹建敦：〈讀上博藏楚竹書《內豊》篇雜記〉，清華大學簡帛研究網，2005年2月25

〔註44〕 高亨：《古字通假會典》，（山東：齊魯書社，1997年7月），頁862。

〔註45〕 季師旭昇主編：《上海博物館藏戰國楚竹書（四）讀本》，（台北：萬卷樓，2007年3月），頁110。

哉！信如君不君，臣不臣、父不父、子不子，雖有粟，吾得而食諸？」
談遠平謂：

> 在此，孔子的「正名」思想已不再恢復封建之禮爲企圖，而轉成倫理責任
> 關係的闡明，故「君君、臣臣、父父、子子」這句話，可以算是說明孔子
> 正名觀念的最好說明，它是說君唯有在完成君所負之責任時，始能承擔君
> 之「名」，其餘所謂「臣」、「父」、「子」皆同。梁啓超乃說：「君如何始得
> 爲君，以其履行對臣的道德責任故謂之君。反是，則君不君。臣如何始得
> 爲臣，以其履行對君的道德責任故謂之臣。反是，則臣不臣。父子兄弟夫
> 婦朋友莫不皆然，若是者，謂之五倫。」……就孔孟整個的思想言，原以
> 「人」爲中心，以「仁」爲基礎，其落腳處必爲倫理。故其實現平治天下
> 懷抱首要之務，乃在切實調整人與人之間的各種關係，希望人人都能以「尊
> 重對方」之心，善盡其一己之責，其中尤以君臣父子之間的關係爲基本核
> 心。〔註46〕

可見孔子認爲人倫是相對的，而不是單向的關係。《禮記·禮運》亦云：

> 何謂人義？父慈、子孝、兄良、弟弟、夫義、婦聽、長惠、幼順、君仁、
> 臣忠十者，謂之人義。

比較〈內豊〉與〈曾子立孝〉的文句，我們可以發現，〈內豊〉的內容無疑更貼近
儒家原本所崇尚的倫理精神。然而漢儒誤把五倫轉化爲「君爲臣綱、父爲子綱、
夫爲婦綱」的片面上下從屬關係的三綱說，使得孔孟的倫理孝道變得僵化，充滿
了政治意識，於是在這樣的思想氛圍下，〈曾子立孝〉的內容中刪去了對「君、父、
兄」要求的句子。這也可以看出文獻內容在各時代思想嬗變中，遭到更改刪動的
痕跡。

〔3〕古（故）為人父者，言人之父之不能畜子者，不與言人之子之不孝者；
　　古（故）為人子者，言人之子之不孝者，不與言人之父之不能畜子者；
　　古（故）為人倪（兄）者，言人之倪（兄）之不能戀（慈）俤（弟）者，
　　不與言人之俤（弟）之不能承（承）倪（兄）者；古（故）為人俤（弟）
　　者，言人之俤（弟）之不能承（承）倪（兄）者，不與言人之倪（兄）
　　之不能戀（慈）俤（弟）者：

【各家說法】

原考釋：

〔註46〕談遠平：《中國思想政治》，（台北：揚智文化，2004年），頁188。

下接第三簡「父之不能畜子者，不與言人之子之不孝者」，現存文獻中無此句。〔註47〕

《大戴禮記‧曾子立孝》：「故爲人子而不能孝其父者，不敢言人父不能畜其子者。」簡文與此略同。「畜」，養也。〔註48〕

「慫」，《說文》所無。《中山王嚳鼎》、《嚳壺》銘文中有「䢃」字，釋爲「哉」。簡文从慫、从心，與「慈」通。「慈佛」，文獻作「順弟」，「慈」、「順」都有「上愛下」之義。「承」，「承」的初文。《集韻》：「承，奉也，受也，或作承。」甲骨文「承」字亦作「承」。〔註49〕

該簡上半殘闕，據所存簡文和今本文獻，或可補出所闕簡文計十四字：「者，不與言之人倪（兄）之不能慫（慈）佛（弟）者。古（故）。」依簡的長短、編繩位置，所闕簡正好爲十四字的尺寸。〔註50〕

《大戴禮記‧曾子立孝》：「爲人弟而不能事其兄者，不敢言人兄不能順其弟者。」〔註51〕

黃人二：

簡文因正反敘述，故文字繁長；並依辭例，簡文所缺處，可擬補「者，不與言人之兄之不能慈弟者」諸字。整理者擬補爲「者，不與言之人兄之不能慈弟者」，「之人」二字，應互作「人之」纏對，疑是印刷校勘之誤。〔註52〕

【思婷案】

《大戴禮記‧曾子立孝》曰：

故爲人子而不能孝其父者，不敢言人父不畜其子者；爲人弟而不能承其兄者，不敢言人兄不能順其弟者；爲人臣而不能事其君者，不敢言人君不能

〔註47〕馬承源主編：《上海博物館藏戰國楚竹書（四）》，（上海：上海古籍出版社，2004年），頁222。

〔註48〕馬承源主編：《上海博物館藏戰國楚竹書（四）》，（上海：上海古籍出版社，2004年），頁222。

〔註49〕馬承源主編：《上海博物館藏戰國楚竹書（四）》，（上海：上海古籍出版社，2004年），頁223。

〔註50〕馬承源主編：《上海博物館藏戰國楚竹書（四）》，（上海：上海古籍出版社，2004年），頁224。

〔註51〕馬承源主編：《上海博物館藏戰國楚竹書（四）》，（上海：上海古籍出版社，2004年），頁223。

〔註52〕黃人二：〈讀上博藏簡第四冊內禮書後〉，發表於台灣楚文化研究會主辦「新出土戰國楚竹書研讀會」，2005年3月12日。另收錄於《出土文獻論文集》，（台中：高文出版社，2005年），頁278。

　　使其臣者也。

此段簡文殘斷，缺字由原考釋據《大戴禮記‧曾子立孝》補，黃人二指出「人之」誤植爲「之人」，可從。

　　「𢎰」字從絲（茲的古字）聲、又從才聲，是一個兩聲字，因此「慈」字與「慈」字相同，應該就是「慈」的異體字。「承」甲骨文作「🖐」，從廾奉卪，奉承之義，今字作「承」、作「丞」，僅有筆畫繁簡之不同。

　　〈曾子立孝〉此段，盧辯注曰：「不可以己能而責人之所不能，況以己所不能」〔註53〕，人倫中的角色關係是具有對稱性的，當自己扮演不好自身角色時，又如何能片面地去責求對方呢？

〔4〕 故曰：與君言＝（言，言）叓臣；與臣言＝（言，言）事君。與父言＝（言，言）畜子；與子言＝（言，言）孝父。與倪（兄）言＝（言，言）慈（慈）俤（弟）；與俤（弟）言＝（言，言）承（承）倪（兄）：

【各家說法】

原考釋：

> 《大戴禮記‧曾子立孝》：「故與父言言畜子，與子言言孝父；與兄言言順弟，與弟言言承兄；與君言言使臣，與臣言言事君。」簡文與此同。《儀禮‧士相見禮》：「與君言言使臣，與大夫言言事君，與老言言使弟子，與幼言言孝父兄，與眾言言慈祥，與莅官者言言忠信。」簡文亦與之同義。〔註54〕
> 馮時補爲「君子曰」。〔註55〕

【思婷案】

　　缺字之處，原考釋補爲「古（故）曰」，學者皆從之，獨馮時補爲「君子曰」。案：馮時應是據下文數言「君子曰」而補「君子」二字。本文暫從原考釋之說，補一「古」字，其理由除了原考釋所云依簡之長短、編繩位置之外，以行文方式來看，《內豊》簡一至簡六「反此，亂也」可視爲一個章節，簡七以後的部分，則是以「君子曰」起首的段落；此章節「與君言」至「言承兄」這段文字，乃是對前文的總結，而簡七以後，雖數言「君子曰」，卻是藉君子之口欲發出議論，以引出下文。此處行文方式與簡七以下數段不同，故不必配合下文而補「君子」二字。

〔註53〕（清）王聘珍：《大戴禮記解詁》卷四，（台北：文史哲，1984年），頁81
〔註54〕馬承源主編：《上海博物館藏戰國楚竹書（四）》，（上海：上海古籍出版社，2004年12月），頁224。
〔註55〕資料來源：「第八次簡帛資料文哲研讀會」，2005年6月18日。

《禮記‧士相見禮》曰：

　　與君言言使臣，與大夫言言事君，與老言言使弟子，與幼言言孝父兄，與
　　眾言言慈祥，與蒞官者言言忠信。

《管子‧小匡》曰：

　　令夫士群萃而州處，閒燕則父與父言義，子與子言孝，其事君者言敬，長
　　者言愛，幼者言弟，旦昔從事於此，以教其子弟，少而習焉，其心安焉，
　　不見異物而遷焉。是故其父兄之教不肅而成，其子弟之學不勞而能，夫是
　　故士之子常爲士。

以上內容皆與〈內豐〉此段取義相近，這些觀念都可以回歸到孔子所堅持的「正名」
思想，期望人們能循名責實，反求諸己。人倫中的任一角色，若都能各盡其職、各
守其分，自然能建立起良好的社會秩序。

〔5〕反此，釁也

　　1. 釁（亂）：

【各家說法】

　　原考釋：

　　「釁」，長沙子彈庫帛書和《包山楚簡》（二‧一九二）的「亂」字與此同。

〔註56〕

【思婷案】

　　第六簡　　（釁），隸作「釁」，第十簡　　（釁），隸作「釁」，皆讀作亂。

　　金文「鬲」字作　　（瑪生簋）、　　（番生簋），象幺（絲）在 ⼍（絲架）上，
以受治之。秦系文字加「乙」分化爲「亂」字。〔註57〕

　　金文「鬲」與从「鬲」之字多有「⼍」形部件，例如　　（嗣，曶鼎）、　　（嗣，
毛公鼎），只有少部份金文，如　　（嗣，大司馬匜）省略「⼍」形。此外有作　　（嗣，
西周晚‧頌鼎）者，下方「又」形改从「寸」形。西周晚期毛公鼎「　　」字，除了
下方「又」形訛爲「止」形之外，又增加四口，可能用以表示「眾口喧亂」〔註58〕

〔註56〕馬承源主編：《上海博物館藏戰國楚竹書（四）》，（上海：上海古籍出版社，2004 年），
　　　　頁 224。
〔註57〕季師旭昇：《說文新證（上）》，（台北：藝文，2002 年 10 月），319 頁、《說文新證（下）》，
　　　　（台北：藝文，2004 年 11 月），273 頁。何琳儀：《戰國古文字典（下）》，（北京：
　　　　中華書局，1998 年），1036 頁。
〔註58〕季師旭昇：《說文新證（上）》，，（台北：藝文，2002 年 10 月），319 頁。

之意，魏《三體石經·無逸》亂字作🔣，字體與毛公鼎接近，但下方「又」形並未訛變，同時「⼓」形也簡省了。

戰國早期楚器沖子鼎作🔣，簡省上方「爪」形與「⼓」形、從「糸」、下方和毛公鼎「亂」字一樣訛爲「止」形。目前所見楚系簡帛之「亂」字多從甾，且省去絲架形「⼓」，字形與《三體石經》之「亂」字相近，最常見的形體作🔣（帛乙4.82）、🔣（包192）；也有作🔣（郭·尊6）者，省略「爪」形；或是「受」形全省作🔣（信·1.03）者。此外，也有一些較特別的寫法，如🔣（郭·成32）即從三幺，加強「治亂絲」之意，🔣（郭·老甲26）則將「幺」形兩旁的部件省減爲兩豎筆。

《內豐》第十簡之「🔣」，字形同於《郭店·尊德義》6之「🔣」。第六簡之🔣，與沖子鼎、《信陽》楚簡10.3之「亂」字一樣從糸，比較特別的是省略了「受」下方的「又」形，其他楚系「亂」字或不省「受」形、或省「受」上方之「爪」形，未有省下方「又」形者，故第六簡「亂」字與包山簡192之「亂」字仍有一些差異，應是比較少出現的字形。

2. 反此，亂也：

【各家說法】

原考釋未斷句，釋爲「反此亂也」：

> 《大戴禮記·曾子立孝》作：「君子之孝也，忠愛以敬，反是亂也。」〔註59〕

黃人二：

> 簡文「反此亂也」，《大戴禮記·曾子立孝》作「反是亂也」，「此」、「是」互作無疑義，但先秦魯國習用「斯」表「此」，疑此文獻傳入楚地已經馴化。〔註60〕

「反此亂也」學者皆從原考釋之斷句，唯林素清讀爲：「反此，亂也。」

【思婷案】

《大戴禮記·曾子立孝》曰：「君子之孝也，忠愛以敬，反是亂也。」儒家重視孝道，實因爲五倫關係，乃由父子關係爲軸心所推展構成，因此孝道即一切德性的根本，《論語·學而》謂：

〔註59〕馬承源主編：《上海博物館藏戰國楚竹書（四）》，（上海：上海古籍出版社，2004年12月），頁224。

〔註60〕黃人二：〈讀上博藏簡第四冊內禮書後〉，《出土文獻論文集》，（台中：高文出版社，2005年），頁278。

有子曰：「其爲人也孝弟而好犯上者，鮮矣！不好犯上，而好作亂者，未之有也。君子務本，本立而道生。孝弟也者，其爲仁之本與！」

《論語‧爲政》：

季康子問：「使民敬、忠以勸，如之何？」子曰：「臨之以莊則敬，孝慈則忠，舉善而教不能則勸。」

或謂孔子曰：「子奚不爲政。」子曰：「《書》云：『孝乎！惟孝，友于兄弟，施於有政。』是亦爲政，奚其爲爲政？」

可見孝道的推廣，可維持倫理秩序，落實禮治思想：

孔孟儒家所說之孝並不限於血緣之親，而是把孝提昇爲繼善述志之事。因此，實能盡孝之人，不但重視自己的生命，更要重視生命的來源與宇宙的開展，於是這種人便能兼天地備萬物，也成爲宇宙創化的泉源之一。亦即是說，中國人由孝道之推廣，在宇宙中應該能視天下爲一家，萬民爲一人，也就能以天地萬物爲一體，凡有血氣之類皆是昆弟赤子之親，莫不欲安全之教養之。〔註61〕

倫理孝道與孔子的正名思想、禮治思想是密不可分的，《論語‧子路》謂：

子路曰：「衛君待子而爲政，子將奚先？」子曰：「必也正名乎！」子路曰：「有是哉，子之迂也！奚其正？」子曰：「野哉，由也！君子於其所不知，蓋闕如也。名不正，則言不順；言不順，則事不成；事不成，則禮樂不興；禮樂不興，則刑罰不中；刑罰不中，則民無所措手足。故君子名之必可言也，言之必可行也。君子於其言，無所苟而已矣！」

孔子將「正名」與倫理禮治思想結合，務求循名責實，人人若能各守其分，各盡其職，天下將大治矣；但若不嚴明名份之防，天下將亂而無序，《論語‧季氏》記曰：

孔子曰：「天下有道，則禮樂征伐自天子出；天下無道，則禮樂征伐自諸侯出。自諸侯出，蓋十世希不失矣；自大夫出，五世希不失矣；陪臣執國命，三世希不失矣。天下有道，則政不在大夫。天下有道，則庶人不議。」

孔子這段評論，即清楚地說明了社會中各名位應「顧名思義」，有合於自己身份的行爲舉止，負起自己的人倫責任，否則君臣父子的權利義務關係無從建立，將導致「名不正」、「言不順」、「禮樂不興」、「刑罰不中」、「民無所措手足」的混亂局面。

【原文】

君子事父母，亡（無）厶（私）逫（樂），亡（無）厶（私）惪（憂）。

〔註61〕談遠平：《中國思想政治》，（台北：揚智文化，2004年），頁186。

父母所樂＝（樂樂）之，父母所惡＝（憂憂）之〔6〕。善則羕（從）之，不善則岦＝之＝（止之；止之）而不可，罿（隱）而任【6】不可〔7〕。唯至於死，從之〔8〕。孝而不諫，不城（成）孝；諫而不從，亦不城（成）孝〔9〕L。君子孝子不圖（負），若（匿）才（在）腹中攷（巧）戛（變）〔10〕，古（故）父母安【七】之，如羕（從）吕（己）记（起）〔11〕。

【語譯】

　　君子事奉父母，沒有私自的快樂，沒有私自的憂愁。以父母所憂愁的為憂愁，以父母所快樂的為快樂。父母的行為如果是好的，就隨從他們；如果是不好的，就勸止他們；勸止他們了但不被父母所採用，則為雙親隱諱其「不可」之行為，並承擔父母的過錯。子女終其一生，都要順從這些事奉父母的道理。一味的孝順父母而不去勸諫，不是真正的孝；勸諫父母無效而不再聽從父母，也不是真正的孝。君子作為一個孝子不會當面違背父母的意思，君子會把自己的意見放在腹中，用各種巧妙的方法改變父母，所以父母安然地改變了行為，而卻以為是他們自己的意思（不會感覺到被子女所改變）。

〔6〕君子事父母，亡厶遾，亡厶惥。父母所樂＝之，父母所惡＝之：

1. 樂：

【思婷案】

　　〈內豐〉簡六「君子事父母，亡厶遾，亡厶惥，父母所樂＝之，父母所惡＝之」，前後兩個「樂」字的寫法不同，前者作 ▨，後者作 ▨（其下為重文符號）。

　　「樂」字殷墟卜辭作 ▨（菁9.3），西周金文作 ▨（瘐鐘）、▨（樂鼎），其下從木，羅振玉云：「从絲附木上，琴瑟之象也，或增白以象調絃之器」〔註62〕，並非如《說文》所云「象鼓鞞，木、虡」。春秋金文仍沿襲西周金文作 ▨（齊鮑氏鐘）、▨（樂子敬𥂕匜）。

　　楚系「樂」字承甲、金文作 ▨（郭・語一・34）、▨（郭・老丙・4），其下仍從木；也有產生訛變的「樂」字，其中一部份「木」形訛變似「火」形，例如 ▨（天卜）；另有一部份的「樂」字，「木」形訛變似「矢」形，例如 ▨（天卜）、▨（郭・老甲・4）。「樂」字下方的「木」形兩側及中央豎筆加上飾筆之後，和「火」、「矢」非常接近，因而產生了類化的作用。這樣的字形不僅出現於戰國楚文字，例如春秋

〔註62〕　（清）羅振玉：《增訂殷虛書契考釋》卷中。轉引自李圃主編：《古文字詁林》（五），（上海：上海教育出版社，2002年），頁940。

晚期徐國的沈兒鐘「樂」作，可見這樣的類化在春秋時期即已出現。

楚系的「樂」字除了下方的「木」形有所訛變之外，上方兩側的「幺」形有時也會簡省爲三筆短撇，例如（天卜）、（天卜）、（天卜），這樣的簡省也出現於其他楚系有「幺」形部件的字，例如「紡」或作（天策）、「絹」或作（望 M2‧2）、「孫」作（望 1 卜）。《上博二‧民之父母》「樂」字大多作，與《郭店》常見的「樂」作相較，可見右上的「幺」，左邊的「幺」則繁化作「糸」。〔註63〕

簡六中第二個「樂」字，是屬於下方訛成「矢」形的寫法，在楚文字中十分常見。然而簡六第一個「樂」字比較特別，目前所見的楚系文字中，並沒有見到从辵的「樂」字。原考釋對此字並無說解，只隸定作「逨」。對照《大戴禮記‧曾子事父母》的內容，此字確應釋爲「樂」，「辵」旁應爲飾符。與其他从辵的楚系文字相比較，「辵」皆爲三撇加上一「止」形，而釋文所釋的「逨」字只有兩撇，或是因爲第一道撇筆借用左上方「幺」的末筆，兩筆形成共筆的緣故。

在楚文字中，有些字會加上「辵」或「止」爲偏旁〔註64〕以強調其動詞的性質，例如「上」加「辵」作（鄂君啓舟節）〔註65〕，加「止」作（包 249），從辭例來看，「辿」與「赴」多作動詞用，和作爲方位詞的「上」或「丄」是有所區別的〔註66〕，又如「旅」加「辵」作（包 4）、「來」加「止」作（包 132 背）。由「溯流而上」、「旅行」、「前來」等意義來看，「上」、「旅」、「來」等字加上「辵」或「止」爲偏旁的用意，都是在強調行動的意義。因此爲了標示其動詞的性質，而在原有文字上所增加的「辵」或「止」，是屬於標義偏旁，乃有意添加之部件。

然而在原有文字結構中所添加的「辵」或「止」形，並非皆有標義作用。例如「蚕」之異體作（郭‧緇 32）、「犯」作（郭‧語三 45）〔註67〕，皆加上「止」旁作爲增繁的飾符，所从之「辵」也應是無義偏旁。因此，在文字中雖然增加了「辵」或「止」，並不一定對此文字的意義產生強調的作用，有時只是個沒有特別意義的裝飾部件。

〔註63〕蘇建洲：《上海博物館藏戰國楚竹書（二）校釋》，國立台灣師範大學國文研究所博士論文，2004 年 6 月，頁 349。

〔註64〕兩者常有義近互換之例，如逨與蚕皆爲「來」之異體、辿與㐬皆爲「過」之異體……等。

〔註65〕其辭例爲「辿灘」，其義爲「溯流而上」。

〔註66〕林清源：《楚國文字構形演變研究》，私立東海大學中國文學系博士論文，1997 年 12月，頁 85～86。

〔註67〕蘇建洲：《上海博物館藏戰國楚竹書（二）》校釋，（國立台灣師範大學國文研究所博士論文，2004 年 6 月），頁 149。

2. 君子事父母，無私樂，無私憂，父母所樂樂之，父母所憂憂之：

【各家說法】

原考釋：

《大戴禮記·曾子事父母》：「孝子無私樂，父母所憂憂之，父母所樂樂之。」簡文意與此同。該簡在「君子事父母」下折斷，但未有闕。《禮記·內則》：「曾子曰：……父母之所愛亦愛之，父母之所敬亦敬之。」文意與簡文同。〔註68〕

曹建敦：

上海博物館藏戰國楚竹書（四）《內豊》篇簡六云：「君子事父母，無私樂，無私憂。父母所樂樂之，父母所憂憂之。」

今《大戴禮記·曾子事父母》作：「孝子無私樂，父母所憂憂之，父母所樂樂之」從文意來看，「父母所憂憂之」一句上當有承文，方能文意銜接，無疑此句當有脫文。對於《曾子事父母》此句，清代諸儒即懷疑當有闕文，至於闕脫何字，難以定論。

清人阮元《曾子注釋》曰：「今本皆脫『無私憂』三字，丁教授云方正學《遜志齋集·讀曾子篇》引此有三字，今據以補此。然則宋本《曾子》明初尚未亡也。」汪照《大戴禮記注補》卷四：「一作『無私憂，無私樂』。」汪氏此論不云根據何種版本，所說甚不明朗，或許從文意校補，或根據方孝孺《遜志齋集·讀曾子篇》引此有三字，但定是無所據本而言。王樹枏《校正孔氏大戴禮記補注》：「朱彬曰：『樂上脫憂字。』阮本作『孝子無私憂，無私樂』。丁傑云方正學《遜志齋集·讀曾子篇》引此有三字，今從阮本。」王氏也根據方孝儒所引而從阮說。

汪中《大戴禮記正誤》：「彬案『孝子無私樂，樂上脫憂字』。」汪中未加以集己意且不改經字，「蓋存疑也」。

清人對於此文句懷疑有脫文，是正確的。但是沒有足夠的證據，多根據方孝孺的文集而補或者臆測所脫之字。甚至於朱彬已經不甚清楚，汪中引之只得存疑待考。不難看出，他們基本上所見本《曾子事父母》文句必定爲「孝子無私樂，父母所憂憂之，父母所樂樂之」。明代本子，例如《漢魏叢書》本亦作：「孝子無私樂，父母所憂憂之，父母所樂樂之」清人多精熟校

〔註68〕馬承源主編：《上海博物館藏戰國楚竹書（四）》，（上海：古籍出版社，2004 年），頁 224。

雒之學，廣收諸本以校勘典籍。上述清儒校勘時如有未脫文的明本子不會不看到，則明諸本已經脫文已可知，無怪乎阮元慨歎「然則宋本《曾子》明初尚未亡也。」清乾隆年間四庫館臣以《永樂大典》本爲據，重爲校正，收而錄之，該篇文句也作「孝子無私樂，父母所憂憂之，父母所樂樂之」。明‧方孝孺《遜志齋集》卷四《讀曾子》篇作「孝子無私憂，無私樂」。阮元據此謂：「宋本《曾子》明初尚未亡也。」方孝孺所根據的本子應該是較早的宋本。《大戴禮記》盧辯注本，自從唐宋以來佚失泰半，所存者亦舛誤不可讀。今可考者最早者爲淳熙二年（1175 年）建安郡齋韓元吉刻《大戴禮記》十三卷。明嘉靖年間吳郡袁褧根據韓本加以覆刻，是爲「嘉趣堂本」。諸版本中以明袁覆刻韓本爲佳，《四部叢刊》即據此本影印。今查明嘉趣堂覆刊宋本已無「無私憂」三字，《四庫叢刊》所用「嘉趣堂本」也作「孝子無私樂，父母所憂憂之，父母所樂樂之」。《天祿琳琅書目後編》卷 2 所載三部，均爲宋韓元吉建安郡齋刻本，今俱不詳藏於何處。故對於《大戴禮記》這句話本應該作什麼，所脫何字，尚難以遽爲定論。

今由竹簡文字正可校補《大戴禮記》該篇之脫文，當作「孝子無私憂，無私樂，父母所憂憂之，父母所樂樂之」，文從義安，甚爲允愜。亦和方孝孺所云同，惟簡文次序和今本不同。〔註69〕

【思婷案】

《大戴禮記‧曾子事父母》作：「孝子無私樂，父母所憂憂之，父母所樂樂之」。曹建敦〈用新出土竹書校讀傳世古籍箚記一則──上博《內豐》校讀《大戴禮記》一則〉文中，言及可據《內豐》此段簡文校補《大戴禮記》闕文，論述甚詳。

此段簡文，謂君子在事奉父母時，必須做到「無私樂無私憂」，也就是說君子沒有自己私人、以自己爲主的快樂或憂傷，而是父母所喜樂（憂傷）的東西，他也跟著去喜樂（憂傷）。《論語‧先進》：「子曰：『有父兄在，如之何其聞斯行之？』」《大戴禮記‧曾子本孝》曰：「孝子之使人也不敢肆，行不敢自專」，孝子無論做什麼事，都不敢自作主張，唯恐不合父母的心意，應把自己的喜惡排除，以父母的喜惡爲出發點思考，才稱得上是養父母之志。

類似「父母所憂憂之，父母所樂樂之」的言論亦可見於古籍，如《禮記‧內則》曰：

〔註69〕 曹建敦：〈用新出土竹書校讀傳世古籍箚記一則──上博《內豐》校讀《大戴禮記》一則〉，簡帛研究網，2005 年 3 月 6 日。

曾子曰：「孝子之養老也，樂其心不違其志，樂其耳目，安其寢處，以其
飲食忠養之孝子之身終，終身也者，非終父母之身，終其身也；是故父母
之所愛亦愛之，父母之所敬亦敬之。至於犬馬盡然，而況人乎？」

孫希旦《禮記集解》云：「父母之所愛之愛之，所敬亦敬之，以父母之心爲心，而隨
在曲體之也。」《禮記・祭義》記曾子云：

父母愛之。喜而弗忘；父母惡之，懼而無怨。父母有過，諫而不逆；父母
既沒，必求仁者之粟以祀之。此之謂禮終。

《大戴禮記・曾子大孝》：

父母愛之，喜而不忘；父母惡之，懼而無怨；父母有過，諫而不逆；父母
既殁，以哀，祀之加之；如此，謂禮終矣。

以上所引曾子之語，皆可見曾子重於養父母之志，講求「先意承志」、「以父母之心
爲心」，孝子應「無私樂、無私憂」，父母的喜怒哀樂，乃是孝子行事的最大考量，
不可以一己之好惡而行。《孟子・萬章上》亦載有萬章「父母愛之，喜而不忘；父母
惡之，勞而不怨」之語，即承曾子言論而來。

〔7〕善則怂之，不善則㞟＝之＝而不可，曓而任不可：

1. 㞟：

【思婷案】

本簡「怂」（下文以△稱之）字，其下兩點爲重文符號，原考釋隸定作「㞟」，
讀爲「止」。關於此字可討論的問題有二，一爲隸定是否正確、一爲此字在楚系文字
中的用法。

此字亦見於包山、郭店楚簡，各學者對此字的隸定也有所不同，例如包山楚簡屢
見「出內（入）㞟王」（包 228）一句，《包山楚簡》隸作「㞟」〔註70〕，《包山楚簡
文字編》、《包山楚簡解詁》亦隸定作「㞟」〔註71〕，《楚系簡帛文字編》釋「步」，《戰
國文字編》則將此字收錄於「止」字之下〔註72〕，《楚文字編》則隸作「㞟」〔註73〕，
季師旭昇將「㞟」字隸定作「㞟」。〔註74〕

〔註70〕湖北省荊沙鐵路考古隊：《包山楚簡》，（北京：文物出版社，1991 年），頁 57。
〔註71〕張光裕主編：《包山楚簡文字編》，頁 222。劉信芳：《包山楚簡解詁》，（台北：藝文
印書館，2003 年），頁 243。
〔註72〕湯餘惠：《戰國文字編》，（福建：福建人民出版社，2001 年 12 月），頁 82。
〔註73〕李守奎：《楚文字編》，（上海：東華師範大學出版社，2003 年 12 月），頁 82。
〔註74〕季師旭昇：〈古璽雜識二題：壹：「㞟」、「㣙」、「踸」；貳，姜葉〉，《中國學術年刊》
第廿二期，2001 年 5 月，頁 85～94。

案：師說可從。楚系文字中「止」、「之（㞢）」二字，偶因形近而互作。「之」作 （包2）、（包15）、（天策）；「止」作 （天卜），二者最大的分別在於「止」為三筆構成，「之」則為四筆，且「『之』字下端筆畫多為橫筆」。〔註75〕故△上方應从「之」，下方从「止」，不應隸定為「㞢」，應隸定為「㞢」。

「㞢」字在簡文中有多種用法，例如：

(1) 包山楚簡：「出內（入）王」（包228），又作「出內（入）時王」（包209）、「出內（入）寺王」（包226）。㞢讀作「侍」〔註76〕

(2) 郭店《老子》甲本：「知所以不殆」（郭‧老甲36），今本作「知止可以不殆」。

(3) 郭店《太一生水》：「溼（濕）澡（燥）復相桶（輔）也，成戠（歲）而」（郭‧太4），意指「乾濕又相互輔助生成了年歲然後才終止」〔註77〕。㞢為「停止」之意。

(4) 郭店《緇衣》：「非丌（其）之，共惟王恭」（郭‧緇8），㞢為「制止」之意。

(5) 郭店《五行》：「亦既見，亦既詢（覯），我心則悅」（郭‧五10），此三句見於今本《詩經‧召南‧草蟲》。「㞢」讀「之」，代詞，指君子。

(6) 郭店《五行》：「貴貴，其陣（尊）賢，義也」（郭‧五35）。《孟子‧萬章下》：「用下敬上，謂之貴貴；用上敬下，謂之尊賢。貴貴尊賢，其義一也」與簡文意同。「㞢」讀為「等」，此句意為「貴貴相等於尊賢，都是義」。〔註78〕

(7) 郭店《性自命出》：「勿（物）而句（後）复（作），兌（悅）而句（後）行，習而句（後）定。」（郭‧性1）上博〈性情論〉作：「㞢（待）物天（而）後乍（作），寺（待）兌（悅）而句（後）行，寺（待）習天（而）句（後）奠（定）。」㞢字應讀為「待」。

由上述所列文句可知，「㞢」字視上下文可讀為「止」、「之」、「侍」、「待」、「等」……。同樣一個「㞢」字，若依文例定其字義，當讀為「之」時，則釋為「『之』之繁體」；〔註79〕讀為「止」時，則釋為「『止』字繁寫」，〔註80〕似乎並不

〔註75〕陳嘉凌：《楚系簡帛字根研究》，（國立臺灣師範大學國文研究所，2002年），頁227。
〔註76〕《包山楚簡》〈包山二號楚墓簡牘釋文與考釋〉，（北京：文物出版社），頁57，注453。
〔註77〕劉釗：《郭店楚簡校釋》，（福州：福建人民出版社，2005年），頁44。
〔註78〕劉釗：《郭店楚簡校釋》，（福州：福建人民出版社，2005年），頁83。
〔註79〕劉釗：《郭店楚簡校釋》，（福州：福建人民出版社，2005年），頁75。

恰當。其實除了以今本文句對照佐證之外，就字音上來說，「㞢」字爲从止、之聲，因此《郭店》楚簡中的「㞢」字，可以讀爲「之」與「止」。另一方面，「時、等、待、侍」諸字皆由「寺」得聲，「寺」乃从又、之聲，讀音相同，故得以通假。

附帶一提的是，《包山》2.239「以愛，不甘飤」，「㞢」字爲「歨」之訛寫。楚系文字用爲動詞的「上」，有時加上「止」或「辵」爲作偏旁，以強調動作義，而「歨」（，包236）與「㞢」由於字形接近，故難免有訛寫情形發生。

本簡「善則從之，不善則△之」，△應隸定作「㞢」，讀爲「止」，其義爲「阻止、制止」。

2. 任

【各家說法】

，學者皆從原考釋釋「任」，唯黃人二認爲此字釋「任」於字形不可從，謂疑當讀「往」。〔註81〕

【思婷案】

此字應從原考釋釋「任」。

甲骨文（戩8.15）即「往」之初文，从之、从土會意。〔註82〕楚系簡帛「往」字作（包2.100），「土」形作「壬（挺）」形，或加「彳」、「辵」爲形符作（郭·老丙4），（郭·尊31）、（郭·語四2）、（九·M56 97）等形。本簡字與楚系「往」字字形相距甚遠。

楚系「壬」字作（包29），「任」字作（璽彙2559），乃「任」字加一橫筆爲飾，如晉系「壬」字即有作（中山15）者。

3. 善則𨑒之，不善則㞢＝之＝而不可，𦉪而任不可：

【各家說法】

原考釋：

> 《大戴禮記·曾子事父母》：「父母之行，若中道則從，若不中道則諫，諫而不用，行之如由己。」〔註83〕

〔註80〕劉釗：《郭店楚簡校釋》，（福州：福建人民出版社，2005年），頁54。

〔註81〕黃人二：〈讀上博藏簡第四冊內禮書後〉，發表於台灣楚文化研究會主辦「新出土戰國楚竹書研讀會」，2005年3月12日。又收錄於《出土文獻論文集》，（台中：高文出版社，2005年），頁279。

〔註82〕季師旭昇：《說文新證（上）》，（台北：藝文，2002年10月），頁499。

〔註83〕馬承源主編：《上海博物館藏戰國楚竹書（四）》，（上海：上海古籍出版社，2004年），

　　第六簡簡末云「■而■」，原考釋釋爲「惥（憐）而任」，但學者或持不同看法。原考釋謂：

　　「惥」，从哭、从心。「哭」爲「鄰」，《馬王堆漢墓帛書‧老子乙本》「惥國相望」，今本《老子》第八十章作「鄰國相望」；字从心可讀爲「憐」。《爾雅‧釋詁下》：「憐，愛也。」「任」，聽憑。「憐而任」與文獻「行之如由己」意相近。〔註84〕

廖名春：

　　《上海博物館藏戰國楚竹書（一）‧孔子詩論》簡一「詩亡惥志，樂亡惥情，文亡惥言」之「惥」字，李學勤先生讀爲「隱」。筆者當時存疑，現在看來，還是很有道理的。孔子有「子爲父隱」（《論語‧子路》）說。簡文「止之而不可，惥而任不可」，即「止之而不可，隱而任不可」，是說君子以諫言「止」父母之「不善」而不被父母所接受，就當隱忍而任憑父母所行。讀「隱」比讀「憐」更文從字順。〔註85〕

曹建敦：

　　《上海博物館藏戰國楚竹書（一）‧孔子詩論》簡一「詩亡惥志，樂亡惥情，文亡惥言」之「惥」字，李學勤先生讀爲「隱」。廖名春先生認爲，該簡「惥」當讀隱，可從。孔子有「子爲父隱」（《論語‧子路》）說。

　　任，此處應理解爲擔當之意。《大戴禮記‧曾子立孝》：「吾任其過。」任，王聘珍《大戴禮記解詁》謂：「當也。」此簡謂隱忍而當父母之過。儒家的孝道觀念強調以正致諫，即善則歸雙親，諫而不爲雙親所接受，則任其過。這種爲雙親隱諱其過而承當父母之過的觀念表明了儒家至孝在於尊親的思想。

　　……《大戴禮記‧曾子立孝》引孔子言：「子曰：『可人也，吾任其過；不可人也，吾辭其罪。』」人即入之誤字，孔廣森《大戴禮記補注》：「入謂納其言」，「諫若不從，又爲之辭說，使親若無罪然，所謂子爲父隱。」該簡文亦可幫助解決《大戴禮記》校勘方面的一個問題。由竹簡文可知，今《大戴禮記‧曾子事父母》「孝子無私樂，父母所憂憂之，父母所樂樂之」句當有闕脫文。明‧方孝孺《遜志齋集》卷四《讀曾子》篇作「孝子

頁 225。

〔註84〕馬承源主編：《上海博物館藏戰國楚竹書（四）》，（上海：上海古籍出版社，2004 年），頁 225。

〔註85〕廖名春：〈讀楚竹書《內豊》篇箚記（一）〉，簡帛研究網，2005 年 2 月 20 日。

無私憂，無私樂」。阮元據此謂：「宋本《曾子》明初尚未亡也。」今案：明嘉趣堂覆刊宋本已無「無私憂」三字。朱彬疑「孝子無私樂，樂上脫憂。」可見其對此尚不清楚。清·汪照《大戴禮記注補》謂此句：「一作無私憂，無私樂。」汪氏當另見較早的它本而言。今《大戴禮記》中的文句所脫由來已久，由竹簡正可補今《大戴記》之闕脫。〔註86〕

魏宜輝：

> 陳劍認為「憐」應讀作「隱」，「憐（隱）而任之」可以說証明了以前裘先生、李學勤先生等講《孔子詩論》中「詩無隱志」的「隱」一派意見是正確的。此講諫止父母不善之行，父母不聽從，則子為父母隱匿其過、同時（自己也那樣做從而）為父母分擔其過。類似說法古書多見，如：《禮記·檀弓上》：「事親有隱而無犯。」鄭玄注：「隱，謂不稱揚其過失也。」《論語·子路》「父為子隱，子為父隱。」《後漢書·楊震傳》（附楊賜）「詩人所謂《蝃蝀》者也」注引「《韓詩序》曰」：「《蝃蝀》，刺奔女也。蝃蝀在東，莫之敢指。詩人言蝃蝀在東者，邪色乘陽，人君淫佚之徵。臣子為君父隱藏，故言莫之敢指。」〔註87〕

「罷而任不可」，馮時讀為「憐而仍，不可」。〔註88〕

黃人二則讀為「隱而往」：

> 整理者讀疑誤，「隱」字原讀「鄰」，所從聲符大多相同，於出土楚系簡牘中應隨詞例異讀，郭店簡五九「凡悅人勿隱也」、簡四八「偈斯隱矣，隱斯慮矣」讀「隱」，上博簡《孔子詩論》讀「離」（若讀「隱」則於義理淺近）、上博簡《周易》簡五七「東鄰」、「西鄰」、馬王堆帛書《老子》「粉國相望」則讀「鄰」，若依竹簡《周易》字判斷，此類之字從「厶」、「各」得聲，為雙標音字，而讀「隱」者，殆與「各」音近通假故也。「往」，整理者原讀「任」，於字形亦不可從，疑當讀「往」。「隱而往」，猶如《曲禮下》「則號泣而隨之」，隱而往隨父母之後也。又簡文此處云「善則從之，不善則止之，止之而不可，隱而往」，《禮記·曲禮下》云：「為人臣之禮，不顯，三諫而不聽，則逃之。子之事親也，三諫而不聽，則號泣而隨之」皆牽涉思孟學派學者勸諫君王與父母時之態度，不可不加以辨析。簡文、

〔註86〕曹建敦：〈讀上博藏楚竹書《內豐》篇札記〉，簡帛研究網，2005 年 3 月 4 日。

〔註87〕魏宜輝：〈讀上博楚簡（四）劄記〉，簡帛研究網，2005 年 3 月 10 日。

〔註88〕資料來源：「第八次簡帛資料文哲研讀會」，2005 年 6 月 18 日。可參 http://www3.nccu.edu.tw/~92151018/

《曲禮下》對子女向父母之態度爲「幾諫，與進諫後之可從或不可從，所顯示的情狀，基本與思孟相同，但對君王，有程度大小之不同，由郭店簡《魯穆公問子思》看，思孟主張對君王「直言極諫」，手段算是比較激烈，簡文與《曲禮下》似都是「不顯諫之主張，可能後學於其學說做些微之修正。「不可，唯（雖）至於死，從之」與「隱而往」間，似尚不能連讀，暫作此。〔註89〕

【思婷案】

以上學者討論的重點有二，分別是「㬥」與「任」的釋義。本文從廖說，釋此句爲「隱而任不可」。

「㬥」字以「哭」爲聲符，楚系文字多見「哭」字，「哭」字的構形，是在古文「鄰」字「吅」上疊加「文」爲聲符（來、明爲複輔音）。〔註90〕「哭」在楚系簡帛中，由於聲音通假關係，或讀爲「吝」、或讀爲「鄰」、「隱」，如郭店楚簡〈老子（甲本）〉簡9「如畏四 ☒（鄰）」、〈尊德性〉簡15「教以技，則民小以 ☒（吝）」，《上博（一）・孔子詩論》簡一「詩無 ☒（隱）志」。

「吅（鄰）」古音在來紐眞部，「吝」古音在來紐文部，聲同韻近，故能相通。「哭」又可讀爲「隱」，就聲韻而言，「隱」爲影紐文部，和「哭」的聲母差距稍大，裘錫圭曾對此說明：

形聲字裡，卻有影母與來母、明母相諧的子。例如，以來母字「纞」爲聲旁的，既有很多來母字，也有明母字的「蠻」，和影母字的「彎」（此例承陳劍指出）。以影母字「嬰」爲聲旁的「瓔」，既有影母的讀音，也有明母的讀音（莫迴切）。〔註91〕

「影母、來（明）母」有聲音相通之例作爲依據，故「哭」可讀爲「隱」。

此句讀爲「善則從之，不善則止之；止之而不可，隱而任之」，有書證可循。子女爲父母隱諱其過，並承擔錯誤的觀念，在古籍中常見，《論語・子路》云：

葉公語孔子曰：「吾黨有直躬者，其父攘羊，而子證之。」孔子曰：「吾黨之直者異於是。父爲子隱，子爲父隱，直在其中矣。」

《疏》曰：「子苟有過，父爲隱之則慈也；父苟有過，子爲隱之則孝也。孝慈則忠，

〔註89〕黃人二：〈讀上博藏簡第四冊內禮書後〉，發表於台灣楚文化研究會主辦「新出土戰國楚竹書研讀會」，2005年3月12日。又收錄於《出土文獻論文集》，（台中：高文出版社，2005年），頁279。

〔註90〕何琳儀：《戰國古文字典》（下），（北京：中華書局，1998年），頁1149。

〔註91〕裘錫圭：〈關於孔子詩論〉，《國際簡帛研究通訊》，第二卷第三期，2002年1月，頁2。

忠則直也，故曰直在其中矣。」朱熹《四書章句集注》曰：「父子相隱，天理人情之
至也。故不求為直，而直在其中。」

相類的記載，又見於《韓非子・五蠹》：「楚之有直躬，其父竊羊而謁之吏」、《呂
氏春秋・當務》：「楚有直躬者，其父竊羊而謁之上」，《孟子・盡心上》亦云：

> 桃應問曰：「舜為天子，皋陶為士，瞽瞍殺人，則如之何？」孟子曰：「執
> 之而已矣。」「然則舜不禁與？」曰：「夫舜惡得而禁之？夫有所受之也。」
> 「然則舜如之何？」曰：「舜視棄天下，猶棄敝蹝也。竊負而逃，遵海濱
> 而處，終身訢然，樂而忘天下。」

朱熹《四書章句集注》引謝氏曰：

> 順理為直。父不為子隱，子不為父隱，於理順邪？瞽瞍殺人，舜竊負而逃，
> 遵海濱而處。當是時，愛親之心勝，其於直不直，何暇計哉？

《禮記・檀弓上》亦云：

> 事親有隱而無犯，左右就養無方，服勤至死，致喪三年。事君有犯而無隱，
> 左右就養有方，服勤至死，方喪三年。事師無犯無隱，左右就養無方，服
> 勤至死，心喪三年。

由於父子關係不似君臣之間可以以義合，亦可以以義絕。君王有過，臣子必須
進諫，但若「反覆之而不聽」，臣子可以選擇離去；但父子一倫乃定於天，故稱天倫，
不論父子是善是惡，皆有父子恩情存在。因此當父母有過，子女也只有為之隱諱，
並加以承擔。故此處以「子為父隱」之語來詮釋本簡「止之而不可，惡（隱）而任
不可」，比釋「惡」為「憐」更具意義。

「任」應釋為「擔當、承受」之意。《廣韻・侵韻》：「任，當也。」《左傳・僖
公十五年》：「重怒難任。」杜預注：「任，當也。」子女為父母「任其過」的觀念常
見於古籍，如《大戴禮記・曾子立孝》云：

> 子曰：「可人也，吾任其過；不可人也，吾辭其罪。」

王聘珍曰：

> 此引孔子之言也。「人」當為「入」，謂入諫也。任，當也。任過者，過則
> 歸己也。《說文》云：「辭，訟也。」辭其罪，謂內自訟也。《書》曰：「于
> 父母負罪引慝。」〔註92〕

《大戴禮記・曾子事父母》：

> 父母之行，若中道則從，若不中道則諫，諫而不用，行之如由己。

〔註92〕　（清）王聘珍：《大戴禮記解詁》，（台北：世界，1962年），頁82。

王聘珍謂：

> 中，當也。行之，謂父母行之。由，自也。如由己者，過則歸己也。盧注
> 云：「且俯從所行，而思諫道也。」〔註93〕

《禮記‧坊記》：

> 子云：「善則稱親，過則稱己，則民作孝。」

《禮記‧祭義》：

> 天子有善，讓德於天；諸侯有善，歸諸天子；卿大夫有善，薦於諸侯；士、
> 庶人有善，本諸父母，存諸長老；祿爵慶賞，成諸宗廟；所以示順也。昔
> 者，聖人建陰陽天地之情，立以為《易》。易抱龜南面，天子卷冕北面，
> 雖有明知之心，必進斷其志焉。示不敢專，以尊天也。善則稱人，過則稱
> 己。教不伐以尊賢也。

當父母的行為不合道時，如果子女勸諫無效，就照著父母意思去做，如同出自
於自己的主意，讓別人看起來是自己的錯，不是父母的錯。做子女的，應將過錯歸
咎於己身，美譽歸屬於父母，故「善則紽之，不善則芷＝之＝而不可，罷而任不可」，
意即：父母的行為如果是好的，就隨從他們；如果是不好的，就勸止他們；勸止他
們了但不被父母所採用，則為雙親隱諱其「不可」之行為。

〔8〕唯至於死，從之：

【各家說法】

原考釋釋為「雖至於死，從之」：

> 「從」，聽從。《大戴禮記‧曾子事父母》：「從而不諫，非孝也；諫而不從，
> 亦非孝也。」《禮記‧曲禮》：「子之事親也，三諫而不聽，則號泣而隨之。」
> 簡文意與此相近。

【思婷案】

「唯至於死，從之」一句，可以討論的是，究竟是直至「父母」去世，子女都
要「從之」，抑或是「子女」終其一生，都要「從之」。而「從之」一句，必然是「子
女」從之，然而「所從為何」呢？以下分三方面討論。

（1）承上文「善則從之，不善則止之，止之而不可，隱而任不可」，此句意為
「即使父母有不善，雖然子女止之而不可，但子女終身都得順從父母的言行」：

> 或以為此句承上文「善則從之，不善則止之，止之而不可，隱而任不可」而言，

〔註93〕　（清）王聘珍：《大戴禮記解詁》，（台北：世界，1962年），頁86。

故父母之言行，若經勸諫後仍有不善，那麼子女就得從之，而且是「唯至於死，從之」。若是作此解釋，則「唯至於死，從之」的主詞是「子女」，而代詞「之」，指稱的是「父母的言行」。

然而父母若有「不善」，當父母在世時，子女屢諫而無效，故子女必須「從之」，然而當父母去世，子女即必須依常道而行，不必再繼續此「不善」。《左傳・宣公十五年》：

> 初，魏武子有嬖妾，無子。武子疾，命顆曰：「必嫁是。」疾病，則曰：「必以爲殉！」及卒，顆嫁之，曰：「疾病則亂，吾從其治也。」及輔氏之役，顆見老人結草以亢杜回。杜回躓而顛，故獲之。夜夢之曰：「余，而所嫁婦人之父也。爾用先人之治命，余是以報。」

故父母之命若有所不善，在父母身沒之後，子女須作正確的判斷修正，以免陷父母親於不義。

（2）此句承上文「善則從之，不善則止之，止之而不可，隱而任不可」而言，子女雖從父母之言行，但僅持續到父母去世之時：

這樣的解釋是認爲「唯至於死」的主詞是「父母」，「從之」的主詞是「子女」。意即直至父母去世爲止，子女都從之。

此解和（1）不同之處，在於認爲父母若有不善之舉，子女必須做到「從而不諫，非孝也；諫而不從，亦非孝也」，因此在父母不聽勸諫的情形下，子女也只好「從之」，但若是不善之舉，父母一去世，子女就可以不再繼續「從之」。

可是這樣的說法並沒有顧及「善則從之」一句，父母有善行，子女怎麼能夠在父母身沒之後，就棄之不理呢？這和儒家言論有不合之處，儒者論孝，多言子女必須「繼志述事」，[註94] 不可因父母去世就有所更改。《論語・學而》：

> 子曰：「父在，觀其志；父沒，觀其行；三年無改於父之道，可謂孝矣。」

父母在世時，子女的行爲不可擅自專斷，父母去世後，子女必須體察父母行事的本意，作爲自己行事的準則。《論語・里仁》亦云：

> 子曰：「三年無改於父之道，可謂孝矣。」

故子女應持志不改，承繼父母德業。《論語・子張》記載了曾子對孟莊子的評論：

> 曾子曰：「吾聞諸夫子：孟莊子之孝也，其他可能也；其不改父之臣，與父之政，是難能也。」

此亦言親沒承志之孝。《大戴禮記・曾子本孝》云：

〔註94〕《中庸》：「夫孝者：善繼人之志，善述人之事者也。」

孝子之使人也不敢肆，行不敢自專也；父死三年，不敢改父之道；又能事
父之友，又能率朋友以助敬也。

此亦可見曾子承繼孔子「三年無改於父之道」的主張。《禮記·內則》曰：

曾子曰：「孝子之養老也，樂其心，不違其志，樂其耳目，安其寢處，以
其飲食終養之。孝子之身終，終身也者，非終父母之身，終其身也。是故
父母之所愛亦愛之，父母之所敬亦敬之。至於犬馬盡然，而況人乎？」

曾子進一步主張孝子終身都必須做到「不違其志」。由此可知「唯至於死，從之」，
不能視為「善則從之，不善則止之，止之而不可，隱而任不可」的補充說明。〔註95〕

（3）「唯至於死，從之」乃總結前文而言。

由《論語·子張》、《禮記·內則》中曾子的言談來看，曾子承衍孔子「繼志
述事」的主張，而且將「三年無改於父之道」擴而推之，成為「孝子之身終，終
身也者，非終父母之身，終其身也」，將這段話與《內豊》對照，可知其與「唯至
於死，從之」同義。無論父母健在或亡故，子女的孝心是終身持續的，子曰：「事
死如事生，事亡如事存」，〔註96〕孟子云：「大孝終身慕父母」，〔註97〕在在說明盡
孝並不僅限於父母在世之時，而是子女終其一生都必須抱持著孝心。《大戴禮記·
曾子大孝》曰：

父母既歿，慎行其身，不遺父母惡名，可謂能終也。

《孝經》亦云：

立身行道，揚名於後世，以顯父母，孝之終也。

因此孝行的終了，並不是父母去世的那一天，父母死了，仍須行孝，直至自己一生
結束，才算是告一段落。曾子所主張的孝，不僅僅是對父母生前的敬養，死後的敬
享，同時更包括了對自己身體的愛護，〔註98〕以及揚名顯父〔註99〕、不貽父母惡名
〔註100〕等要求。「終身之孝」乃曾子孝道思想所主張的重點，故《內豊》「唯至於死，
從之」，亦與之同義。

〔註95〕在「第八次簡帛資料文哲研讀會」中，曾討論以上兩種看法。
〔註96〕語出《禮記·中庸》。
〔註97〕語出《孟子·萬章上》。
〔註98〕《論語·泰伯》：「曾子有疾，召門弟子曰：「啟予足！啟予手！《詩》云：『戰戰兢
兢，如臨深淵，如履薄冰。』而今而後，吾知免夫！小子！」《大戴禮記·曾子大孝》：
「身者，親之遺體也。行親之遺體，敢不敬乎？」《大戴禮記·曾子本孝》：「孝子之
事親也，居易以俟命，不興險行以徼幸。……險塗隘巷，不求先焉，以愛其身，以
不敢忘親也。」
〔註99〕《大戴禮記·曾子大孝》：「大孝尊親。」
〔註100〕《大戴禮記·曾子立孝》：「不恥其親，君子之孝也。」

前文已論及，父母之亂命不可從；另一方面，子女應推父母之本而善繼人之志，善述人之事，因此「唯至於死，從之」並非針對「善則從之，不善則止之，止之而不可，隱而任不可」，乃總結前文而言，故原考釋在「善則從之，不善則止之，止之而不可，隱而任不可」與「唯至於死，從之」之間標以句號。

「唯」，原考釋讀爲「雖」，學者多從之。

《玉篇·虫部》曰：「雖，詞兩設也。」「雖」字可表讓步關係，相當於「雖然」、「儘管」，《韓非子·說林上》：「失火而取水于海，海水雖多，火必不滅矣。」

「雖」亦可表示假設關係，相當於「縱使」、「即使」之意，如《詩·召南·行露》：「雖速我訟，亦不女從」、《列子·湯問》：「雖我之死，有子存焉。」

但以上二義，置於此句似與文意不洽。

「唯」讀如本字即可，即用於句首、無實義之助詞。清王引之《經傳釋詞》卷三：「惟，發語詞也，字或作『唯』。」《論語·述而》：「互鄉難與言，童子見，門人惑。子曰：『與其進也，不與其退也，唯何甚！』」《漢書·張良傳》：「今乃立六國後，唯無復立者。」顏師古注：「唯，發語之詞。」此句「唯至於死，從之」可釋爲「子女終其一生，都要順從這些事奉父母的道理」。

〔9〕孝而不諫，不城孝；諫而不從，亦不城孝：

1. 城

【各家說法】

原考釋將第七簡「🈳」隸定爲「成」，第七簡「🈳」、第八簡「🈳」隸定爲「城」。

【思婷案】

楚系簡帛中常見🈳（包 140）、🈳（郭·老甲 17），一般隸定爲「城」，白于藍提出不同的看法，認爲應釋「成」：

> 《古璽彙編》中有一字作🈳（0150），原釋文作城。此字亦見於包山楚簡，作🈳（100）、🈳（120）、🈳（151），或亦釋爲城。按，釋城誤，包山簡中另有字作🈳（4）、🈳（2）與《說文》籀文城字作「🈳」相合，故知上舉「🈳」或「🈳」乃「成」字。《說文》成字云：「就也，從戊丁聲。」古璽及包山簡諸字俱從壬聲，古音壬、成俱屬舌音耕部字，是故成字可從壬聲作。〔註101〕

《甲骨文編》「成」字下收🈳（前 5.10.5）、🈳（粹 173）二形，王襄釋第一形

〔註101〕白于藍：〈古璽印文字考釋（四）篇〉，《考古與文物》，1993 年第 3 期，頁 85。

為从戌从「──（土之簡形）」，示以軍械守土，〔註102〕陳夢家釋第二形為从戌从口（或丁），會以軍械守城圍之意。〔註103〕甲骨文未見「城」字，「成」即為「城」之初文，在金文中「成」已假借為「成就」之意，且承甲骨文第一形作 ✦（成王鼎）、✦（頌鼎），楚系文字承甲金文作 ✦（包91）、✦（曾211），其下訛為似「千」形或「主」形。

另一方面，由於「成」假借為「成就」之意，故金文中「城邑」之「城」作 ✦（班簋），从章成聲，即《說文》城之籀文，亦有省「成」旁為「戌」旁作 ✦（元年師兌簋）、✦（散盤）者。〔註104〕春秋金文則改从章旁為土旁作 ✦（春秋‧郘尹征）、✦（䣜羌鐘），因書寫便利，故後世「城」字即承此形。

故楚系 ✦（曾163）、✦（包202背）、✦（郭‧老甲16）、✦（望M1‧129）等字，下从土，明顯繼承春秋金文「城」字而來，其後將「土」形稍加變化，訛為 ✦（包140）、✦（郭‧老丙‧12）等形，使其聲化从「壬」，乃誤將形符作為聲符〔註105〕；另一方面，戰國文字也保留了从章的「城」字，例如齊系文字作 ✦（武城戈）、✦（陶彙3.539），楚系則作 ✦（包2）、✦（包4），从章、城聲，可隸作「轞」。

林清源認為「✦」形是從班簋的「✦」形演變到「✦」（包140）的過渡形體。〔註106〕然而从土的「✦」形出現甚早，故可不必將「✦」形視為過渡形體，將楚系从土或从章二種「城」字的寫法，視為分別繼承西周金文與春秋金文的寫法即可。

因此楚系「城」字或从土（訛為壬形）、或从章，互為異文；而其下似「千」或「主」形者為「成」字。因此第七簡「✦」、第八簡「✦」隸定為「城」無誤。第七簡 ✦ 字已殘，整理者隸定為「成」，但以下方有一橫筆來看，應隸定為从成从土（或訛為壬形）之「城」。

就用法而言，由於楚系轞字僅出現於包山楚簡第二簡、第四簡中，文例皆為「轞

〔註102〕王襄：《簠室殷契類纂正編》第十四。轉引自李圃主編：《古文字詁林》（十），（上海：上海教育出版社，2004年），頁986。

〔註103〕陳夢家：《卜辭綜述》，（台北：大通，1971年），頁411～412。

〔註104〕董妍希：《金文字根研究》，（國立台灣師範大學國文研究所碩士論文，2001年），頁276。

〔註105〕楚系文字「土」形訛為「壬」形經常可見，例如「蛻」作 ✦（䣦鐘）、✦（包135）；「呈」作 ✦（郭‧老甲‧10）、✦（璽4523）。

〔註106〕林清源：《楚國文字構形演變研究》，私立東海大學中國文學系博士論文，頁132。

奠（鄭）之戠（歲）」，用法同於《詩・小雅・出車》之「城彼朔方」，作動詞「築城」之意，故劉信芳認爲「𡐦」字「用如動詞，謂築城。簡文另有『成』字，多用作名詞『城』，或『成事』之『成』」。〔註107〕

至於楚系「城」、「成」二字，則混用不分，「城」往往可讀爲「成」，例如「𡐦而弗居」（郭・老甲17）、「皆告𡐦」（包140），「城」即讀爲「成」。「成」與「城」皆爲氏征切，上古音同，古書常見通假之例，如《韓非子・難三》：「不任典成之吏。」《論衡・非韓》成作城；《左傳・文公十一年》：「王子成父。」《管子・小匡》作「城父」；《論語・顏淵》：「棘子成。」皇侃本作「棘子城」。〔註108〕故第七簡「不城孝」與第八簡「君子以城丌（其）孝」，三個「城」字皆讀爲「成」，即「成就」之意。

2. 孝而不諫，不城 孝 ；諫而不從，亦 不城孝：

【各家說法】

原考釋：

> 《論語・里仁》：「事父母，幾諫。」《大戴禮記・曾子本孝》：「君子之孝也，以正致諫。」「正」，善也。「孝而不諫，不成」後所缺的六個字，聯繫上下簡文並參考文獻，或可補爲：「孝；諫而不從，亦」。如此，全句爲：「孝而不諫，不成孝；諫而不從，亦不成孝。」〔註109〕

【思婷案】

原考釋之說可從。《大戴禮記・曾子事父母》謂：「從而不諫，非孝也；諫而不從，亦非孝也。」

父母有過，子女若不勸諫，則陷父母於不義；然而父母不從子女所諫，子女便拂逆父母，又不合情，這二者皆不得稱爲「孝」，「孝」並非是一味的「順」，而必須通情達理。

由《論語》來看，孔子認爲「孝」僅是眾德之一；曾子則豐富了孝道的內容，並予以系統的分析；孟子則認爲性善是孝的內在根源，孝是性善的外在表現，〈離婁〉：「事孰爲大，事親爲大」、〈萬章〉：「孝子之至，莫大乎尊親」，孟子將孝的思想地位提高，並加以擴大；荀子主性惡，故認爲人必須經過化性起僞，使禮義內化，從而產生「孝」，《荀子・性惡》云：「孝子之道也，禮義之文理也。」是故荀

〔註107〕劉信芳：《包山楚簡解詁》，（台北：藝文印書館，2003年），頁6。

〔註108〕高亨、董治安：《古字通假會典》，（濟南：齊魯書社，1989年），頁57～58。

〔註109〕馬承源主編：《上海博物館藏戰國楚竹書（四）》，（上海：上海古籍出版社，2004年），頁225。

子孝道思想的特色，即在「尙禮」與「從義」。故先秦儒者對於孝道思想所主張的重點不盡相同。

天下父母賢愚不等，何況「人非聖賢，孰能無過」，若「父母有不善」時，子女該如何自處？關於這個問題，先秦儒者們並沒有採取躲避的態度，反而正視它，並加以討論。

《論語‧里仁》記載了孔子的一段話：

> 子曰：「事父母幾諫，見志不從，又敬不違，勞而不怨。」

《注》云：「包曰：『幾者，微也，當微諫納善言於父母。見志，見父母志有不從已諫之色，則當又恭敬不違父母意而遂己之諫。』」「幾諫」即指和顏悅色地勸諫尊長，但父母不聽微諫善言時，子女得做到「又敬不違，勞而不怨」，劉寶楠《論語正義》釋「不違」曰：「蓋不違亦是幾諫，非不敢違父母意，遂不諫也。」因此父母有過，「子女須下氣怡聲以諫，若父母『不從』，子女仍要以『敬』待之，但是仍不要放棄諫爭的機會，這樣雖然很吃力，可是子女卻不埋怨，故『幾諫』二字貫全章，勞而不怨正可見諫之幾」。〔註110〕

儒家孝道思想中，子女勸諫父母的觀念常見於古籍，如《禮記‧曲禮下》：

> 天子不言出，諸侯不生名。君子不親惡。諸侯失地，名；滅同姓，名。爲人臣之禮：不顯諫。三諫而不聽，則逃之。子之事親也：三諫而不聽，則號泣而隨之。

《禮記‧內則》：

> 父母有過，下氣怡色，柔聲以諫。諫若不入，起敬起孝，說則復諫；不說，與其得罪於鄉黨州閭，寧孰諫。父母怒、不說，而撻之流血，不敢疾怨，起敬起孝。

《禮記‧祭義》：

> 父母有過，諫而不逆。

《禮記‧坊記》：

> 子云：「從命不忿，微諫不倦，勞而不怨，可謂孝矣。」《詩》云：「孝子不匱。」

曾子承繼了孔子的孝道思想，也提出了「微諫」的言論思想，《大戴禮記‧曾子事父母》云：

> 單居離問於曾子曰：「事父母有道乎？」曾子曰：有。愛而敬。父母之行，

〔註110〕 宋淑萍：〈「無違」的孝道—兼論「事父母幾諫」章〉，《孔孟月刊》第二十二卷第三期，頁12。

若中道則從，若不中道則諫，諫而不用，行之如由己。從而不諫，非孝也；諫而不從，亦非孝也。孝子之諫，達善而不敢爭辨。爭辨者，作亂之所由興也。由己爲無咎則寧，由己爲賢人則亂。

王聘珍謂：

盧注云：「同父母之非，不匡諫。」盧注云：「徒以義諫而行不從。」聘珍謂：《曲禮》曰：「子之事親也，三諫而不聽，則號泣而隨之。」〔註111〕

《內豊》的內容，主要可與《大戴禮記》的〈曾子立孝〉、〈曾子事父母〉相互對照，《大戴禮記·曾子本孝》另有一段記載，闡述曾子對於「勸諫父母」的看法：

君子之孝也，以正致諫；士之孝也，以德從命；庶人之孝也，以力惡食；任善，不敢臣三德。故孝之於親也，生則有義以輔之，死者哀以蒞焉，祭祀則蒞之以敬；如此，而成於孝子也。

曾子認爲君子所行之孝，必須以正道表達對父母的諫諍；父母在世的時候，必須用道義來輔助他們。《內豊》正是在討論如何行孝，才能夠「以成君子」，上引〈曾子事父母〉文中，亦言及「君子之孝」，正可補充說明《內豊》「不善則止之」、「孝而不諫，不成孝」等句。

曾子的言論亦見於《孝經》，《孝經·諫諍章》云：

曾子曰：「若夫慈愛、恭敬、安親、揚名，則聞命矣！敢問：子從父之令，可謂孝乎？」子曰：「是何言與！是何言與！昔者天子有爭臣七人，雖無道，不失天下；諸侯有爭臣五人，雖無道，不失其國；大夫有爭臣三人，雖無道，不失其家；士有爭友，則身不離於令名；父有爭子，則身不陷於不義。故當不義，則子不可以不爭於父，臣不可以不爭於君。故當不義則爭之，從父之令，又焉得爲孝乎？」

曾子養父母，著重於養父母之志，然而在現實生活中，往往遇到父母之志有過失的情形，曾子並不認爲子女一味地盲從父母，他甚至說明這樣做並不是真正的孝，《韓詩外傳》謂：

曾子曰：「君子有三樂……，有親可畏、有君可事、有子可遣，此一樂也。有親可諫、有君可去、有子可怒，此二樂也。有君可喻、有友可勸，此三樂也。」

《大戴禮記·曾子立孝》亦云：

盡力而有禮，莊敬而安之；微諫不倦，聽從而不怠，懽欣忠信，咎故不生，

〔註111〕　（清）王聘珍：《大戴禮記解詁》，（台北：世界，1962年），頁86。

可謂孝矣。

《大戴禮記‧曾子本孝》云：

　　君子之孝也，以正致諫。

故曾子提出的諫親原則，在於「微諫不倦」、「以正致諫」。「孝」並不是唯父命是從，父母有過，子女當有諫諍之義務，若唯從命而不諫，就是陷父母於不義，不是真正的「孝」。

〔10〕君子孝子不圜（負），若（匿）才（在）腹中攷（巧）叟（變）：

　1. 君子孝子

【各家說法】

　　此簡「君子」、「孝子」之間，本無「曰」字，原考釋連讀為「君子孝子」，曹建敦〔註112〕、房振三〔註113〕從之；黃人二〔註114〕、林素清〔註115〕、馮時〔註116〕、井上亘〔註117〕等學者，其釋文中皆在「君子」後補一「曰」字。

　　黃人二謂：

　　　「君子」二字之下，疑書手漏寫一「曰」字，自此以下，至「如從已起」之文字，為師說曾子之主張，而託以「君子曰」者。……此文句亦出現在《大戴禮記‧曾子事父母》中，云「孝子唯巧變，故父母安之」，此亦「曾子曰」之語，是以知簡文之「君子」，乃為曾子；「君子曰」者，乃及門或後學之承述師說、記載文字之口吻。〔註118〕

　　　「君子曰」，前賢撰著，多有臧否。每於篇末，託稱聖哲，或明心見志，或寄言諷諫，然原始察終，彰善懲惡，非造作空言而已。「君子曰」之論，錯現於群書，若《韓非子》、《晏子春秋》、《荀子》、《禮記》、《韓詩外傳》、

〔註112〕曹建敦：〈讀上博藏楚竹書《內豊》篇札記〉，簡帛研究網，2005 年 3 月 4 日。

〔註113〕房振三：〈上博館藏楚竹書（四）釋字二則〉，簡帛研究網，2005 年 3 月 29 日。

〔註114〕黃人二：〈讀上博藏簡第四冊內禮書後〉，發表於台灣楚文化研究會主辦「新出土戰國楚竹書研讀會」，2005 年 3 月 12 日。另收錄於《出土文獻論文集》，（台中：高文出版社，2005 年）。

〔註115〕林素清：〈釋「匷」——兼及〈內禮〉新釋與重編〉，發表於「出土簡帛文獻與古代學術國際研討會」，美國芝加哥大學東亞系所，2005 年 5 月 28～30 日。頁 4。

〔註116〕資料來源：「第八次簡帛資料文哲研讀會」，2005 年 6 月 18 日。

〔註117〕（日）井上亘：〈《內豊》篇與《昔者君老》篇的編聯問題〉，2005 年 10 月 16 日，簡帛研究網。

〔註118〕黃人二：〈讀上博藏簡第四冊內禮書後〉，發表於台灣楚文化研究會主辦「新出土戰國楚竹書研讀會」，2005 年 3 月 12 日。另收錄於《出土文獻論文集》，（台中：高文出版社，2005 年），頁 279～280。

《史記》、《說苑》、《新序》諸古籍皆見，不煩贅舉，然以有《春秋內傳》稱之《國語》、《春秋外傳》稱之《左傳》爲其大宗。「君子」之稱，厥類匪一，概分爲四，有評論史事稱之者，有本孔子遺言（即祖述師說）而引之，有爲名賢雅論而據之，有屬之己意而著之，郭店竹簡《成之聞之》簡六：「昔者君子有言曰：戰與型（刑），君子之述德也。」簡二二至二三：「君子曰：疾之。不疾，未有能深之者。奇（從支）之述也，強之功也；隨之弅也，治之功也。」簡二九至三零：「君子曰：唯有其巠而可能終之爲難。檎木三年，不必爲邦旗。害？」簡三六：「君子曰：從允釋過。則先者徐，來者信。」簡三七：「共者君子有言曰：聖人天德。害？」明據「君子」、「昔之君子」爲言，以無其他文本可茲比對，不易判斷其文字屬性。郭店竹簡《尊德義》簡二一「養心於子諒」，裘按引《禮記・樂記》「則易直子諒之心油然生矣」（《禮記・祭義》文同）以釋；又「子諒」二字，《韓詩外傳》作「慈良」，而《禮記・喪服四制》亦有「慈良」。《尊德義》簡二二「民可使道（由）之，不可使智（知）之」、簡二八至二夷「德之流，速乎置郵而傳命」，皆爲孔子之言而爲弟子所引者，以此角度視之，上博藏簡第二冊《昔者君老》之「君子曰」與夫《禮記・樂記》、《祭義》、《韓詩外傳》之文，疑爲孔子之師說。蓋立言模擬，學有祖述，表示淵源有自，學有所傳，故疑其爲孔子或其他先哲之言辭，以祖述周之禮制者。上博二簡文之「君子」亦無法確指，然以師說或己意較爲可能，而上博四《內禮》，可確定爲師說曾子之言。〔註119〕

林素清謂：

> 原簡「君子孝子」連讀，明顯不詞，應在「君子」下補「曰」字，作「君子曰：孝子（云云）」，如此不僅讀來較爲通順，且能與下文數段由「君子曰」發端的議論，成爲形式一致，主旨與《禮記》相近的一篇文章。〔註120〕

【思婷案】

季師旭昇謂：

> 「君子孝子」中間加不加「曰」字，都說得通。但不加「曰」字，與上文

〔註119〕 黃人二：〈讀上博藏簡第四冊內禮書後〉，發表於台灣楚文化研究會主辦「新出土戰國楚竹書研讀會」，2005年3月12日。另收錄於《出土文獻論文集》，（台中：高文出版社，2005年），頁282～283。

〔註120〕 林素清：〈釋「匲」──兼及〈內禮〉新釋與重編〉，發表於「出土簡帛文獻與古代學術國際研討會」，美國芝加哥大學東亞系所，2005年5月28～30日，頁4。

的文義銜接較緊密。〔註121〕

師說可從。

2. 君子孝子不圓（負），若（匿）才（在）腹中攷（巧）叓（變）：

【各家說法】

原考釋將「」（下文以△稱之）釋爲「飤」，全句讀爲「不飤若災，腹中巧變」：

> 「不飤」即「不食」，拒食，不吃。《論語‧衛靈公》：「吾嘗終食不食。」
> 「才」，讀爲「災」。如父母固執已見，孝子採取不食的方式則如生命之災。
> 本句講述君子孝子事父母的助化策略，反對採用消極的「不食」手段，主
> 張採用積極靈活、得宜、有效的方法。〔註122〕
>
> 「攷」通「考」，讀爲「巧」。，善也。《郭店楚墓竹簡‧老子甲》「絕巧棄
> 利」之「利」亦寫作「攷」。「叓」讀爲「變」，詳李家浩《釋「弁」》（《古
> 文字研究》第一輯）。整句《大戴禮記‧曾子事父母》作「孝子唯巧變，
> 故父母安之」。〔註123〕

董珊〈讀上博藏戰國楚竹書（四）箚記〉一文將簡七與簡八對調，依董珊的看
法，簡八應綴接於簡六之後，將簡七此句不與第八簡「之」字連讀，而成爲「君子
孝子，不食若在腹中；巧辯故父母安」：

> 整理者斷句爲「君子孝子，不食若才（災），腹中攷（巧）弁（辯），故父
> 母安【7】」，並已經指出《大戴禮記‧曾子事父母》「孝子唯巧變，故父母
> 安之。」跟簡文後半句同。
>
> 今按：當斷句爲「君子孝子，不食若才（在）腹中；巧弁（辯）故父母安
> 〔之〕」。這是說君子作爲孝子，自己不吃飯，卻在父母面前裝作好像吃
> 了一樣，並且善於用巧辯之語讓父母相信自己確實吃過飯了，從而讓父母
> 安心。《曾子事父母》的那句話應是有所節略。〔註124〕

曹建敦亦將簡七與簡八對調，讀此句爲：「君子孝子，不食若在腹中。唯巧變，

〔註121〕李師旭昇主編：《上海博物館藏戰國楚竹書（四）讀本》，（台北：萬卷樓，2007 年
　　　　3 月），頁 114。
〔註122〕馬承源主編：《上海博物館藏戰國楚竹書（四）》，（上海：上海古籍出版社，2004
　　　　年），頁 225。
〔註123〕馬承源主編：《上海博物館藏戰國楚竹書（四）》，（上海：上海古籍出版社，2004
　　　　年），頁 226。
〔註124〕董珊：〈讀《上博藏戰國楚竹書（四）》雜記〉，簡帛研究網，2005 年 2 月 20 日。

故父母安。」〔註125〕至於爲何補一「唯」字，並未說明，或疑據《大戴禮記·曾子事父母》：「孝子唯巧變，故父母安之」而補。〔註126〕

黃人二於〈讀上博藏簡第四冊內禮書後〉文中，認爲△字讀爲「良」，讀此段爲「君子〔曰〕：『孝子，不良若才（哉）！腹中巧變，故父母安之，如從已起。』」：

> 「良」，整理者原分析作從人、從食，讀「食」，「食」字簡九亦見，簡七
> 此字與其字形相差太遠，不應讀爲食，疑讀「良」。「不良若哉」，謂孝子
> 不會「從而不諫」、「諫而不從」，不會若此「不良」。〔註127〕

房振三認爲△與楚簡習見「飤」字有別，字當分析爲從「冖」從「負」，並讀「若」爲「匿」，認爲當斷句爲「君子孝子不囻（負），若（匿）在腹中。巧變，故父母安」：

> 戰國文字中「負」字多作下列之形：
>
> 郞：[圖]（璽匯 0049）　　賓：[圖]（長陵盉）
>
> 故△當隸作「囻」。……
>
> 簡文「囻」從「冖」從「負」字，可讀爲「負」。《說文·貝部》段玉裁注：「凡背德忘恩曰負。」《玉篇·貝部》：「負，違恩忘德也。」簡文「若」，讀爲「匿」，二字均屬泥紐，《說文》：「匿，亡也，叢匚，若聲，讀若羊騶箠。」（十二下十九）是其佐證。

> 《禮記·內則》和《大戴禮記·曾子事父母》分別有一段文字可以幫助我們正確理解簡文「君子孝子不囻（負）若在腹中巧變故父母安」並斷句：
>
> 曾子曰：「孝子之養老也，樂其心，不違其志，樂其耳目，安其寢處，以其飲食終養之。孝子之身終，終身也者，非終父母之身，終其身也。是故父母之所愛亦愛之，父母之所敬亦敬之。至於犬馬盡然，而況人乎？」
>
> 單居離問於曾子曰：「事父母有道乎？」曾子曰：「有。愛而敬。父母之行，若中道則從，若不中道則諫，諫而不用，行之如由己。從而不諫，非孝也；諫而不從，亦非孝也。孝子之諫，達善而不敢爭辯。爭辯者，作亂之所由興也。由己爲無咎則寧，由己爲賢人則亂。孝子無私樂，父母所憂憂之，

〔註125〕 曹建敦：〈讀上博藏楚竹書《內豊》篇札記〉，簡帛研究網，2005 年 3 月 4 日。

〔註126〕 林素清：〈釋「匚」——兼及〈內豊〉新釋與重編〉，頁 3 註 6，國芝加哥大學東亞系所〈中國文字學的方法與實踐國際學術研討會〉，2005 年 5 月 28～30 日。

〔註127〕 黃人二：〈讀上博藏簡第四冊內禮書後〉，發表於台灣楚文化研究會主辦「新出土戰國楚竹書研讀會」，2005 年 3 月 12 日。又收錄於《出土文獻論文集》，（台中：高文出版社，2005 年）。

父母所樂樂之。孝子唯巧變，故父母安之。」

簡文「君子孝子不負」，是承前文「善則從之，不善則止之，止之而不可，怼而任……【簡六】……不可，雖至於死，從之」而言，簡文中間所缺部分當是君子、孝子明知「父母之行」不中道則應該諫之，而且是有關「諫而不用」的敍述。簡文「孝而不諫，不成孝……不成孝。」缺文似可據《大戴禮記‧曾子事父母》「從而不諫，非孝也；諫而不從，亦非孝也」一句補作「孝而不諫，不成孝；諫而不從，不成孝。」以上是論述「孝」、「諫」、「從」的關係，所以簡文「君子孝子不負」是指君子孝子不違恩忘德，即使父母是「諫而不用」，也應做到「雖至於死，從之」。而簡文「若（匿）在腹中」則是指君子孝子應該把與父母不同的觀點埋藏在心裏，自始至終「從之」，所以下文說「巧變，故父母安」。然則，這是君子、孝子「成孝」的權宜之計。以上第六、第七簡都是論述如何才能成爲「君子、孝子」，而第八簡雖有殘缺，但整體上是闡述「孝子」應該如何立身行事的，論述層次頗爲清晰。

總之，「君子孝子不圓若在腹中巧變故父母安」當斷句爲「君子孝子不圓（負），若（匿）在腹中。巧變，故父母安。」而且第六、第七、第八三支簡的簡序當如整理者所排列的更近原文面貌。〔註128〕

林素清則撰有〈釋「匱」——兼及〈內豐〉新釋與重編〉一文，對各學者的看法一一加以評論：

原考釋釋讀與理解雖引《論語》爲證，然而所謂消極的「不食」手段，是相當獨特的，既不見於儒家典籍，也不見於其他先秦文獻資料，因此頗有商榷的餘地。……

曹建敦雖補「唯」字，以求通讀，但仍無法說明「不食若在腹中」究竟何指？其實簡九另有「事父親〔註129〕以食」句「食」字作 ，寫法與簡七此字明顯不同，可見此字釋「飤」或「食」都是不恰當的。

至於董珊的看法，林素清認爲：

儒家一向主張君子必須「言忠信，行篤敬」，豈能以如此不誠實的態度對待父母？再說：君子無故「不食」，卻利用巧辯來使父母相信自己「已食」，不但無必要，也不合於孝子之行爲準則。因此，這也不是理想的讀法。

文中亦認爲黃人二釋△爲「良」並不可從：

〔註128〕房振三：《上博館藏楚竹書（四）釋字二則》，簡帛研究網，2005 年 3 月 29 日。
〔註129〕簡文爲「事父母以食」，作者此處「母」誤植爲「親」。

此字與「良」字的形構略近，但戰國楚簡「良」字作 　、　、　 等形，分別見於包山楚簡、信陽楚簡、天星觀楚簡等，與此字仍有一定的差異，不能混爲一談。

至於房振三釋△字爲「从匸从負」，讀爲「負」，又讀「若」爲「匿」的意見，林素清以爲：

> 此説與儒家所主張的「事父母幾諫」（見《論語・里仁》）、「微諫不倦」（見《禮記・坊記》）等思想不符，字形上的證據也不夠充分，且對「巧變」也沒有合理的説明。因此，讀此字爲「負」，仍然無法通讀簡文。

由於林素清認爲各學者看法皆無法通讀無礙，故提出了釋△爲「匱」的意見：

> 關於此字釋「匱」的理由説明如下。第一，此字從匸，而開口向左，似與一般常見字形不同，但古文字左向、右向往往無別，第二，匸內所從爲「貴」，與三晉系朱文吉語印「貴身（信）」印的「貴」近似，惟三晉「貝」字多省作「目」形，簡文則不省。至於簡文上半的筆畫，雖較三晉「貴」字稍有減省，但仍可看出是「臾」形之省。因此，此字釋「匱」，從字形分析，應可以成立。
>
> 「孝子不匱」語出《詩經・大雅・既醉》：威儀孔時，君子有孝子。孝子不匱，永錫爾類。」
>
> 又常見引於先秦古籍，例如：《禮記・坊記》：子云：『從命不忿，微諫不倦，勞而不怨，可謂孝矣。《詩》云：『孝子不匱』。』
>
> 又《左傳・隱公元年》：君子曰：『穎考叔，純孝也，愛其父母，施及莊公。《詩》曰：『孝子不匱，永錫爾類。』其是之謂乎。」
>
> 曾子更以「不匱」爲孝道之極至，並對「不匱」作説明，見《禮記・祭義》：
>
> 曾子曰：『孝有三，小孝用力，中孝用勞，大孝不匱。思慈愛忘勞，可謂用力矣；尊仁安義，可謂用勞矣；博施備物，可謂不匱矣。」
>
> 從以上字形及先秦典籍所見書證，可以確認簡七至簡八應連讀爲：君子〔曰〕：『孝子不匱，若在腹中巧變，父母安之，如從己起』。
>
> 按，簡文『若在腹中巧變，故父母安之』云云，又見《大戴禮記・曾子事父母》：孝子無私樂，父母所憂憂之；父母所樂樂之，孝子唯巧變，故父母安之。〔註130〕

馮時則釋△爲「匱」，讀此句爲「孝子不匱（乖），若才（在）腹中攷（巧）弁

〔註130〕林素清：〈釋「匱」——兼及〈內豐〉新釋與重編〉，美國芝加哥大學東亞系所〈中國文字學的方法與實踐國際學術研討會〉，2005年5月28～30日。

（變）」。〔註131〕

【思婷案】

以上諸說，可整理如下表：

	對 ![圖] 之隸定	斷　句　與　釋　讀
李朝遠	飤（食）	君子孝子不飤若災，腹中巧變，故父母安之。
董　珊	飤（食）	君子孝子，不食若在腹中；巧辯故父母安。
曹建敦	飤（食）	君子孝子，不食若在腹中。唯巧變，故父母安。
黃人二	良	君子曰：孝子，不良若才（哉）。腹中巧變，故父母安之
房振三	圓	君子孝子不圓（負），若（匿）在腹中。巧變，故父母安。
林素清	匱	君子曰：孝子不匱，若在腹中巧變，父母安之
馮　時	匱	君子曰：孝子不匱（乖），若在腹中巧變

「若」應依房說讀爲「匿」。《說文‧匸部》：「匿，亡也，从匸若聲。」《廣雅‧釋詁四》：「匿，藏也。」又「匿，隱也。」「匿」有「隱瞞」之意，如《書經‧盤庚上》：「王播告之修，不匿厥指。」《國語‧周語中》：「武不可覿，文不可匿。」韋昭注：「匿，隱也。」

![圖]（下文以△稱之）字釋「飤」或釋「良」皆有可商之處。楚系「飤」字作![圖]（天卜）、![圖]（包152）、![圖]（郭‧語一110）、![圖]（郭‧語四11）、![圖]（秦M99），《內豐》簡九亦有飤字作![圖]；此外，楚系「良」字作![圖]（天卜）、![圖]（包128）、![圖]（包227）等形，以上諸字與△在字形上均不相同。

林素清釋△爲「匱」，從字義上來說是比較理想的，但△釋爲「匱」，在字形上並不可行。季師旭昇謂：

> 林說在字形上很難成立，楚系文字有「匱」字作![圖]（包13），匸中所從「貴」旁爲「貴」字標準寫法，林文所稱晉璽「貴身」的「貴」字也是這麼寫（見《古璽彙編》4675、4676號，只是下半的「貝」旁簡化爲「目」旁而已），其實璽文4675作![圖]、4676作![圖]，與楚系文字「貴」字標準寫法作![圖]（信1.26）者相近，與本簡此字作![圖]者截然不同。此字應從房振三釋「圓」，字從匸、從負，「匸」形左右可通，中間所從爲「負」，下從「見」，上所從「人」形作![圖]，爲戰國文字所常見。因此

〔註131〕資料來源：「第八次簡帛資料文哲研讀會」，2005年6月18日。參 http://www3.nccu.edu.tw/~92151018/

此字可直接隸作「𧵽」，字從匚、從負，「負」當有聲符功能，則此確實可以逕讀爲「負」，違背也。不過，房振三先生把此字釋爲「違恩忘德」，全句釋爲「君子孝子不違恩忘德，應該把與父母不同的觀點埋藏在心理，自始至終」，拙意稍有不同，全句當釋爲「君子作爲一個孝子不會當面違背父母的意思，君子會把自己的意見放在腹中，用各種巧妙的方法改變父母，所以父母安然地改變了行爲，而卻以爲是他們自己的意思（不會感覺到被子女所改變）」。若，當讀爲「匿」。〔註132〕

馮時釋△爲「匵」，季師已指出此字「匚」中部件，上方所從之「𠆢」爲人形，並非從「艹」，故此字不應釋爲「匵」。

△應從房振三、季師之說釋爲𧵽，讀爲負。「匚」形中間所從爲「負」，然而季師謂「中間所從爲『負』，下從『見』」，應是誤釋。「負」下方應從「貝」，不從「見」。袁國華曾分析楚系文字中「貝」字上方之「目」與「目（目）」字二者的不同：

> 只要深入觀察，將楚文字「目」「目」二字的寫法與運筆作一比較，即可知二者是有相當分別的。「目」字從左上邊起筆，向右延伸後於右上邊往下運行，再於右下角向左運行，最後再止於左上方；而「目」亦從偏右上邊起筆，然後斜向左下方伸展，之後向右上方作一弧度，最後停止於偏右起始處。〔註133〕

楚系「目」字作 （郭・五47）、 （郭・性43）、 （郭・語一・50）、 （郭・唐26）、 （郭・五45）等形，細審圖版△字「匚」中的部件，其運筆方式與「目」不同，故「人（𠆢）」之下方部件實不從「見」，而是「貝」。這也符合《說文・貝部》「負，恃也。從人守貝有所恃也」之說。

△從匚從負，可讀爲「負」。然而房說引《玉篇・貝部》：「負，違恩忘德也」之語，認爲「君子孝子不負」意指「君子孝子不違恩忘德」，似嫌太重，此句可從季師釋爲「君子作爲一個孝子不會當面違背父母的意思」。《類篇・貝部》曰：「負，違也。」「不負」即「不違逆父母」，作此解較能與前文「善則從之，不善則止之，止之而不可，隱而任不可，雖至於死，從之」、「諫而不從，亦不成孝」文意相呼應，都是在強調孝子不可違逆父母的心意，應「順從」父母。

《大戴禮記・曾子事父母》云：「孝子唯巧變，故父母安之」，與此段簡文意義

〔註132〕季師旭昇主編：《《上海博物館藏戰國楚竹書（四）》讀本》，（台北：萬卷樓，2007年3月），頁114。

〔註133〕袁國華：〈望山楚墓卜筮祭禱簡文字考釋四則〉，（《史語所集刊》第七十四本第二分，2003年），頁307～324。

相仿，「君子孝子不負，匿在腹中巧變」意即「君子作爲一個孝子不會當面違背父母的意思，君子會把自己的意見放在腹中，用各種巧妙的方法改變父母」。

〔11〕古（故）父母安之，如竝（從）呂（己）記（起）：

1. 呂

【各家說法】

原考釋：

> 「之」字從上讀。「呂」，通「己」，《說文》所無。長沙子彈庫甲篇帛書中
> 有「是胃亂紀」語，「紀」作「綗」。《郭店楚墓竹簡‧窮時以達》之「己」
> 亦寫作「呂」。「記」，《說文》所無，「辶」通「走」，「記」應可通「起」。
> 《包山楚簡》一六四有「郢邑人足記」句，「記」爲「起」意。〔註134〕

【思婷案】

「呂」字見於字書，《玉篇‧口部》：「呂，說也。」《廣韻》：「呂，言也。」「平也。」〔註135〕

楚簡「呂」字常見，例如郭店楚簡：「故君子惇於反呂」（5.15）、「有知呂而不知命者」（10.10）、「是故欲人之愛呂也」（9.20）〔註136〕，由文例來看，「呂」皆應讀爲「己」，楚系文字有加「口」形爲飾者，例如「等」作笢（包9）、笢（郭‧緇4）；「退」作變（郭‧老甲39）；「丙」作否（天卜）、否（包31），因此楚文字中的「呂」與《玉篇》、《廣韻》之「呂」無涉，只是在「己」下加「口」形爲飾，爲「己」之異體字。

2. 故父母安之，如竝記（已）起：

【各家說法】

廖名春：

> 「如從己起」猶「如從己作」或「如從己出」。此是說「君子孝子」以「父
> 母安之」爲自己「安之」，也就是上文所謂「君子事父母，無私樂，無私
> 憂。父母所樂，樂之；父母所憂，憂之」。《淮南子‧主術》：「無爲者，非
> 謂其凝滯而不動也，以其言莫從己出也。」《文子‧上義》：「無爲者，非

〔註134〕馬承源主編：《上海博物館藏戰國楚竹書（四）》，（上海：上海古籍出版社，2004年），頁226。

〔註135〕（清）張玉書主編：《康熙字典》，（上海：上海書店出版社，1985年12月），頁183。

〔註136〕張光裕主編：《郭店楚簡研究》第一卷文字編，（台北：藝文，1999年），頁114。

謂其不動也，言其〔莫〕從己出也。」「從己出」與簡文「從己起」同。

〔註137〕

黃人二：

「如從巳起」，「起」，簡文原從走、巳聲，古書中寫作「巳（從走）」，與世習用「起」字之偏旁「巳」，當皆「己」之誤摹，因「己」之音讀較「巳」更爲接近「起」字。《漢書》卷一一《哀紀》於建平元年二月云：「詔曰：『蓋聞聖王之治，以得賢爲首，其與大司馬、列侯、將軍、中二千石、州牧、守相，舉孝弟惇厚、能直言通政事，巳于（從走）側陋、可親民者，各一人。』」「巳（從走）於側陋」，即謂「起於側陋」，以微賤起家，能知民間疾苦，故可親民。唐・顏師古注云：「可延致而任者。」知其讀「巳（從走）」爲「延」，而清・王念孫《漢書雜志》移「巳（從走）於側陋」四字於「州牧守相」之下，皆失其正讀，導致博聞多學之前賢有此失誤。

〔註138〕

林素清：

所謂「君子〔曰〕：『孝子不匱，若在腹中巧變，故父母安之，如從己起。』」大意是説：

孝子的孝思永不匱乏竭盡。若能隨時順著父母之樂與憂，巧妙地善作變化與調整，那麼父母必能順心滿意而覺得安適了。孝子體察父母的舉止行爲，應如同發自父母己身一般。

如此解讀似乎比較能夠文從字順，且簡七與簡八也無須對調。〔註140〕

【思婷案】

季師旭昇釋「故父母安之，如從記（己）起」：

所以父母安然地改變了行爲，而卻以爲是他們自己的意思（不會感覺到被子女所改變）。〔註141〕

師說可從。

〔註137〕廖名春：〈讀楚竹書《內豊》篇箚記（一）〉，簡帛研究網，2005 年 2 月 20 日。

〔註138〕黃人二：〈讀上博藏簡第四冊內禮書後〉，發表於台灣楚文化研究會主辦「新出土戰國楚竹書研讀會」，2005 年 3 月 12 日。又收錄於《出土文獻論文集》，（台中：高文出版社，2005 年），頁 280。

〔註140〕林素清：〈釋「匱」——兼及〈內豊〉新釋與重編〉，美國芝加哥大學東亞系所〈中國文字學的方法與實踐國際學術研討會〉，2005 年 5 月 28～30 日。

〔註141〕季師旭昇主編：《《上海博物館藏戰國楚竹書（四）》讀本》，（台北：萬卷樓，2007 年 3 月），頁 114。

【原文】

君子曰〔12〕：「考（孝）子〔13〕，父母又（有）疾，冕（冠）不矣（奐／縞）〔14〕，行不頌（容／翔）〔15〕，不窣（萃）立〔16〕，不庶語〔17〕，時昒祉（攻）、縈（禜），行祝於五祀〔18〕，剆（剴）必又（有）益〔19〕，君子吕（以）城（成）亓（其）孝。【八】是胃（謂）君＝子＝（君子）〔20〕。」

（君子）曰：「孝子事父母，吕（以）飤（食），亞（惡）兇（嫐）？下之〔21〕……【九】

君子曰：「俤，民之經也。才（在）少（小）不靜（爭），才（在）大不圝（亂）〔22〕。古（故）為孝（少）必聖（聽）長之命，為戔（賤）必聖（聽）貴之命〔23〕。從人觀（勸），狀（然）則孚（免）於戻〔24〕。【十】

……□亡（無）䜌（難）。母（毋）忘姑姊妹而遠敬之〔25〕，則民又（有）豐（禮），狀（然）句（後）奉之吕中臺（準）〔26〕。【附簡】

【語譯】

君子曰：「孝子在父母有疾病的時候，因為憂心而顧不上縮髮戴冠，走路沒有禮容，不和眾人群立，不多話。時在昒爽之際舉行攻、禜之祭，舉行五祀的祭禮，難道一定對父母之疾有所助益嗎？君子是以此來盡孝親之情，以期能事奉他的雙親，這就是君子。」

君子曰：「孝子若只是能做到奉養父母，有什麼值得稱美的呢？這只是孝父母的最低表現罷了。……」

君子曰：「『俤』是人民所應遵循的法則，居小位而不爭，居大位而不亂。因此小輩必聽從長輩的命令，地位低賤的人必聽從地位高貴的人的命令。聽從別人的勸諫，如此就可免於災戻。」

……不以為難。不要忘記父親的姊妹，即使不住在一起也要尊敬他們，那麼人民就有禮節，尊奉此道以求合於規矩。

〔12〕君子曰：

【思婷案】

以「君子曰」評論史事之習，可上溯至春秋時期，《國語‧楚語上》左史倚相、《左傳‧襄公十四年》季札、《左傳‧昭公三年》文子皆有引「君子曰」之語的記載，影響所及，古籍中往往有藉「君子」之言而發議論者，如《國語》、《左傳》

等史籍，以及《管子》、《晏子春秋》、《荀子》、《呂氏春秋》、《韓非子》等子書，直至兩漢的《韓詩外傳》、《禮記》、《史記》、《新序》、《說苑》、《列女傳》等，亦有以「君子曰」形式為評論者。故陳佩芬釋《昔者君老》「君子曰」時，謂「古文獻常稱傳授或評述者為『君子』」。

今本大小戴《禮記》中皆有引述「君子曰」的篇章。孔穎達《禮記正義》大題下引鄭玄《六藝論》曰：

> 戴德傳《記》八十五篇，則《大戴禮》是也；戴聖傳《禮》四十九篇，則此《禮記》是也。

戴德、戴聖各將一百三十一篇《記》〔註142〕，刪其煩重，輯為《大戴禮》與《小戴禮》，由於大、小戴《禮記》性質相近，因此二書中「君子曰」，我們可以一併檢視之。

在現存《大戴禮記》中，以「君子」為名作出評論的篇章，僅〈勸學〉一篇，篇首云：「君子曰：學不可以已矣，青取之於藍，而青於藍……」，篇中文句多與《荀子》、《管子》相同，可能是作記者采摭諸書潤飾而成〔註143〕；而《禮記》引「君子」之語者則有十處。〔註144〕

從大、小戴《禮記》的「君子曰」來看，並無法確知「君子」所指何人。古代對於「君子」的解釋可概分為二種：一為在位者、為政者，如《書·酒誥》：「越庶伯君子。」《傳》：「眾伯君子長官大夫統庶士有正者。」《詩·魏風·伐檀》：「彼君子兮，不素餐兮。」《孟子·滕文公上》

故「君子曰」有可能是作者引用了才德出眾者的評述，亦有可能是「假君子以

〔註142〕（東漢）班固：《漢書·藝文志》：「《記》百三十一篇，七十子後學所記也。」
〔註143〕高明：《大戴禮記今註今譯》，（台北：台灣商務，1975年），頁252。
〔註144〕計有以下十則：
　　《禮記·檀弓上》：「君子曰：樂樂其所自生，禮不忘其本。古之人有言曰：狐死正丘首。仁也。」
　　《禮記·檀弓上》：「君子曰：謀人之軍師，敗則死之；謀人之邦邑，危則亡之。」
　　《禮記·禮器》：「君子曰：祭祀不祈，不麾蚤，不樂葆大，不善嘉事，牲不及肥大，薦不美多品。」
　　《禮記·禮器》：「君子曰：禮之近人情者，非其至者也。」
　　《禮記·禮器》：「君子曰：無節於內者，觀物弗之察矣。」
　　《禮記·禮器》：「君子曰：甘受和，白受采；忠信之人，可以學禮。苟無忠信之人，則禮不虛道。」
　　《禮記·樂記》：「君子曰：禮樂不可斯須去身。」
　　《禮記·祭統》：「是故古之君子曰：尸亦餕鬼神之餘也，惠術也，可以觀政矣。」
　　《禮記·學記》：「君子曰：大德不官，大道不器，大信不約，大時不齊。」
　　《禮記·祭義》：「君子曰：禮樂不可斯須去身。」

稱之」〔註145〕，乃作者將自己的看法，藉由君子之口給予文中敘述一個明確的評論。

〔13〕考（孝）子：

【各家說法】

陳斯鵬謂：

> 《內豐》簡8、9有 字，原釋文直接作「孝」，其實是「考」字，讀爲「孝」。〔註146〕

孟蓬生謂：

> 這兩簡中的「孝」字作 、、 諸形，下部不從「子」，而從「丂」，此字當隸定爲「考」。本篇簡7「巧辨」之「巧」借「攷」字爲之（225頁），寫作 ，與此字下部所從相同。古音孝聲、丂聲相通。《史記‧燕召公世家》：「孔子卒二十八年，獻公卒，孝公立。」《漢書‧古今人表》作「燕考公」。《史記‧衛康叔世家》：「子考伯立。」《漢書‧古今人表》作「孝伯」。〔註147〕

【思婷案】

「考」、「孝」二者並不同字，此字從老、下從「丂」，宜隸作「考」，讀爲「孝」。楚銅器《杕白盨》蓋作「享孝于皇申且孝」，器作「享孝于皇申且考」，即爲「孝」借爲「考」之例。

〔14〕父母又疾，冕（冠）不兑（帨）：

1. 冕：

【各家說法】

原考釋：

> 《禮記‧曲禮上》：「父母有疾，冠者不櫛，行不翔，言不惰。」
>
> 「冕」，上從冃，與「宀」同意，爲帽形；下從元，元、兀古本一字，爲人首。《說文‧宀部》：「冠……從宀、元，元亦聲；冠有法制，故從寸。」
>
> 「冕」應爲「冠」的古體。甲骨文有「」字，即此字初形（參見《江陵望山沙塚楚墓》第二八五、二九八頁）。《包山楚簡》二一九、二三一、二

〔註145〕（唐）劉知幾《史通‧論贊》曰：「《春秋左氏傳》每有發論，假君子以稱之。」
〔註146〕陳斯鵬：〈初讀上博（四）文字小記〉，簡帛研究網，2005年3月5日。
〔註147〕孟蓬生：〈上博竹書（四）閒詁續〉，簡帛研究網，2005年3月6日。

五九均同此。〔註148〕

【思婷案】

　　隸定作「冕」，此字亦見於《望山》、《包山》、《九店》楚簡。李家浩云：

> 此字原文作，從「冃」從「兀」；下三六號、四一號等簡作，從「冃」
> 從「元」。「兀」、「元」古本一字，故可通作。此字見於望山二號竹簡（四
> 九號、六一號、六二號）和包山楚墓竹簡（二一九號、二三一號、二五九
> 號、二六三號）。《望山楚簡》一二七頁考釋謂「冗」是「冠」的古體。《說
> 文》冂部說「冠……從冂，從元，元亦聲；冠有法制，從寸」。許多學者
> 指出，「冂」、「冃」、「冃」，古本一字，所以簡文「冠」將「冂」旁寫作「冃」。
> 爲書寫方便，釋文將、皆釋寫作「冗」〔註149〕

　　冕即楚系之「冠」字，主要有二形，一爲從冃從兀，作（包263）、（包264）；
一爲從冃從元，作（包231）、（九 M56‧41），二者雖有從元從兀之別，但實
爲一字。「元」商代金文作（兀作父戊卣），在人形上加圓點以強調頭的部位，因此
本意爲「頭、首」，並非《說文》所云「始也」，之後圓點拉直成爲一筆線作（鐵45.3），
即「兀」字，又在此字上加一橫筆爲飾作（前4.32.4），即「元」字。因此冠字從兀
或從元意義相同，例如《包山》259「桂冠」，讀爲「觟冠」，《望山》簡2‧62同樣有
「二觟冠」一詞，前者「冠」作（包259），後者作（望 M2‧62）。

　　由於「冂、冃、冃」古本一字，故漢代冕字加上「寸」旁，所從之「冃」也改
從「冂」〔註150〕作（武威簡‧服傳1），但從「宀」之（老子甲後424）則
是屬於訛形。

　　2. （禹/奐）

【各家說法】

　　原考釋：

> 「冠不力」，文獻爲「冠者不櫛」。「櫛」，男子束髮用的梳篦；「不櫛」，即
> 不束髮。「不力」，不得力，義應與之近。〔註151〕

〔註148〕馬承源主編：《上海博物館藏戰國楚竹書（四）》，（上海：上海古籍出版社，2004
　　　　年），頁226。

〔註149〕湖北省文物考古研究所、北京大學中文系編：《九店楚簡》，（北京：中華書局，2000
　　　　年5月），頁69。

〔註150〕甲金文未見冕（冠）字，目前所見最早的冕出現於戰國文字，楚系皆從冃，晉系則
　　　　有從冂者（例如陶彙6.190）。

〔註151〕馬承源主編：《上海博物館藏戰國楚竹書（四）》，（上海：上海古籍出版社，2004

曹建敦：

「冠不介」，整理者原注為「冠不力，不力，不得力」。明顯文意很難講通。承蒙吉林大學張新俊先生見告，力當為介字誤釋，讀為「紒」。筆者仔細核對簡文，贊同這種意見。案：《儀禮‧士冠禮》：「采衣，紒」，鄭玄注：「紒，結髮。古文紒通結。」簡文意思指孝子因憂父母之疾而顧不上結髮為髻。〔註152〕

魏宜輝：

李朝遠先生已指出，這句話與《禮記‧曲禮》中的「父母有疾，冠者不櫛，行不翔，言不惰」相近。「冠不力」，文獻為「冠者不櫛」。「櫛」，男子束髮用的梳篦；「不櫛」即不束髮。「不力」，不得力，義應與之近。

「力」疑讀作「飭」。力、飭皆為舌頭音、職部字，音近可通。「冠不飭」猶言「冠不正」。〔註153〕

黃人二：

整理者讀為「力」之字，從字形看，疑當讀為「介」，《昭王毀室》第六簡同字可參，古見母祭部，與見母脂部的「櫛」字音近互假。謂父母有疾之時，孝子無心對頭髮細加梳理。〔註154〕

田煒：

《內禮》第八簡云：

君子曰：孝子，父母有疾，冠不 **[字]**，行不頌，不卒立，不庶語。

整理者釋 **[字]** 為力，並指出這句話與《禮記‧曲禮》中的「父母有疾，冠者不櫛，行不翔，言不惰」相近。魏宜輝先生懷疑「冠不力」應該讀作「冠不飭」，猶言「冠不正」（魏宜輝：《讀上博楚簡四劄記》，簡帛研究網站，2005.3.10）。楚文字「力」字作 **[字]** 形，**[字]** 比「力」字明顯多了一筆，故原釋可商。張新俊、曹建敦先生改釋為「介」（曹建敦：《讀上博藏楚竹書〈內豐〉篇劄記》，簡帛研究網站，2005.3.4），曹氏進而讀為「紒」。戰國文字「介」字作 **[字]**（介鐘磬）、**[字]**（信陽楚簡），或加飾筆作 **[字]**（古璽「忺」字所從）。釋「介」者大概認為 **[字]** 字中間的橫筆是飾筆，但是 **[字]**

年），頁226。

〔註152〕曹建敦：〈讀上博藏楚竹書《內豐》篇札記〉，簡帛研究網，2005年3月4日。
〔註153〕魏宜輝：〈讀上博楚簡（四）劄記〉，簡帛研究網，2005年3月10日。
〔註154〕黃人二：〈讀上博藏簡第四冊內禮書後〉，發表於台灣楚文化研究會主辦「新出土戰國楚竹書研讀會」，2005年3月12日。又收錄於《出土文獻論文集》，（台中：高文出版社，2005年），頁280。

字橫筆與右邊的垂筆連接相當連貫，不宜視爲兩筆。所以我們認爲將【字形】釋爲「介」也是不對的。侯馬盟書「夐」字作【字形】、【字形】等形，「煥」字作【字形】、【字形】等形，「賓」字作【字形】，所從之「夐」與【字形】形同。據此，我們認爲【字形】應該改釋爲「夐」。

《説文・宀部》：「寏，周垣也。院，寏或從阜。」以「院」爲「寏」之或體。「完」字上古音屬曉紐元部，「夐」屬匣紐元部，讀音相近，所以「完」、「夐」作爲聲符可以換用。《内禮》中的「夐」可以讀爲「綰」。《集韻・諫韻》：「綰，系也。或作統。」慧琳《一切經音義》卷一百「綰髮」下注「結也」，又引《韻英》、《廣韻・潸韻》、《集韻・諫韻》解釋爲「系也」。「冠不夐」指的是成年的男子因父母有疾而不綰髮，不綰髮就不能戴冠。《曲禮》中所説的「櫛」，是男子用的梳篦，所謂「不櫛」，就是不梳理頭髮，不梳理頭髮同樣不能戴冠。所以《内禮》的「冠不夐」和《曲禮》的「冠者不櫛」，意思大概是一樣的。〔註155〕

【思婷案】

楚系「力」字作【字形】（郭・緇19），「介」字作【字形】（信2.13），燕系「介」字或作【字形】（忦，璽彙1289），加橫筆爲飾，但皆與簡文【字形】字形體有所差距。田説釋此字爲「夗」，讀爲「綰」，形義俱洽，可從，《禮記・曲禮上》曰：「父母有疾，冠者不櫛，行不翔，言不惰。」與簡文意近。

〔15〕行不頌：

【各家説法】

原考釋：

《禮記・曲禮上》作「行不翔」。「頌」與「翔」通。「頌爲邪紐東部字，「翔」爲邪紐陽部字，「頌」、「翔」雙聲，東陽旁轉。鄭玄注《禮記・曲禮上》「室中不翔」曰：「行而張拱曰翔。」「行不翔」即謂行走時不可張開雙臂。「頌」亦爲儀容。《説文・頁部》：「頌，皃也。」段玉裁注：「古作頌皃，今成容皃，古今字之異也。」鄭玄注上引《禮記・曲禮上》句時曰：「不櫛、不翔，憂不爲容也。」〔註156〕

〔註155〕田煒：〈讀上博竹書（四）瑣記〉，簡帛研究網，2005年4月3日。
〔註156〕馬承源主編：《上海博物館藏戰國楚竹書（四）》，（上海：上海古籍出版社，2004年），頁226～227。

廖名春：

「頌」與「翔」當爲同義換讀，旁轉通假説不可信。「頌」通「容」，而「容」義爲「飛揚貌」，故可與「翔」互用。《字彙・宀部》：「容，飛揚貌。」《漢書・禮樂志》：「神之行，旌容容。」顏師古注：「容容，飛揚之貌。」簡八「行不頌」即「行不容」，也就是行走時不可一副飛揚的樣子，這與行走時不可張開雙臂，意義相同。〔註157〕

曹建敦：

原注旁轉通假説不可信。「頌」通「容」，而「容」，禮書多指禮容。所謂禮容，即行禮者的體態、容貌等，爲行禮時所不可或缺。古代行禮，多講求動作、儀態等與禮節相互協調。《儀禮・士冠禮》：「賓右手執項，左手執前，進容，乃祝。」鄭玄注：「進容者，行翔而前鶬。」按，鶬通蹌，《儀禮・聘禮》：「衆介北面蹌焉。」鄭玄注：「容貌有節。」蹌，指行步有節。簡文「行不頌」即指孝子因父母有疾，憂致使行無禮容，此容正可以按「進容」之「容」理解，不必另解爲和翔相通。〔註158〕

黃人二：

此不必與《曲禮上》之「翔」字互假而作，簡文「不庶語」便與「言不惰」不同，且相較尚多一「不卒立」。「頌」即「容」，古文字中多見，「容」即「儀容」，謂父母有疾，出門不必飾其容貌。〔註159〕

季師旭昇謂：

賈疏云：「〈曲禮〉云：『堂上不趨，室中不翔』，則堂下固得翔矣。」是鄭注、賈疏實讀「容」爲「翔」。「容」字多指「禮容」，少指行貌。曹説釋「行無禮容」，太泛。〔註160〕

【思婷案】

師説可從，此處應依李朝遠與廖名春所釋，讀「行不容」爲「行不翔」。這樣的釋讀，不僅於聲韻上有所根據，又有《禮記・曲禮上》「父母有疾，冠者不櫛，行不翔，言不惰」之語可相互參照。

〔註157〕廖名春：〈讀楚竹書《內豐》篇劄記（一）〉，簡帛研究網，2005 年 2 月 20 日。

〔註158〕曹建敦：〈讀上博藏楚竹書《內豐》篇札記〉，簡帛研究網，2005 年 3 月 4 日。

〔註159〕黃人二：〈讀上博藏簡第四冊內禮書後〉，發表於台灣楚文化研究會主辦「新出土戰國楚竹書研讀會」，2005 年 3 月 12 日。又收錄於《出土文獻論文集》，（台中：高文出版社，2005 年），頁 280。

〔註160〕季師旭昇主編：《《上海博物館藏戰國楚竹書（四）》讀本》，（台北：萬卷樓，2007年 3 月），頁 116。

「翔」，即行走時張開兩臂，像鳥張開翅膀。如《墨子‧非儒下》：

> 繁登降之禮以示儀，務趨翔之節以觀眾。

《大戴禮記‧曾子事父母》云：

> 曾子曰：「夫禮，大之由也，不與小之自也。飲食以齒，力事不讓，事不齒，執觴觚杯豆而不醉，和歌而不哀，夫弟者，不衡坐，不苟越，不干逆色，趨翔周旋，俛仰從命，不見於顏色，未成於弟也。」

高明釋曰「翔是張拱的走」。〔註161〕父母有疾之時，子女若在行走時若張開手臂、飛揚，呈現出一副雀躍的樣子，是極爲不當的。

依簡文「孝子，父母又（有）疾，晃（冠）不奐（縮），行不頌，不宰（辛）立，不庶語。」等句來看，都在說明當父母生病時，孝子因爲憂心，所以表現在行爲上，就是無心打理自己的服裝儀容，因此「冠不奐（縮）」；也沒有心情和人聊天，話變少了，所以「不庶語」；至於「行不翔」，意即「走路時不可飛揚、張開雙臂」，這是因爲憂慮父母之疾的緣故。

〔16〕不宰（萃）立：

【各家說法】

原考釋：

> 「宰」，從爪，從衣，似爲「依」的異體。《說文‧人部》：「依，倚也。」不倚立即要有站相。〔註162〕

廖名春：

> 簡文「依」不能訓「倚」。此「依」，也寫作「扆」，爲戶牖之間的屏風。《儀禮‧士虞禮》：「主人在室。則宗人升戶外北面。佐食無事。則出戶負依南面。」鄭玄注：「戶牖之間謂之依。」《禮記‧曲禮下》：「天子當依而立，諸侯北面而見天子，曰覲。」鄭玄注：「依，本又作扆，狀如屏風，畫爲黼文，高八尺。」《漢書‧嚴助傳》：「負黼扆，馮玉几。」顏師古注：「依讀如扆。扆形如屏風而曲之，畫以黼文，張於戶牖之間。」《逸周書‧明堂》：「天子之位，負斧扆，南而立，群公卿士侍于左右。」《禮記‧明堂位》：「昔者周公朝諸侯于明堂之位：天子負斧依南鄉而立。」《荀子‧儒效》：「武王崩，成王幼，周公屏成王而及武王，履天子之籍，負扆而坐，

〔註161〕高明：《大戴禮記今註今譯》，（台北：台灣商務，1975年），頁187。

〔註162〕馬承源主編：《上海博物館藏戰國楚竹書（四）》，（上海：上海古籍出版社，2004年），頁227。

諸侯趨走堂下。」《荀子・正論》：「居則設張容，負依而坐，諸侯趨走乎堂下。」盧文弨、王念孫、汪中皆認爲此兩「坐」字當作「立」。簡文之「依立」即「辰立」，也就是文獻中的「負依（辰）南面」「而立」。「負依（辰）」「而立」是稱尊的表現。「孝子」在「父母有疾」之時，當謹言愼行，以示憂心，不能南面稱尊，負依（辰）而立，所以說「不依（辰）立」。〔註163〕

曹建敦：

「不裒立」，「裒」，從爪、從衣，此字見於隨縣衣箱、包山楚簡197、201，用作卒。案：該簡說孝子在父母有疾時的行爲和平常有異，憂不爲容。《禮記・曲禮上》：「父母有疾，冠者不櫛，行不翔，言不惰。」皆是指孝子的行爲因父母有疾而憂。不卒立當指不于人群而立。案：卒有衆意，《詩・小雅・黍苗》：「我徒我御」，鄭箋：「其士卒有步行者，有御兵車者」，陸德明《釋文》：「士卒，一本作士衆。」《玉篇・衣部》：「卒，衆也。」或卒通萃，也表示聚集之意。古時有父母患疾及喪時子應守之禮。在父母染疾或者居喪期間，孝子因憂戚或内心悲痛而不願接近衆人。《禮記・曲禮上》：「有憂者側席而坐，有喪者專席而坐。」鄭玄注：「憂不在接人故。」孝子因憂戚獨自設席而坐。《禮記・曾子問》：「三年之喪，練不群立，不旅行。」可見，父母患疾，孝子因心憂而不願交接衆人，簡文「不卒立」和「不群立」意思相同，指不和衆人一起站立。〔註164〕

黃人二：

疑簡文此字逕讀「卒」即可。《曲禮上》云「立如齊」，《曲禮下》又云「立則磬折垂佩」，知人祭祀和聘使站立之時，應似磬般身體微傾，而士卒之站立，因身穿由冑甲如支柱之故，不利屈伸，故多不能磬立，若眞欲表示恭敬，則僅能蹲拜（此即《曲禮上》「介者不拜，爲其拜而蓌拜」所云）。「不卒立」者，謂父母有疾之時，站立不能全直，與「行有翔」〔註165〕於動時不能昂首闊步張開雙臂般，靜時亦不能抬頭挺胸般地站立。又案，或可將簡文從「卒」的偏旁，視爲是從「衣」的誤摹，因楚簡中常見，故能習以爲常。「衣」、「哀」音近可通，上博簡第三冊《仲弓》簡二三上段云「夫喪，至愛之哀也」，讀爲「哀」之字，即原作從爪、從衣。故簡文

〔註163〕廖名春：〈讀楚竹書《內豊》篇剳記（一）〉，簡帛研究網，2005年2月20日。
〔註164〕曹建敦：〈讀上博藏楚竹書《內豊》篇札記〉，簡帛研究網，2005年3月4日。
〔註165〕按：此處應爲「行不翔」，作者誤爲「行有翔」。

「不哀立」者，乃父母有疾時，不應毀身哀立過度。再案，「立」字或可讀爲「泣」，則「不哀泣」之意義至明，不再解釋。〔註166〕

馮時釋爲「不㠯立」，讀爲「不促立」，「促」爲「緊迫不安」之意。〔註167〕

【思婷案】

「卒」字從「衣」字分化，故古文字「衣」、「卒」或混用不分。楚簡「卒」字作 ⟨圖⟩（郭・緇16）、⟨圖⟩（郭・緇40）、⟨圖⟩（郭・窮3）；另有「㠯」字作 ⟨圖⟩（包197）、⟨圖⟩（郭・緇7）、⟨圖⟩（郭・緇9），李守奎謂：「楚簡之卒，大多讀衣，當是衣字異體。㠯字皆讀爲卒，當即楚之卒字。」〔註168〕其說可從。據此，楚系文字「衣」字或作「卒」，其衣下之橫筆可視爲飾筆；「卒」字則多作「㠯」，二者似有意區別。⟨圖⟩（下文以△代之），下方有一橫筆，故不從「衣」，而從「卒」，應釋爲「㠯」。

以簡文的內容來看，此段文字在描述孝子在父母有疾時的表現，整理者引《禮記・曲禮上》：「父母有疾，冠者不櫛，行不翔，言不惰，琴瑟不御，食肉不至變味，飲酒不至變貌，笑不至矧，怒不至詈，疾止復故。有憂者側席而坐，有喪者專席而坐。」來和簡文相對照。此外，在《孝經・喪親章第十八》中也有一段類似的記載：「孝子之喪親也，哭不偯，禮無容，言不文，服美不安，聞樂不樂，食旨不甘，此哀戚之情也。」這些不思飲食、無心文飾、形容憔悴的表現，都是孝子憂戚之情的自然流露。

以《禮記・曲禮》爲例，其中對於成年人行爲舉止的要求，可說是鉅細靡遺，但這是一般的狀況，唯一例外的情形，就是父母親遭到變故，孝子致其憂、致其哀，無法再去注意諸多日常禮儀，這時「冠者不櫛，行不翔，言不惰……」、「哭不偯，禮無容，言不文……」等表現，反而更能表現出孝子之情。因此無論是《內豊》、《禮記》或《孝經》所言，皆是父母有疾甚至是親喪時孝子應盡的禮法。

簡文「孝子，父母又（有）疾，奐（縮）不力，行不頌，不㠯（卒）立，不庶語」等句，在說明當父母生病時，孝子因爲憂心，所以表現在行爲上，就是無心打理自己的服裝儀容，因此「冠不縮」；而行走時若張開雙臂，就顯露出一副雀躍的樣子，所以要做到「行不翔」；也沒有心情和人聊天，話變少了，所以「不庶語」。

那麼「不㠯立」即是針對站相而言。《大戴禮記・曾子事父母》：「坐如尸，立如

〔註166〕黃人二：〈讀上博藏簡第四冊內禮書後〉，發表於台灣楚文化研究會主辦「新出土戰國楚竹書研讀會」，2005年3月12日。又收錄於《出土文獻論文集》，（台中：高文出版社，2005年），頁281。

〔註167〕資料來源：「第八次簡帛資料文哲研讀會」，2005年6月18日。

〔註168〕李守奎：《楚文字編》，（上海：華東師範大學出版社，2003年），頁512。

齊（齋）。」《曲禮》鄭玄注：「坐如尸，視貌正。立如齊，磬且聽也。」平時的站相、坐相，都得做到莊嚴恭敬，這必須要隨時保持自制力和注意力。但父母有疾之時，所有的心思都在煩憂父母的病，再對照「冠不力、行不頌、不庶語」等句，此處的「不窣立」應該不是要求孝子必須站有站相，因此原考釋認爲「不窣立」是指「站有站相」的看法可商。

廖名春從原考釋，釋「△」爲从爪从衣，讀爲「展」，謂此句乃「不負依（扆）而立」。然而，「△」字下方所从爲「卒」；另一方面，「負扆」常見於古籍，廖文中已舉出數例，其他又如《荀子・儒效》：「周公屏成王而及武王，履天子之籍，負扆而立，諸侯趨走堂下。」《淮南子・齊俗訓》：「周公踐東宮，履乘石，攝天子之位，負扆而朝諸侯。」《史記・平津侯主父傳》：「南面負扆攝袂而揖王公。」然而「負扆而立」、「南面稱尊」，乃指天子而言。《內豐》此簡講的是君子盡孝的表現，並非專指天子而言，故此說與簡文文意不合。

馮時釋△爲「窣」，讀爲「促」。由上下簡文來看，父母有疾，子女憂心如焚，連服裝儀容都無暇講究，若依馮時所釋，父母有疾，做子女的反而要不「緊迫不安」，似不符合簡文內容。

曹建敦引《禮記・曾子問》「三年之喪，練不群立」之語，認爲簡文「不窣立」與「不群立」意思相同。其說可從。

「窣」即楚系之「卒」字，故「不窣立」之「窣」，可讀爲「卒」或「萃」。

卒，《說文》謂：「隸人給事者衣爲卒。卒，衣有題識者。」桂馥《義證》：「當云『隸人給事者爲卒』，後人加『衣』字。《一切經音義》十一（引）《說文》云：『隸人給事者曰卒。』」朱駿聲《說文通訓定聲》：「本訓當爲衣名，因即命箸此衣之人爲卒也。」「卒」有集合、集團之意，如《周禮・地官・小司徒》：「五人爲伍，五伍爲兩，五兩爲卒，五卒爲旅，五旅爲師，五師爲軍。」即謂兵百人爲「卒」。《禮記・王制》：「天子於千里之外設方伯，三十國以爲卒，卒有正。」《注》：「卒，猶聚也。」《莊子・秋水》：「人卒九州。」《釋文》：「卒，眾也。」可知「卒」有「眾」義。

萃，《說文》：「草貌。」《說文通訓定聲》謂「萃」爲「草聚貌」，《序卦傳》：「姤者遇也，物相遇而後聚，故受之以萃。萃者，聚也。」《易經》有「萃卦」，《疏》曰：「正義曰：萃，卦名也，又萃，聚也，聚集之義也，能招民聚物，使物歸而聚已，故名爲萃也。」《左傳・宣公十二年》：「楚師方壯，若萃於我，我師必盡，不如收而去之。」《楚辭・天問》：「蒼鳥群飛，孰使萃之？」故知「萃」亦有「眾多」、「聚集」之義。

甲、金文未見「萃」字，「萃」乃後起之字。《周易・萃》：「亨，塈假有廟。」

漢帛書本「萃」字即作「卒」，初六、六三、九五皆同。「卒、萃」皆有「聚集」義，二者音義俱近。

「不夅立」可從曹建敦之說，據《禮記・曲禮上》：「有憂者側席而坐，有喪者專席而坐」、《禮記・曾子問》：「三年之喪，練不群立，不旅行」之語，釋爲「不和眾人群立」，此乃孝子因父母有疾，心中憂慮之故。

〔17〕不庶語：

【各家說法】

原考釋：

「庶」，眾，多。本句意謂不多說話。〔註169〕

【思婷案】

原考釋之說可從。「庶」字从石从火，楚系「庶」字或作左右結構如 （包257）、（包257）；或如本簡 字，作上下結構如 （包258）、（九 M56・47）、（璽彙 3198），形體方向及偏旁位置並不固定，於偏旁亦有作 （㡿，郭・成16）形者，省略「石」下「口」形；或作 （郭・緇40）形，與《說文》小篆「庶」相近，許慎遂以爲「从广从炗」。

庶，《說文》謂「屋下眾也」，《易・晉》：「康侯用錫馬蕃庶。」《書・周官》：「推賢讓能，庶官乃和。」《詩・召南・摽有梅》：「求我庶士，迨其吉兮。」《論語・子路》：「庶矣哉！」故「庶」有眾多之意。

簡文「不庶語」，即「不多話」之意。《禮記・曲禮上》云「父母有疾，冠者不櫛，行不翔，言不惰……」，「惰」有不敬、輕慢之意。《說文・心部》：「不敬也。」「言不惰」即說話不輕慢、不隨便戲謔，這是因爲父母患病，子女心中煩憂之故。同樣地，簡文之「不庶語」，意謂子女因憂慮父母之疾，而無心與人聊天說話。《禮記・雜記下》曰：「三年之喪，言而不語，對而不問」，即與「不庶語」義近。

自「父母有疾」至「不庶語」，此段文字在描述孝子在父母有疾時的表現。《禮記・曲禮上》：「父母有疾，冠者不櫛，行不翔，言不惰，琴瑟不御，食肉不至變味，飲酒不至變貌，笑不至矧，怒不至詈，疾止復故。有憂者側席而坐，有喪者專席而坐。」可與簡文相對照。《孝經・喪親章第十八》亦有類似記載：「孝子之喪親也，哭不偯，禮無容，言不文，服美不安，聞樂不樂，食旨不甘，此哀戚之情也。」

〔註169〕馬承源主編：《上海博物館藏戰國楚竹書（四）》，（上海：上海古籍出版社，2004年），頁 227。

　　雖然古代對一般人的服裝禮儀有眾多的規定和要求，但是在父母患病時，由於子女一心憂慮父母的情況，哪還有心思去打扮自己、注意自己的一舉一動呢？那些繁文縟節暫時都顧不上了，這些子女生活上的改變，都是爲了侍親而自然表露的眞情。

〔18〕時昧衼縈行祝於五祀：

　1. 衼：

【思婷案】

　　「衼」字未見於甲、金文，《說文》亦無。《楚系簡帛文字編》、《楚文字編》「衼」下所收之字，如 社（包 224）、衼（郭‧老丙‧2）、祗（天‧卜）等，偏旁「示」皆位於左側，而〈內豊〉簡八「衼」字作「工示」，偏旁「示」位於右側。楚文字中類似的偏旁左右互換情形相當常見，例如：

好	𡥉（郭‧老甲‧8）	𡚾（郭‧語三‧11）
祝	𥛜（包 217）	𥛪（包 237）
信	䚱（包 144）	䚪（郭‧忠 1）

這種偏旁不固定的情形，在甲骨金文中即屬常見，到了戰國，文字異形的狀況更是所在多有。像這樣偏旁左右互作，或者是上下、內外互作等偏旁方位的移動，對其字音字義並不會有所改變，僅僅是產生了另一種形體的異體字。

　　天星觀楚簡「衼」字則是添加二飾筆，在「工」上方加上一短橫畫，並於「工」字左側加了一短撇。李家浩與裘錫圭云：「『工』旁作「工」形，中間的豎畫改用勾廓法寫出。」〔註170〕在楚系文字中許多偏旁從「工」者，也有類似的現象，例如：

左	左（曾 31）	左（曾 16）	
攻	攻（包 172）	攻（天卜）	攻（天卜）
杠	杠（曾 174）		

〈內豊〉此簡之「衼」字並無飾筆，然而「示」旁位於右側之「衼」字，在目前所見楚系「衼」字中僅此一例。

　　《楚系簡帛文字編》28 頁收「衼」字。徐在國認爲：

> 此字乃「攻」字異體，應放到該書 271 頁「攻」字條下。包山 224 簡「攻尹」，包山 225 簡作「衼尹」；天星觀楚簡「衼解」，包山 198 簡作「攻解」

〔註170〕裘錫圭、李家浩：〈曾侯乙墓竹簡釋文與考釋〉，《曾侯乙墓》，（北京：文物出版社，1989 年），頁 510。

凡此可證「祉」乃「攻」字異體。〔註171〕

　　何琳儀《戰國古文字典》謂：「祉，讀攻，祭名。」〔註172〕

　　兩位學者都認為楚文字中「祉」一律讀「攻」，作祭名用。《周禮・春官・大祝》：「掌六祈以同鬼神示，……五曰攻。」鄭玄《注》：「攻如其鳴鼓然。」包山簡 198「攻解」即「祭祀鬼神以祈福禳災」〔註173〕、包山簡卜筮祭禱記錄中的「攻尹」兼領神職，〔註174〕天星觀楚簡作「祉解」、包山簡 225 作「祉尹」，與祭名有關的「攻」字，因為和鬼神相關，因此在楚系文字中寫為从示工聲的「祉」。

　　然而「祉」也見於郭店楚簡〈老子丙篇〉、〈太一生水〉等篇，從「成事遂祉」（老丙・2）、「故祉成而身不傷」（太 12）等文例來看，「祉」讀為「功」。楚文字未見从力从工的「功」字，〈老子丙篇〉、〈太一生水〉之「功」寫作與祝禱有關的「祉」字，應為聲音上的假借。由此可見，楚系文字中的「祉」，並非絕對等同作為祭名之「攻」字，應視上下文例而定。

　　2. 時昧攻縈，行祉於五祀

【各家說法】

原考釋：

「時昧」，即「時在昧爽」之意。「祉」，通「攻」。《包山楚簡》二二四有「攻君之祉」，二二五作「祉尹之祉」。「攻」為祭名，《周禮・春官・大祝》：「掌六祈，以同鬼神示。……五曰攻。」賈公彥疏：「攻……日食伐鼓之屬。」「縈」，即「縈」字，音假為「禜」。「禜」亦為祭名，《周禮・春官・大祝》：「掌六祈……四曰禜。」鄭玄注：「禜，日月星辰山川之祭也。」《周禮》中是「禜」「攻」相接，簡文中則是「攻」、「縈」相連。「行」，祭主道路行作之神的祀名。《禮記・祭法》說「王七祀」、「諸侯五祀」、「大夫三祀」、「適士二祀」，皆有「行」。「祝」，祭祀時司祭禮的工作。「說文・示部」：「祝，祭祖贊詞者。」「五祀」，文獻中有多種記載：（一）據《國語・魯語上》，謂諦、郊、宗、祖、報五種祭禮；（二）祭祀五行之神，《太平御覽》卷五二九引《漢書議》：「祠五祀，謂五行金木水火土也。」（三）祭祀住宅內外的五種神。《禮記・月令》：「臘先祖五祀。」鄭玄注：「五祀，

〔註171〕徐在國：〈讀《楚系簡帛文字編》札記〉，安徽大學學報（哲學社會科學版），1998年第 5 期，頁 79。

〔註172〕何琳儀：《戰國古文字典》（上），（北京：中華書局，1998 年，頁 414。

〔註173〕劉信芳：《包山楚簡解詁》，（台北：藝文，民 92 年），頁 212。

〔註174〕劉信芳：《包山楚簡解詁》，（台北：藝文，民 92 年），頁 237。

門、户、中霤、竈、行也。」簡文中的五祀，是否包括「社（攻）」、「禜（禜）」、「行」在内，待考。〔註175〕

董珊：

原斷句釋讀作「時昧，攻、禜（禜）、行，祝於五祀，豈必有益」。我認爲「禜」是「勞」的誤字，有關句子當句讀爲「時昧功〈禜〉（勞），行祝於五祀」，意謂：父母有疾，則不時地隱没自己的功勞，且對五祀舉行祝禱祭祀。「時昧功勞」的用意乃是積陰德。

又第6簡後當連讀與第8簡：「君子事父母，亡私樂，亡私憂。父母所樂，樂之；父母所憂，憂之。善則從之，不善則止之；止之而不可，隱而任【6】之。如從己起。【8】」。魏宜輝先生亦持此看法，請參看他的意見。〔註176〕

廖名春：

簡文「時」義當爲依時、按時。「昧」義疑爲割。《管子‧幼官》：「刑則詔、昧、斷、絕。」《公羊傳‧襄公二十七年》：「苟有履衛地、食衛粟者，昧雉彼視。」何休注：「昧，割也。」陸德明《經典釋文》：「昧，舊音列，亡粉反；一音未，又音蔑，割也。」《吕氏春秋‧孟冬紀‧孟冬》：「是月也，大飲蒸，天子乃祈來年于天宗。大割，祠于公社及門閭，饗先祖五祀，勞農夫以休息之。天子乃命將率講武，肄射御、角力。」《禮記‧月令》則作：「是月也，大飲烝。天子乃祈來年於天宗，大割祠于公社及門閭。臘先祖五祀，勞農以休息之。」鄭玄注：「此周禮所謂蜡祭也。天宗謂日月星辰也。大割，大殺群牲，割之也。臘謂以田獵所得禽祭也。五祀：門、户、中霤、竈、行也。或言祈年，或言大割，或言臘，互文。」孔穎達疏：「云『或言祈年，或言大割，或言臘，互文』者，天宗、公社、門閭、先祖、五祀等皆祈年大割臘祭之事，故云『互』也。皇氏云：『天宗，故云祈。社是報功，故云大割。先祖，已之親，故臘祭也。』」「大割」是祭祀社神及城門、閭里時大殺群牲，可引申用來指代社祭，也可算是祭名。《禮記‧祭法》：「王爲群姓立社，曰大社。王自爲立社，曰王社。諸侯爲百姓立社，曰國社。諸侯自爲立社，曰侯社。大夫以下成群立社，曰置社。」鄭玄注：「群，眾也。大夫以下，謂下至庶人也。大夫不得特立社，與民族居百家以上，則共立一社，今時里社是也。」又《禮記‧月令》：「擇元

〔註175〕馬承源主編：《上海博物館藏戰國楚竹書（四）》，（上海：上海古籍出版社，2004年），頁227。

〔註176〕董珊：〈讀《上博藏戰國楚竹書（四）》雜記〉，簡帛研究網，2005年2月20日。

日，命民社。」鄭玄注：「社，后土也。使民祀焉，神其農業也。」可知「大夫以下」「至庶人」也可祭祀社神。簡文「昧」有「割」義，疑指社祭。如此，簡文當斷句爲：「時昧、攻、禜、行，祝於五祀。」

「五祀」鄭玄注以爲「門、戶、中霤、竈、行」，而班固《白虎通》卷二《五祀》則說：

五祀者，何謂也？謂門、戶、井、竈、中霤也。所以祭何？人之所處出入，所飲食，故爲神而祭之。何以知五祀謂門、戶、井、竈、中霤也？《月令》曰：「其祀戶。」又曰：「其祀竈」，「其祀中霤」，「其祀門」，「其祀井」。

「行」換作了「井」。何是何非，歷來聚訟不已。陳立認爲：

高誘注《呂氏春秋》云：「行，門內地，冬守在內，故祀之。行或作井，水給人，冬水王，故祀之。」鄭注《月令》云：「冬陰盛，寒於水，祀之於行，從辟除之類也。」然則祀行即所以祀水，與祀井之義合也。兩漢、魏、晉之立五祀，皆祀井，隋、唐參用《月令》、《祭法》，五祀則祭行。及李林甫之徒復修《月令》，冬又祀井，而不祀行。其實井、行一也。說者以行爲道祭。案《荀子·禮論》篇：「郊止乎天子，而社止於諸侯，道及士大夫。」道爲行神，士亦得與祭，五祀止及大夫，故知行非道祭也。高注所云「或作井」，即《白虎通》所見之本。《御覽》引《世本》「微作五祀」，注：「微者，殷王八世孫。五祀，謂門、戶及井、竈、中霤。」與此合。魏、晉以後，鄭本盛行，故諸儒聚訟焉。

如此說來，「五祀」當爲「門、戶、井、竈、中霤」，就是「井」作「行」，亦非「道祭」，而是指「門內地，冬守在內，故祀之」。由此看來，簡文所謂「五祀」，亦當爲「門、戶、井、竈、中霤」，「社（攻）」、「禜（榮）」、「行」自然不應包括在內。〔註177〕

曹建敦：

該簡所言是指孝子祭禱神靈以爲父母祛疾，簡文可斷爲：「時昧攻禜，行祝於五祀。」行祝連讀，《儀禮·既夕》說人染疾之後，「乃行禱於五祀」，簡文和「行祝於五祀」相類。該簡文指以時早起舉行攻禜之祭，行祝於五祀。細細體會簡文的意思，豈必有益這一反問語句正對於上疾病勤勉祭禱神靈而言，意思是這些祭禱難道一定有益於疾病的康復？但盡孝子之情，以成孝也。整理者把簡文認爲文獻中「攻」、「禜」祭祀的意見是正確的。

〔註177〕廖名春：〈讀楚竹書《內豊》篇劄記（二）〉，簡帛研究網，2005 年 2 月 20 日。

關於五祀之制，古書說法較多，如謂五行之祀，即祭祀五行之神。此說見於《左傳‧昭公二十九年》和《國語‧魯語》。如《國語‧魯語》：「地之五行也，所以生殖也。」韋昭注：「五行，五祀，金木水火土也。」另有五色帝說，《周禮‧春官‧大宗伯》：「五色之帝于王者宮中。」根據先秦禮書及其註解，疾病祭禱的五祀並非上述五行和五色帝，而是主管日常生活起居的五神祀，對此先儒多聚訟不已。說法主要有：一、鄭玄謂五祀指戶、竈、中霤、門、行，見於鄭玄注《曲禮》和《月令》。二、五祀爲門、戶、井、竈、中霤。《白虎通》：「五祀者何謂也？謂門、戶、井、竈、中霤。」以「井」易「行」。杜佑《通典》亦贊成此說，並且引用袁隼《正論》曰：「火正祀竈，而水正不祀井，非其類也。冬其使行，是記之誤。」五祀所指，包山楚墓五祀木牌、湖北雲夢睡虎地《日書》乙種（簡 31 貳—40 貳）皆有記錄，爲戶、竈、中霤、門、行，和鄭玄所言符合若節。因此，東周時期的五祀當指門、戶、中霤、竈、行。此處簡文的五祀也當爲門、戶、中霤、竈、行。至於《白虎通》中的以井易行，乃東周以後之事。此不贅論。〔註178〕

黃人二：

「時昧」，整理者謂「時在昧爽」，語亦見《詩》、《書》若「時甲子昧爽」者，故可從。「工（從示，攻）、禜（榮）」，整理者舉《周禮‧春官‧大祝》「六祈」之第四與第五，以爲皆爲祭名，可從，但不夠精準，「攻」、「禜」更精確的說，「禜」爲禱大旱之時發出吁嗟可憐的叫聲，以至哀之聲音感動上帝，使之除災得福；「攻」爲伐鼓以辭責讓神明，聲張其罪也。「行祝於五祀」，「行」，施行也，非整理者所謂之「祭主道路行作之神的祀名」，其說者包含於「五祀」之中矣。標點斷讀亦有誤，「行」字當從下讀。古人將行，則祭禱於「行」一祀便可，不必五祀，簡文言「五祀」，乃寬泛通廣之論，以大名代小稱也。《儀禮‧既夕禮》云：「乃行禱于五祀。」鄭注：「盡孝子之情。五祀，博言之。士二祀，曰門，曰行。」蓋鄭君之意，所禱止乎門、行耳！賈疏：「今禱五祀，是廣博言之，望助之者眾。」以爲眞禱五祀，則非矣。《論語‧八佾》：「三家者以雍徹。」《荀子‧正論》：「雍而徹乎五祀。」「徹」者，祭禱於「造（竈）」而已，《周禮‧天官‧膳夫》云：「〔王〕卒食，以樂徹于造。」亦可爲解釋，云「徹乎五祀」，

〔註178〕曹建敦：〈讀上博藏楚竹書《內豐》篇札記〉，簡帛研究網，2005 年 3 月 4 日。

同樣是博通之稱耳！簡文所言，與所舉古文獻俱同，人有「行」，僅祝禱於「行」神即可，然言「五祀」，深得古義，整理者又謂「簡文中的五祀，是否包括『攻』、『禜』、『行』在內，待考」，亦非，「五祀」即所舉「門、戶、中霤、竈、行」也。〔註179〕

【思婷案】

歸納各學者對「時昧攻禜行祝於五祀」的看法，整理如下表：

學 者	斷 句 與 釋 讀	說 明
李朝遠	時昧，攻、禜、行，祀於五祀	「時昧」，即「時在昧爽」之意。簡文中的五祀，是否包括「祀（攻）」、「禜（禜）」、「行」在內，待考。
董 珊	時昧功勞，行祀於五祀	「禜」是「勞」的誤字。意即「父母有疾，則不時地隱沒自己的功勞，且對五祀舉行祝禱祭祀」。
廖名春	時昧、攻、禜、行，祝於五祀	「時」義當爲依時、按時。「昧」義疑爲割，即社祭。簡文所謂「五祀」，當爲「門、戶、井、竈、中霤」。
曹建敦	時昧攻禜，行祝於五祀。	意即「以時早起舉行攻禜之祭，行祝於五祀」。簡文五祀當爲「門、戶、中霤、竈、行」。

中國人對於疾病原因及治療方式的看法，清楚地呈現在傳世和出土文獻中。商代的甲骨文，就有許多占卜疾病的內容，胡厚宣〈殷人疾病考〉及嚴一萍《殷契徵醫》歸納殷人認爲疾病產生的理由，都是鬼神作祟所致。《尙書・金縢》記載了周武王有疾，周公因而請禱之事；《論語・述而》亦云：「孔子有疾，子路請禱。」《韓非子・外儲說右下》：「秦昭王有病，百姓買牛而家爲王禱」、「秦襄王病，百姓爲之禱。病瘳，殺牛賽禱。」在望山、包山楚簡中，也可見到爲了疾病而進行祝禱的記錄。因此《內豊》此段，是關於孝子乃爲父母之疾而進行祭禱，自是毫無疑問。

要了解此句的內容，首先必須弄清楚的，是簡文中的「五祀」所指爲何。五祀可分爲三大類：

（1）據《國語・魯語上》，謂禘、郊、宗、祖、報五種祭禮。

此說出自《國語・魯語上・卷四》，此章主要論祭祀的原則，說明祭祀是國之大典，因此宜少不宜濫，只有大有功德於民的人和物，才在祭祝之列。謂「凡禘、郊、

〔註179〕黃人二：〈讀上博藏簡第四冊內禮書後〉，發表於台灣楚文化研究會主辦「新出土戰國楚竹書研讀會」，2005 年 3 月 12 日。又收錄於《出土文獻論文集》，（台中：高文出版社，2005 年），頁 281～282。

祖、宗、報，此五者國之典祀也。」「禘」作「禘」。韋昭注：

> 賈侍中云：「有虞氏，舜後，在夏、殷爲二王後，故有郊、禘、宗、祖之
> 禮也。」昭謂：此上四者，謂祭天以配食也。祭昊天於圓丘曰禘，祭五帝
> 於明堂曰祖、宗，祭上帝於南郊曰郊。
>
> 報，報德。謂祭也。〔註180〕

依韋昭之說，「禘、郊、祖、宗」，都是祖先崇拜的形式，即在祭祀天地時，同時祭祀祖先神靈。在古代帝王世系中，始祖稱祖，繼祖者稱宗，祭祖宗在明堂，配祭於五帝，《孝經‧聖治》：「周公郊祀后稷以配天，宗祀文王於明堂，以配上帝。」爲了追遠尊先，不但祭祖，還要追尋始祖所出之帝而追祀之，這就是禘，禘祭在圓丘，是祭祀昊的大祭，郊祭在南郊進行，祭上帝。〔註181〕

（2）祭祀五行之神，《太平御覽》卷五二九引《漢書議》：「祠五祀，謂五行金木水火土也。」

第二類的「五行之神」，乃據「五行」木、火、土、金、水立說，其後又衍生「五色之帝」與「五官之神」之說。惟兩漢經師於此頗有異說，同一《周禮‧春官‧大宗伯》：「以血祭祭社稷、五祀、五嶽」之文，鄭眾《注》主「五色之帝」，鄭玄《注》主「五官之神」，即此可見一斑。但此類與社稷、五嶽並舉，則其地位必甚崇隆可知。

（3）祭祀住宅內外的五種神。《禮記‧月令》：「臘先祖五祀。」鄭玄注：

> 「五祀，門、戶、中霤、竈、行也。」

管理住宅內外的神究竟是哪五種，在傳世典籍中記載各不相同，學者亦看法不一。廖名春謂五祀當爲「門、戶、井、竈、中霤」，「攻、禜、行」自然不應包括在內〔註182〕；曹建敦則認爲簡文的五祀當爲「門、戶、中霤、竈、行」，指出《白虎通》中「以井易行」，乃東周以後之事。〔註183〕以上兩位學者的意見相左，其中的

〔註180〕（三國）韋昭：《國語韋昭注》，（台北：藝文印書館，1959年），頁118～119。

〔註181〕關於祭祀的「祖」還有二種，一是出外啓程前祭路神的儀式。《詩‧大雅‧韓奕》：「韓侯出祖，出宿於屠。」《箋》：「祖，將去而犯軷也。《左傳‧昭七年》：「公將往，夢襄公祖。」《注》：「祖，祭道神。」其二是設奠祭送死者。《儀禮‧既夕禮》：「有司請祖期，胡培翬《正義》：「生時將行，有飲餞之禮，謂之祖；此死者將行設奠，亦謂之祖。」

「報」又爲農事完畢之後祭祀神靈，以答謝保佑之恩，《詩‧周頌‧良耜序》：「〈良耜〉，秋報社稷也。」《詩‧周頌‧豐年‧集傳》：「此秋冬報賽田事之樂歌，蓋祀田祖先農方社之屬也。」

〔註182〕廖名春：〈讀楚竹書〈內豐〉篇劄記（二）〉，簡帛研究網，2005年2月20日。

〔註183〕曹建敦：〈讀上博藏楚竹書《內豐》篇札記〉，簡帛研究網，http://www.jianbo.org/admin3/list.asp?id=1339，2005年3月4日。

差異在於「井」與「行」。

由於目前可見之出土戰國簡牘所記載的五祀為「門、戶、中霤、竈、行」，故本文從曹建敦之說。

第三類「祭祀住宅內外的五種神」，依曹建敦之說，即為「門、戶、中霤、竈、行」。〔註184〕《禮記・曲禮下》有這樣的記載：「夫子祭四方，祭山川，祭五祀，歲遍。諸侯方祀，祭山川，祭五祀，歲遍。士祭其先。」鄭玄《注》：「祭四方，謂祭五官之神於四郊也。」既以「五官之神」說「四方」，則《曲禮》此處「五祀」自不得解為「五官之神」可知。且自天子以迄大夫皆得祭「五祀」，則所謂「五祀」必指「戶、灶、中霤、門、行」，蓋除天子之外，諸侯、大夫於禮皆不得祀「五色之帝」，鄭《注》主「戶、灶、中霤、門、行」之說，當可信從。

依簡文內容來看，此段文字在說孝子為「父母有疾」而進行祭祀。第一類的五種祭祀中，乃帝王所行之祭，是國家的重大典禮，一般人不太可能為了父母之疾而去進行「禘、郊、祖、宗、報」五祀，且這五祀的祭祀目的和對象皆和疾病無關，故第一類的可能性較小。

而第二類的「五行」、「五官」、「五色」之神，其地位尊貴，《禮記・祭法》鄭玄《注》所謂「此非大神，所祈報大事者也；小神居人之間，司察小過，作譴告者爾。」這樣的大神，自然是管理重大之事。管理人間小事者，自非「戶、灶、中霤、門、行」莫屬。

在出土的楚系簡帛之中，有不少文獻資料曾言及「五祀」，如新蔡葛陵平夜君成墓楚簡、包山 M2 楚簡、望山 M1 楚簡、九店 M56 楚簡，皆出現與五祀相關的內容。由包山「五祀」神牌來看，其「戶、灶、中霤、門、行」的名稱與順序，與《禮記・月令》的「五祀」完全相同。

「五祀」即古人在一年之間必須要對五種神祇舉行的五次祭祀，「戶、灶、中霤、門、行」即是這五種祭祀的對象。主出入的「門、戶」，主飲食的「灶」，主宮室居處的「中霤」，主道路的「行」，都是人之所處出入，所飲食，故為神而祭之，這當然是源自古人對原始自然的崇拜，但同時也可以看出古人祈求居家平安的用心。

〔註184〕類似的說法還有《禮記・祭法》：「王為群姓立七祀：曰司命，曰中霤，曰國門，曰國行，曰泰厲，曰門戶，曰灶；王自為立七祀。諸侯為國立五祀：曰司命，曰中霤，曰國門，曰國行，曰公厲；諸侯自為立五祀。大夫立三祀：曰族厲，曰門，曰行。適士立二祀：曰門，曰行。庶士、庶人立一祀：或立戶，或立灶。」乃以司命、中霤、國門、國行、公厲為五祀。

　　由於歷代對五祀的解釋眾說紛紜，楊華曾比對近年來出土的有關「五祀」祭禱的簡文，證明古代貴族按照等級祭禱家居之神的說法是錯誤的，至少大夫以上的貴族應當恆祭「五祀」，並無等級之別：

> 首先，包山 M2 墓主身分爲上大夫，他使用「五祀」之祭的事實，至少說明瞭《祭法》中大夫用三祀（門、行、族屬）的說法並無充分的根據；其次，包山墓主所祭禱的「五祀」諸神，不是《祭法》中諸侯「五祀」的內容，而與《月令》《曲禮》《王制》所記相合；再次，《周禮・春官・小祝》謂，王的喪禮上屍柩出葬前要「分禱五祀」（詳後），其祀也只限於五而非七。這似乎都暗示著，《曲禮》《王制》中大夫以上恆用「五祀」的說法更爲可信，戰國中期到西漢時期的社會禮俗中流行的正是此種「五祀」。
>
> 更進一步，大夫以下的平民是否也可祭禱「五祀」呢？《士喪禮》的主要對象是士，其「禱於五祀」的禮制規定作了正面的回答。鄭玄注：「五祀，博言之。士二祀，曰門，曰行。」鄭玄固守其商、周禮制差別論，曲爲之解，認爲《士喪禮》中的「禱五祀」是籠統之言，實際還是應該二祀。這多少顯得有些勉強。孔穎達《正義》就下了相反的斷語：「《士喪禮》曰疾病，禱於五祀者，証士亦有五祀。」九店 M56 墓主身分低爲庶人（或爲沒落之士），他隨葬《日書》的事實似乎有利於說明，身分在大夫以下的人也可以祭祀「五祀」。〔註185〕

　　因此〈內豐〉簡文所言「行祝於五祀」，即是孝子爲父母之疾，而祭禱家居之神——「戶、灶、中霤、門、行」，希望能獲得庇佑。

　　此外，關於「祠」（攻）和「禜」（榮），原考釋引《周禮・春官・大祝》：「掌六祈，以同鬼神示，一曰類，二曰造，三曰禬，四曰禜，五曰攻，六曰說。」之語，將之釋爲兩種祭祀名稱，這是廣爲學者所接受的。上述〈大祝〉這段文字，《注》曰：「祈，嘄也，謂爲有災變，號呼告神以求福。天神、人鬼、地祇不和，則六癘作見，故以祈禮同之。」黃人二謂：

> 《說文》云「嘄，聲嘄嘄也。」嘄即叫字；又《說文》云「祈，求福也。」故六祈是指六種不同祭祀祝禱場合的呼叫禮儀，其目的是爲了去禍得福。
>
> 依鄭玄《注》將「六祝」和「六祈」作個粗略的比較，「六祝」有吉慶性質的意味，屬吉禮、常禮；「六祈」有災禍罹難的意味，屬凶禮、非常禮。「六祈」便是一種針對災禍的祝禱，希望透過淒厲的叫聲，使人對於其遭

〔註185〕楊華：〈「五祀」祭禱與楚漢文化的繼承〉，《江漢論壇》2004 年第 9 期，後載於武漢大學簡帛研究中心，2005 年 11 月 12 日。

遇的不幸，經過上達天聽的方式，向神明表達一種嚴正的控訴。〔註186〕

關於「禜」，《逸周書‧王會》云：「成周之會，……爲諸侯有疾病者祚階之南，祝淮氏，榮氏次之，珪瓚次之，皆西面，彌宗旁之，爲諸侯有疾病者之醫藥所居。」朱右曾《逸周書集訓校釋》：「王曰祝主祭祀之贊詞，能知山川，敬于禮儀，明神之事者以爲祝。瓚，盛鬯酒之器，以珪爲柄孔，曰淮榮二祝之氏也。」黃人二據此謂：「榮爲禜禱，此處有祝爲榮氏，蓋以職業爲其氏也。」〔註187〕此外，遭逢水災、旱災時，也會行禜禱。故禜禱是人在遇到災禍時，發出悲哀可憐的叫聲來感動神祇，以達到免除災禍的祭祀。

另外，同樣也是六祈之一的「攻」，黃人二謂：

> 鄭玄《注》曰：「攻說則以辭責之。」孫詒讓《周禮正義》解釋云：「《論衡‧順鼓篇》云：『攻，責也，責讓之也。』《廣雅‧釋詁》云：『說，論也。』謂陳論其事以責之，其禮尤殺也。」攻乃意指責讓，殷國光認爲是「以辭責之」的責讓祝祈，即所謂聲討也。〔註188〕

因此，攻和禜都是人在受到苦難時，對鬼神所發出的呼喊，或是訴苦，或是控訴，正與〈內豐〉第八簡內容相合。孝子在父母有疾之時，心中自然是傷痛萬分，故舉行攻禱和禜禱，以求免去父母之疾。另一方面，由於生病並不是常態，也不是吉祥的事，正和六祈中的攻、禜是屬於凶禮，不是常禮的性質相符合。

至於「昧」字，原考釋謂：「『時昧』，即『時在昧爽』之意。」廖名春先生則有不同看法，認爲「昧」有「割」義，疑指社祭。簡文當斷句爲：「時昧、攻、禜、行，祝於五祀。」〔註189〕

但若依廖名春的看法，則產生兩個問題。首先，「昧」若釋爲「社祭」之「割」，則是指祭土神，與父母之疾無關；其次，「時」若釋爲「按時」，則「攻」、「禜」這兩種「非常禮」的祭祀，又如何能「按時」舉行呢？因此，仍是以原考釋之說較佳。

現在我們可以來考慮「時昧攻禜行祝於五祀」的斷句問題。「時昧」，意爲「時在昧爽」。攻與禜是兩種求福去禍的祝禱，而「五祀」是指對「戶、灶、中霤、門、行」所行的祭祀，同樣是爲了求家居平安。那麼「時昧攻禜行祝於五祀」中的「行」字，就不應是五祀中的「行」，因爲它並沒有單獨提出的必要，父母有疾，爲何要特別行道路之祭？此外，若提出了五祀中的「行」，又爲何不一併提及其他的「戶、灶、

〔註186〕黃人二：《戰國包山卜筮祝禱簡研究》，國立台灣大學碩士論文，1996年6月，頁182。
〔註187〕黃人二：《戰國包山卜筮祝禱簡研究》，國立台灣大學碩士論文，1996年6月，頁185。
〔註188〕黃人二：《戰國包山卜筮祝禱簡研究》，國立台灣大學碩士論文，1996年6月，頁186。
〔註189〕廖名春：《讀楚竹書〈內豐〉篇箚記（二）》，簡帛研究網，2005年2月20日。

中霤、門」呢？《儀禮‧既夕禮》曰：「乃行禱于五祀」、《禮記‧曾子問》云：「五祀之祭不行」，可見「時昧攻縈行祝於五祀」中的「行」字，不應是祭名，應當動詞，爲「舉行」之意。

故「時昧攻縈行祝於五祀」可斷句爲「時昧攻縈，行祝於五祀」，意爲「時在昧爽之際舉行攻、縈之祭，舉行五祀的祭禮」。

〔19〕劊（豈）必又（有）嗌（益）：

1. 劊：

【各家說法】

原考釋謂：

「劊」即「劌」。《詩》「愷悌君子」之「愷」，本冊《逸詩》作「戤」。〔註190〕

【思婷案】

今《詩‧大雅‧公劉》「豈弟君子」，上博（二）《民之父母》作「𣏾（幾）弟君子」；《戰國策‧楚策四》：「則豈楚之任也哉。」漢帛書本「豈」作「幾」，幾（見紐微部）、豈（溪紐微部）乃音近假借。故就字音字形而言，上博（四）《逸詩‧交交鳴鴽》之「戤」，可從孟、魏之說，視爲「从豈从幾省聲」。

本簡的 （下文以△代之）字，原考釋隸定作「劊」。本冊《逸詩》有「戤」字，魏宜輝以爲此字從「豈」、從「幾」共筆，爲一兩聲字〔註191〕，程燕更進一步說明「豈」、「戤」實乃一字之分化〔註192〕。

由字形分析，△與《逸詩》「戤」應爲一字之異體，△下方添加「口」形爲飾，且以「刃」形替換「戈」形，△可隸定作「劊」。楚系另有 （劌，郭‧緇12）字，與△相較，只是「口」形飾符的有無，以及右旁的「刃」形寫爲「刀」形，「刀、刃」義近，是古文字常見「形符替換」之例。

2. 嗌：

【各家說法】

，原考釋釋爲「益」。〔註196〕

〔註190〕馬承源主編：《上海博物館藏戰國楚竹書（四）》，（上海：上海古籍出版社，2004年），頁227。

〔註191〕魏宜輝：〈讀上博楚簡（四）箚記〉，簡帛研究網，2005年3月10日。

〔註192〕程燕：〈「豈」、「戤」同源考〉，《古文字研究》第二十六輯。

〔註196〕馬承源主編：《上海博物館藏戰國楚竹書（四）》，何琳儀：《戰國古文字典》（下），（北京：中華書局，1998年），79、227。

【思婷案】

楚系「益」字作 ▦（包106）、▦（包116）、▦（包117）等形，△不應釋爲「益」，應釋爲「嗌」。

甲骨文未見「嗌」字，西周金文作 ▦（曶鼎）、▦（散叔簋），方濬益釋「嗌」，〔註194〕字从冉（𩠚之本字），並以圈形標誌出咽喉處。楚系文字作 ▦（包83）、▦（包175），與籀文「嗌」（▦）字相近；或加「肉」爲形符作 ▦（天卜），圈形符號類化作「口」形，至於《說文》小篆从口益聲之 ▦，乃後起之形聲字，〔註195〕

本簡 ▦，之「口」形與𩠚形分離，與 ▦（包175）、▦（天卜）形相近，應釋爲「嗌」，讀爲「益」。「益」與「嗌」於古籍中有通假之例，《書·舜典》：「益，汝作朕虞」，《漢書·百官公卿表》作「▦作朕虞」，顏師古注：「應劭曰：『▦，伯益也。』▦，古益字也。」上博（一）〈孔子詩論〉第九簡「靖=者莪則曰人▦也」，「嗌」亦假借作「益處」之「益」，讀爲「〈菁菁者莪〉則以人益也」。

3. 劑（豈）必又（有）益？

【各家說法】

原考釋謂「劑」即「劮」：

「劮」有規勸之義。《周禮·春官·大司樂》：「以樂語教國子興道諷誦言語」，鄭玄注：「道，讀爲導。導者，言以古劮今也。」〔註196〕

孟蓬生則讀爲「豈必有益？」：

上博簡（四）《逸詩·交交鳴鷖》簡1：「戠紋是好。」又簡3：「戠紋是好，佳（唯）心是葢。」又簡4：「戠紋是好，佳（唯）心是萬。」馬承源先生云：「戠紋讀爲『愷豫』。『紋』從女得聲，『女』『豫』疊韻通假。……《宋書·樂志四·朱路篇》：『人心惟愷豫。』愷豫，亦和樂之意。」（174～177頁）

又上博簡（四）《內豊》簡八：「劑必又（有）益，君子呂（以）成其孝道。」（226頁）李朝遠先生注：「『劑』即『劮』。《詩》『愷悌君子』之『愷』，本冊《逸詩》作『戠』。『劮』又規勸之義。《周禮·春官·大司

〔註194〕（清）方濬益：《綴遺齋彝器款識考釋》卷十二，（北京：北京圖書館出版社，2004年），頁32。

〔註195〕季師旭昇：《說文新證》（上），（台北，藝文，2002年10月），頁84。

〔註196〕馬承源主編：《上海博物館藏戰國楚竹書（四）》，（上海：上海古籍出版社，2004年），頁227。

樂》『以樂語教國子興道諷誦言語』，鄭注：『道，讀爲導。導者，言古以
剴今也。』」

今按：「戠」和「剴」皆當讀爲「豈」，反詰副詞。「戠紋是好，隹（唯）
心是萬」一句話中，「好」和「萬」均用作動詞，「紋」、「心」分別是「好」
和「萬」的賓語。簡4語意當爲，難道是喜好「紋」嗎，只是勉勵心志而
已。「剴必又（有）益，君子呂（以）成其孝道。」義爲「（父母有病時舉
行，兒子舉行各種祭祀祈禱活動）難道一定對事情有所補益嗎，君子是借
此來成全他的孝道呀。」〔註197〕

曹建敦亦持此說，謂：

細細體會簡文的意思，豈必有益這一反問語句正對於上疾病勤勉祭禱神靈
而言，意思是這些祭禱難道一定有益於疾病的康復？但盡孝子之情，以成
孝也。〔註198〕

同樣認爲此句應讀爲「豈必有益？」者，另有黃人二〔註199〕、林素清〔註200〕、郭
梨華〔註201〕等學者。

馮時則讀「剴必有益」爲「概必有益」，「概」爲「大概」之意。〔註202〕

【思婷案】

原考釋釋「剴」爲「剴」，謂有「規勸」之意，則此句即爲「規勸必定有所助益」。
孟蓬生則讀爲「豈必有益」，意爲「難道一定有所助益嗎？」馮時則讀爲「概必有益」，
其後加逗號。「豈」，上古音爲溪紐微部；「概」上古音在見紐沒部，二者聲韻俱近，
「概必有益」意爲「大概一定有所助益」。上列三種看法中，當從孟蓬生之說。

《儀禮‧既夕禮》曰：

士處適寢，寢東首于北墉下。有疾，疾者齊。養者皆齊。徹琴瑟。疾病，
外內皆掃。徹褻衣，加新衣。御者四人皆坐持體。屬纊以俟絕氣。男子不
絕於婦人之手，婦人不絕於男子之手。乃行禱于五祀。乃卒。主人啼，兄

〔註197〕孟蓬生：〈上博竹書（四）閒詁〉，簡帛研究網，2005年2月15日。
〔註198〕曹建敦：〈讀上博藏楚竹書《內豊》篇札記〉，簡帛研究網，2005年3月4日。
〔註199〕黃人二：〈讀上博藏簡第四冊內禮書後〉，發表於台灣楚文化研究會主辦「新出土戰
　　　　國楚竹書研讀會」，2005年3月12日。另收錄於《出土文獻論文集》，（台中：高文
　　　　出版社，2005年），頁276。
〔註200〕林素清：〈釋「匯」——兼及〈內禮〉新釋與重編〉，發表於「出土簡帛文獻與古代
　　　　學術國際研討會」，美國芝加哥大學東亞系所，2005年5月28日～30日。頁2～3。
〔註201〕郭梨華：「第八次簡帛資料文哲研讀會」，2005年6月18日。
〔註202〕資料來源：「第八次簡帛資料文哲研讀會」，2005年6月18日。

　　弟哭。設床第，當牖；衽，下莞上簟，設枕。遷尸。

「乃行禱於五祀」，鄭注曰：「盡孝子之情。」疏曰：「盡孝子之情者，死期已至，必不可求生，但盡孝子之情，故乃行禱五祀，望祐助病者使之不死也。」

　　《通典》亦有類似記載：

　　　親飲藥，子先嘗之，疾困，去故衣，加新衣，徹樂，清掃內外，分禱所祀。

　　　侍者四人，坐持手足，遺言則書之，屬纊以候氣。

「分禱所祀」下，注曰：「盡孝子之情也。」

　　由以上記載看來，子女有「行禱於五祀」之舉，乃在父母近彌留狀態，已須置纊綿於其口鼻，以察驗氣息之有無，一般而言，病重若此，已是回天乏術，然而人子必須抱持著慎終的態度，不放棄任何可能的希望，故向五祀舉行祭禱，以求得眾神之庇佑幫助。林素英說明此時的祈禱，實為非常時期之祈禱：

　　　這是在面對至親瀕死，內心感受最艱難痛苦時，所尋求的最後精神助

　　　力……，必待這一切心力都已盡了之時，才能無憾的面對親人的死亡，也

　　　不至於在親人氣絕時，徒留太深的自責。〔註203〕

　　因此，簡文「時昧攻、祭，行祝於五祀」的祭禱，乃是人子對父母最終的堅持與關懷，希望能藉由宗教儀式，獲得諸神之助佑，然而這些信仰與儀式所能帶來的幫助，並非可以實際地減輕父母之疾，其主要作用在於給予人精神上的安撫與慰藉。在父母有疾之時，孝子做到「冠者不櫛，行不翔，言不惰，琴瑟不御，食肉不至變味，飲酒不至變貌，笑不至矧，怒不至詈」，竭己所能去侍奉父母，已是盡了人事，若父母病重已至生死交關之際，孝子盡最後努力，求助於神靈，則是聽天命。

　　簡文「豈必有益」，乃承「時昧攻、祭，行祝於五祀」而言，這些祝禱，所能帶來的幫助，主要是精神方面的支持力量，並不能扭轉父母即將去世的事實，因此「劓必有益」或「概必有益」，與文意較不相合。

　　此句應從孟蓬生之說，將「豈」視為表示反詰的副詞，即「難道」之意，如《詩·鄭風·褰裳》：「子不我思，豈無他人？」《孟子·梁惠王上》：「民欲與之皆亡，雖有臺池鳥獸，豈能獨樂哉？」

　　將「豈必有益」視為反詰語氣，再配合其下「君子以成其孝」一句，即成為「提問」之修辭，「豈必有益？」乃為提起下文而發問，而「君子以成其孝」，即為答案。「提問」修辭在戰國時代十分普遍，如《荀子·勸學》：「學惡乎始？惡乎終？曰：其數則始乎誦經，終乎讀禮；其義則始乎為士，終乎為聖人。」故「豈必有益」可

〔註203〕林素英：《從古代的生命禮儀透視其生死觀：以《禮記》為主的現代詮釋》，國立台
　　　　灣師範大學國文研究所碩士論文，1992年，頁87。

視爲疑問句，其下答曰「君子以成其孝」，不但在句法上可以成立，同時也合於《儀禮‧既夕禮》、《通典》「盡孝子之情」的記載。

〔20〕君子昌（以）城（成）丌（其）考（孝），是胃（謂）君子：

【各家說法】

原考釋：

「城」，通「成」。《包山楚簡》二〇二反有「新父既城，新母即城」，「城」均借作「成」。《大戴禮記‧曾子立孝》：「以敬如此而成於孝子也。」簡文與此義同。〔註204〕

【思婷案】

「成」與「城」皆爲氏征切，上古音同，古書常見通假。簡文以「孝」通假爲孝。

「胃」，《說文‧肉部》：「🄴，穀府也，從肉、囡象形。」楚系「胃」字上方「囡」形訛變。本簡「胃」作「🄴」，在其他楚系文字中，「胃」亦作🄴（包89）、🄴（郭‧老甲‧7）、🄴（磚‧M370.1）等形，這是由於「囟、目、田」等形相近而混淆。類似的例子，在楚系文字中相當多見，例如：

福	🄴（郭‧性52）、🄴（九店 M56‧5）	「目」、「田」形互換
畏	🄴（郭‧五34）、🄴（郭‧成5）	「囟」、「目」形互換
音	🄴（郭‧老乙12）、🄴（包203）	「日」、「田」形互換
貞	🄴（包20）、🄴（郭‧老乙16）	「目」、「田」形互換
思	🄴（郭‧魯8）、🄴（郭‧尊18）	「田」、「囟」形互換

此外，戰國文字爲區別「肉」、「月」兩者，經常在「肉」旁右上方加區別符號。本簡「胃」字在偏旁「肉」右上方加一短撇，其他也有加三或三短撇作🄴（包83）、🄴（包121）、🄴（包145）；比較特別的是加「刀」形作🄴（磚‧M370.1）、🄴（《上博二‧魯邦大旱》1），此形較爲罕見。

在楚系簡帛中，「胃」字通常讀爲「謂」。胃，云貴切；謂，于貴切，上古音皆屬匣紐沒部，乃音同而假借。其他如《戰國策‧楚策四》：「迺謂魏王曰」、《戰國策‧趙策四》：「太后明謂左右」、《老子》一章「同謂之玄」等句，在漢帛書本中「謂」

〔註204〕馬承源主編：《上海博物館藏戰國楚竹書（四）》，（上海：上海古籍出版社，2004年），頁227。

皆作「胃」。〔註205〕

本句「君子以成其孝」承上句「豈必有益」而來。父母有疾時，孝子為父母祝禱，乃是盡人子之事，成全他的孝道，亦即《儀禮・既夕禮》、《通典》所云「盡孝子之情」矣。

〔21〕君子曰：考（孝）子事父母呂（以）飤（食），亞（惡）兌（嫩）？

下之：

1. 亞

【思婷案】

亞，在字義方面，金文銘文辭例多沿襲卜辭作職官名與族氏名。在戰國時，亞字在楚系竹簡中已見訓作「厭惡」、「不善」之意，例如包山楚簡：「少有亞於王事，且有慇於躳身」（包 213），「亞」字與「慇（憂）」字對文作動詞用，即為「厭惡」之意；又如郭店《緇衣》：「則民不能大其美而小其亞」，此句「美」、「亞」對舉，「亞」作為名詞，乃「不善」之意。

另一方面，在甲骨文、金文中，目前未見「惡」字，出土文獻迄今首見於戰國楚簡，例如天星觀楚簡：「有惡於東方」（天 4003），辭例與上引包山楚簡文例相符；郭店楚簡：「惡生於性，怒生於惡」（郭・語二・25），二「惡」字皆作名詞，為「不善」之意。

在西漢馬王堆帛書《老子》乙本：「天下皆知美之為美，亞已；皆知善，斯不善矣」，此處的「亞」，才是《說文》「醜也」的意思，可見許慎所釋「亞，醜也」其實是後起義。

從戰國時期至西漢初期的出土資料及文獻來看，在這段時間，「亞」經常假借為「惡」，例如郭店楚簡《緇衣》：「惡惡如惡巷伯」，簡文「惡」作「亞」；帛書《老子》乙本：「居眾人之所亞，故幾於道矣」，「亞」字甲本作「惡」〔註206〕；《史記・韓信盧綰列傳》：「封為亞谷侯。」《集解》引徐廣曰：「亞一作惡也。」本簡「亞」字，學者皆釋「惡」。

2. 飤：

【思婷案】

《說文・食部》：「飤，糧也。从人、食。」段玉裁注：「以食食人物，本作食，

〔註205〕高亨：《古字通假會典》，（濟南：齊魯書社，1989 年），頁 488。
〔註206〕高明：《帛書老子校注》，（北京：中華書局，1998 年 12 月），頁 254。

俗作飤，或作飼。」飤从人从食，會人進食之意，食亦聲，食飤兩字通用。楚文字之「飤」皆讀爲飲食之「食」。

楚系「飤」字或从「食」作 （秦 M99）、（包 208），或從「皀」作 （包 247）、（郭‧成 13）。「皀」爲「簋」字初文，殷墟卜辭作「」形（甲 878），象「盛烹熟的黍稷稻粱的圓形有蓋食器」。〔註 207〕由於「皀」字與飲食義有關，因此楚系文字中，「皀」旁與「食」旁經常因義近而互作。〔註 208〕例如「即」作 （望 2‧50）或 （信‧1.8）、「既」作 （包 204）或 （包 202 反）。

楚簡中較少用「食」字，多用「飤」字。黃盛璋認爲楚系文字中「食」、「飤」二字有所區別：

> 「食」簡文中原作「飤」，考釋讀爲「食」，因隸爲食田，其實，食與飤不同字，原雖只有一個「食」字，動名詞用，因用法不同，分化爲二，食爲名詞，而「飤」爲動詞，音讀亦異，讀入聲，而飤則讀去聲，此字後來爲「飼」字代替，遂廢而不用，而楚系銅器稱鼎爲「飤繁」，不用「食」字，區別甚嚴。〔註 209〕

案：天星觀楚簡「酓豙酉 」（天星 3901），包山楚簡作「酓豙酉 」（包 200），前作「酉（酒）食」、後者作「酉（酒）飤」，可見「飤、食」兩者並無絕對的區別。

3. 孝子事父母以食，惡嫩？下之：

【各家說法】

原考釋讀爲「孝子事父母，以食惡，嫩下之」，云「孝子事父母，自己要食以粗糧，不求美味」：

> 「飤」即「食」。「惡」，《古文四聲韻》引《古孝經》引作「」，與簡文形同。「惡」，不好、壞。食惡即惡食。《韓非子‧說疑》：「不明臣之所言，雖節儉勤勞，布衣惡食，國猶自亡也。」「㟲」，同美。「美」，《郭店楚墓竹簡‧緇衣》作「娧」，《老子乙》等處作「㟲」；文獻常作「嫩」，如《周禮‧地官‧師氏》：「師氏掌以嫩詔王。」賈公彥疏：「嫩，美也。」《汗簡》

〔註 207〕李師旭昇：《說文新證》（上），（台北：藝文，2002 年 10 月），頁 428。

〔註 208〕林清源：「『皀』旁改爲『食』的例子常見，『食』旁改爲『皀』旁的例子罕見。所以產生這種不均衡的現象，大概跟獨體『皀』字比較罕見有關，原本從『皀』旁的字，後來受『食』旁的影響，也多改從比較常見的『食』旁。」《楚國文字構形演變研究》，（私立東海大學中國文學系博士論文，1997 年 12 月），頁 121。

〔註 209〕黃盛璋：〈包山楚簡中若干重要制度發复與爭論未決諸關鍵字解難、決疑〉，《湖南考古輯刊》，1994 年，頁 193。

卷五引《石經尚書》古文，「美」亦作「嫩」。孝子事父母，自己要食以粗糧，不求美味。〔註210〕

廖名春則讀爲「孝子事父母，以食惡美，下之。」意爲「孝子事父母，飲食的好壞，是次要的」：

《禮記‧祭義》：「曾子曰：『孝有三：大孝尊親，其次弗辱，其下能養。』」

《孟子‧離婁上》：「曾子養曾晳，必有酒肉；將徹，必請所與；問有餘，必曰：『有。』曾晳死，曾元養曾子，必有酒肉；將徹，不請所與；問有餘，曰：『亡矣。』將以復進也。此所謂養口體者也。若曾子，則可謂養志也。事親若曾子者，可也。」

《鹽鐵論‧孝養》：「善養者不必芻豢也，善供服者不必錦繡也。以己之所有盡事其親，孝之至也。故匹夫勤勞，猶足以順禮，歠菽飲水，足以致其敬。孔子曰：『今之孝者，是爲能養，不敬，何以別乎？』故上孝養志，其次養色，其次養體。貴其禮，不貪其養，禮順心和，養雖不備，可也。易曰：『東鄰殺牛，不如西鄰之禴祭也。』故富貴而無禮，不如貧賤之孝悌。閨門之内盡孝焉，閨門之外盡悌焉，朋友之道盡信焉，三者，孝之至也。居家理者，非謂積財也，事親孝者，非謂鮮肴也，亦和顔色、承意盡禮義而已矣。」

簡文所謂「孝子事父母，以食惡美，下之」，與《禮記‧祭義》之「其下能養」義同。《孟子‧離婁上》以「養口體」與「養志」爲比，曾子「養志」爲上，曾元「養口體」爲下，簡文所謂「以食惡美」，即曾元「養口體」一類。《論語‧爲政》孔子「今之孝者，是爲能養，不敬，何以別乎」說，也是以「能養」爲下，曾子之説，當本於此。所以《鹽鐵論》文學將其歸納爲：「上孝養志，其次養色，其次養體」。簡文「以食惡美，下之」即「其次養體」。〔註211〕

曹建敦讀爲「孝子事父母以食，惡嫩下之」。〔註212〕

林素清之斷句與廖名春相同，亦爲「孝子事父母，以食惡美，下之。」〔註213〕

馮時〔註214〕、井上亘〔註215〕皆讀此句爲「孝子事父母，以食惡美下之。」

〔註210〕馬承源主編：《上海博物館藏戰國楚竹書（四）》，（上海：上海古籍出版社，2004年），頁228。

〔註211〕廖名春：〈讀楚竹書《內豊》篇箚記（二）〉，簡帛研究網，2005年2月20日。

〔註212〕曹建敦：〈讀上博藏楚竹書《內豊》篇札記〉，簡帛研究網，2005年3月4日。

〔註213〕林素清：〈上博楚簡四〈內禮〉篇重探〉，發表於「出土簡帛文獻與古代學術國際研討會」，國立政治大學，2005年12月2日〜3日。頁5〜6。

【思婷案】

整理各學者在此段斷句的方法，主要有下列四種：

1.	李朝遠、黃人二〔註216〕	孝子事父母，以食惡，嬓下之
2.	曹建敦	孝子事父母以食，惡嬓下之
3.	廖名春、林素清	孝子事父母，以食惡美，下之
4.	馮時、井上亘	孝子事父母，以食惡美下之

關於第一種看法，原考釋李朝遠認爲「孝子事父母，以食惡，嬓下之」，意指「孝子事父母，自己食以粗糧，不求美味」。這樣的解釋，是偏重在「子女自己的飲食」。

但是子女自己吃得好不好，這和孝順父母似乎沒有必然的關係，如果是環境貧困的人家，也許就需要像二十四孝中採桑養親的蔡順一樣，把好的東西留給父母，自己吃些不好的食物；但如果環境許可，就不必這麼做，畢竟身體髮膚乃受之於父母，做子女的也必須好好照顧自己的身體。

再者，若是由於環境貧困的因素，子女不得不「食以粗糧，不求美味」，這也不構成孝順的必然條件。《論語・學而》：「君子食無求飽，居無求安。」《論語・里仁》亦云：「士志於道，而恥惡衣惡食者，未足與議也！」可見安貧樂道，不追求物質的享受，是身爲一個君子的基本修養，但未足以構成論定一個人孝與不孝的條件。

故此段文字若在談論子女自身的飲食狀況，那麼「子女自身的飲食」和「事奉父母之道」的關係，就需要多一層的轉折，意即「孝子事父母，自己要食以粗糧，不求美味（這是因爲美味精細的食物要留著奉養父母）」。況且「孝子事父母，以食惡，嬓下之」的斷句也不甚通順。

至於第三種斷句方式，即廖名春所云：「孝子事父母，以食惡嬓，下之」，意爲「孝子事父母，飲食的好壞，是次要的。並舉《禮記・祭義》：「曾子曰：『孝有三：大孝尊親，其次弗辱，其下能養』」、《鹽鐵論・孝養》：「上孝養志，其次養色，其次養體」、《孟子・離婁上》養志與養口體之別來加以佐證。

〔註214〕資料來源：「第八次簡帛資料文哲研讀會」，2005 年 6 月 18 日。

〔註215〕（日）井上亘：〈《內豐》篇與《昔者君老》篇的編聯問題〉，2005 年 10 月 16 日，簡帛研究網。

〔註216〕黃人二：〈讀上博藏簡第四冊內禮書後〉，發表於台灣楚文化研究會主辦「新出土戰國楚竹書研讀會」，2005 年 3 月 12 日。另收錄於《出土文獻論文集》，（台中：高文出版社，2005 年），頁 282。

　　這樣的說法在文意上較直接切合事奉父母之道,「孝子事父母,以食惡嬺,下之」翻譯爲白話,即「孝子事奉父母,請他們吃好的、壞的食物,這只是孝順父母最基本的表現。」

　　至於曹建敦、井上亘在對《內豊》簡文重新排序編聯時,雖對此句重新斷句,但並未加以說明。但由其句逗方式來看,應該也偏重在「父母所食」,而非「子女所食」。

　　本文贊成廖名春的看法,認爲「孝子事父母以食惡嬺下之」這段簡文,是以「子女事奉父母飲食」的觀點立論,但「以食惡嬺」一句,似乎可再重新考慮。「孝子事父母以食惡嬺下之」應可讀爲「孝子事父母以食,惡嬺?下之。」

　　「惡」可讀爲「wu」,作疑問指稱詞「怎麼(能)、哪裡(能)」,有反詰之意。〔註217〕這樣的用法,在先秦時期即已十分普遍,例如:

　　　《左傳‧昭公十六年》:「平子曰:『爾幼,惡識國?』」

　　　《論語‧里仁》:「君子去仁,惡乎成名?」

　　　《荀子‧勸學》:「學惡乎始?惡乎終?」

　　　《荀子‧禮論》:「禮有三本:天地者,生之本也;先祖者,類之本也;
　　　君師者,治之本也。無天地,惡生?無先祖,惡出?無君師,惡治?三
　　　者偏亡,焉無安人。故禮,上事天,下事地,尊先祖,而隆君師。是禮
　　　之三本也。」

　　　《呂氏春秋‧慎大覽》:「多患多怨,國雖彊大,惡得不懼?惡得不恐?」

　　若將「惡美」二字視爲疑問句,其句式正與《荀子‧禮論》的「惡生?」「惡出?」「惡治?」相同。因此將這段簡文釋爲「孝子事父母以食,惡嬺?下之。」在語法上是可以成立的。

　　「孝子事父母以食,惡嬺?下之。」意爲「只是能做到奉養父母,有什麼值得稱美的呢?這只是孝順父母最基本的表現罷了。」

　　《禮記‧祭義》將子女奉養父母的層次說明得十分詳細:

　　　曾子曰:「孝有三:大孝尊親,其次弗辱,其下能養。」公明儀問於曾子
　　　曰:「夫子可謂孝乎?」曾子曰:「是何言與?是何言與?君子之所謂孝
　　　者,先意承志,諭父母以道。參直養也,安能爲孝乎?身者,親之遺體
　　　也。行親之遺體,敢不敬乎?故居處不莊,非孝也;事君不忠,非孝也;
　　　莅官不敬,非孝也;朋友不信,非孝也;戰陳無勇,非孝也。五者不遂,

〔註217〕楊伯峻、何樂士:《古漢語語法及其發展》,(北京:語文出版社,1992年3月),頁337。

災及乎身，敢不敬乎，故烹熟鮮香，嘗而進之，非孝也，養也。……」

《論語‧爲政》亦云：

子夏問孝。子曰：「色難。有事弟子服其勞，有酒食先生饌，曾是以爲孝乎？」

子游問孝。子曰：「今之孝者，是謂能養。至於犬馬，皆能有養；不敬，何以別乎？」

《孟子‧萬章上》：

孝子之至，莫大乎尊親。

《孟子‧離婁上》：

孟子曰：「事孰爲大？事親爲大。守孰爲大？守身爲大。不失其身而能事其親者，吾聞之矣；失其身而能事其親者，吾未之聞也。孰不爲事？事親，事之本也。孰不爲守？守身，守之本也。曾子養曾皙，必有酒肉；將徹，必請所與；問有餘，必曰『有』。曾皙死，曾元養曾子，必有酒肉；將徹，不請所與；問有餘，曰『亡矣』，將以復進也，此所謂養口體者也。若曾子，則可謂養志也。事親若曾子者，可也。」

《正義》曰：「此章言上孝養志，下孝養口體者也。」可見孟子論孝，不單單以「養口體」爲標準，對父母若只有做到口體之養，而沒有恭敬的心，並不足以稱道。《禮記‧坊記》曰：

子云：「小人皆能養其親，君子不敬何以辨。」

《禮記‧內則》記載：

曾子曰：「孝子之養老也，樂其心不違其志；樂其耳目，安其寢處，以其飲食忠養之，孝子之身終。」

孫希旦《禮記集解》云：「忠養謂盡其心以養之，非徒養口體而已也。」故子女應以敬爲孝，而非徒具形式、只重物質，《禮記‧檀弓下》記載了孔子的一段話：「啜菽飲水盡其歡，斯之謂孝。」只要使父母精神上得到安慰與快樂，就是眞正的孝了。因此子女若只做到「事父母以食」這種「口體」上的供養，並不足以表達出「孝」的本質，《鹽鐵論‧孝養》曰：

周襄王之母非無酒肉也，衣食非不如曾晳也，然而被不孝之名，以其不能事其父母也。

正因周襄王的「孝」，僅僅限於「養口體」，並非養父母之志，亦不含有「敬父母」的態度，故仍蒙受「不孝」之名。《大戴禮記‧曾子大孝》云：

民之本教曰孝，其行之曰養，養可能也，敬爲難；敬可能也，安爲難；安

可能也，久爲難，久可能也，辛爲難。

說明養父母之口體是子女容易做到的事，但要做到持敬而安、且能持久，卻是難能可貴。曾子謂「大孝尊親，其次弗辱，其下能養」，故《內豊》的「君子」，給予僅做到口腹上供養父母的人「下之」的評論。

〔22〕君子曰俤民之經也才少不靜才大不[image]：

1. 經：

【思婷案】

原考釋謂「經」即義理、法則。本簡「經」作[image]。此字亦出現於[image]（郭‧太 7）、[image]（天策）、[image]（曾 64）、[image]（包 268），可以見到偏旁「巠」有許多不同寫法。

「巠」金文作[image]（孟鼎）、[image]（師克盨）。楚系文字繁化從「壬」形作[image]（郭‧尊 13）、[image]（郭‧唐 19）。由楚系從「巠」之字作[image]（脛，望 M2‧45）、[image]（包 193）、[image]（經，包 268）、[image]（經，曾 64）、[image]（天策），其所從之「巠」旁，有時會省略下方的「壬」形，或上下類化爲同形，又或者在「巠」的上方加飾筆，因此形成了各種不同的形體。

附帶一提的是，巠、壬二字在楚系文字中，由於形體相近，因而有時相混。楚系「壬」字作「[image]」（郭‧性 2.20），從爪、壬聲，〔註 218〕和「巠」字的最大區別在於「壬」字「爪」形下方並無一橫筆，因此巠、壬二字偶有誤寫的情形發生，例如郭店楚簡《緇衣》第 6 簡：「謹惡以御民淫（淫）」，「淫」即作[image]，與「涇」同形，此「涇」即「淫」字之誤書。秦國詛楚文「淫」作[image]，右半偏旁之「壬」，也和「巠」字相當接近。

2. 俤，民之經也，在小不爭，在大不亂：

【各家說法】

「才少不靜」，原考釋釋爲「在小不爭」：

「少」，《望山楚簡》一‧三有「少簡」句，「少」即「小」。「靜」，假爲「爭」。《老子》第八章「水善利萬物而不爭」，《馬王堆漢墓帛書‧老子甲本》「爭」作「靜」。

【思婷案】

原考釋之說可從。「靜」，從青、爭聲，故可通假爲「爭」。「經」，即義理、法則。

〔註 218〕何琳儀：《戰國古文字典》（下），（北京：中華書局，1998 年），頁 1406。

《玉篇‧糸部》：「經，義也。」《易‧頤》：「六五，拂經。」孔穎達《疏》：「拂，違也；經，義也。」

「俤，民之經也」，意即「悌，是人民所應依循的法則」。《大戴禮記‧曾子大孝》曰：「夫孝者，天下之大經也。」語意與此同。《論語‧學而》謂：

> 有子曰：「其爲人也孝弟而好犯上者，鮮矣！不好犯上，而好作亂者，未之有也。君子務本，本立而道生。孝弟也者，其爲仁之本與！」
> 子曰：「弟子入則孝，出則悌，謹而信，汎愛眾，而親仁，行有餘力，則以學文。」

邢昺《疏》釋「孝弟」曰：「孝於父母，順於兄長。」程子曰：「孝弟行於家，而後仁愛及於物，所謂親親而仁民也。故爲仁以孝弟爲本，論性，則以仁爲孝弟之本。」《大戴禮記‧曾子立孝》云：

> 孝子善事君，弟弟善事長，君子一孝一弟，可謂知終矣。

《孝經‧廣要道章》亦云：

> 子曰：「教民親愛，莫善於孝；教民禮順，莫善於悌。」

孝子盡孝，其始爲養父母之身，進而順父母之心。他如求學必勤，戰陣必勇，居官必廉，皆是孝子行爲。孝悌之人處社會，少有好犯上者。不好犯上，則必不好作亂，社會由此安寧，故〈內豊〉云：「俤，民之經也。」五倫之中，兄友弟恭謂之「有序」，因此「悌」的精神推展到社會關係之中，便能使人民「禮順」。家庭中「兄友弟恭」的精神，投射到社會階層上，即是「在小不爭，在大不亂」。

五倫之中，父子兄弟乃血緣至親，「孝於父母，順於兄長」乃出自於人性，亦即一切德性的根本。由〈內豊〉全篇觀之，上半篇言「孝」（孝於父母）的重要性及實踐方法，此處則論「悌」（順於兄長）可發揮維持倫理秩序的作用，正呼應「孝弟也者，其爲仁之本與！」之語。

〔23〕古（故）為孚（少）必聖（聽）長之命，為戋（賤）必聖（聽）貴之命：

【各家說法】

原考釋：

> 「戋」釋爲「賤」。信陽長台門楚簡一——二「賤人」之「賤」即作「戋」。
> 「聖」讀爲「聽」。據《說文‧耳部》「聖，呈聲」，《口部》「呈，壬聲」，《耳部》「聽」故通。〔註219〕

【思婷案】

本簡之「戔」，原考釋隸作「戔」，讀爲「賤」，可從。

《說文》「从二戈」之「戔」字，在秦系文字中多爲上下結構，例如淺作「𣲷」（十鐘）、「賤」作賤（雲夢‧答問 153）、棧作「棧」（詛楚文）。然而楚系文字中，「戔」無論作獨體或作偏旁時，皆以左右結構居多，例如戔作「戔」（信 1.01）、淺作「淺」（信陽 2.14）、賤作「賤」（郭‧成 17）、遂作「遂」（包 238）、棧作「棧」（郭‧老甲 25），只有極少數爲上下結構作「棧」（棧，帛甲 2.18）。

由於楚系「戔」字二「戈」形多作左右結構，故二「戈」形的橫筆多連成一筆，以求書寫之便利，例如戔（郭‧緇 18）；然亦有加橫筆爲飾者，如戔（郭‧成 34）。本簡「戔」字寫法屬於前者。

除了整理者所提到的信陽楚簡之外，此字亦出現於郭店楚簡與上博簡中，例如：郭店《老子》第 29 簡：「亦不可得而戔」；郭店《性自命出》第 53 簡、上博（一）《性情論》簡 23：「戔而民貴之，有德者也」；郭店《緇衣》第 18 簡：「信其所戔」；上博（二）《子羔》第九簡：「其父戔而不足俏」……等。據文義判斷，以上「戔」字均應讀爲「賤」。本簡「爲戔必聽貴之命」，以「貴、戔」對舉，亦應讀「賤」，「賤」從戔得聲，故二字可通假。

此處「爲少必聽長之命，爲賤必聽貴之命」，乃承續上文「悌，民之經也」，言明「悌」可使社會階層和諧，使秩序不紊亂。《荀子‧富國》言：

> 民下違上，少陵長，不以德爲政，如是，則老弱有失養之憂，而壯者有分爭之禍矣。
>
> 貴賤有等，長幼有差，貧富輕重皆有稱者也。

《荀子‧仲尼》謂：

> 少事長，賤事貴，不肖事賢，是天下之通義也。

《左傳‧隱公三年》曰：

> <u>賤妨貴，少陵長</u>，遠間親，新間舊，小加大，淫破義，所謂六逆也；君義，臣行，父慈，子孝，兄愛，弟敬，所謂六順也。去順效逆，所以速禍也。

以上言論皆可與《論語》「其爲人也孝弟而好犯上者，鮮矣！不好犯上，而好作亂者，未之有也」相互參照。地位低、輩份小的人，若是心中無「悌」的道德觀念，則會犯上作亂，使社會秩序崩解。《禮記‧內則》：「少事長，賤事貴，共帥時。」即是由正面說明此番道理。

年），頁 228。

〔24〕從人觀（勸），肰（然）則孚（免）於戾：

【各家說法】

原考釋謂「觀」通作「勸」，並謂「孚」即「免」，將此句讀爲「從人勸，然則免於戾」。：

> 從丌、從子，簡文屢見，李零認爲是「免」字古體，可從（參見《上海博物館藏戰國楚竹書（二）‧容成氏》第十四簡注）。〔註220〕

黃人二讀「觀」爲「歡」，讀此句爲「從人歡，然則免於戾」：

> 《曲禮上》：「君子不盡人之歡，不竭人之忠，以全交也。」意君子不竭盡他人待己之歡，乃能全交，然待他人時，則不妨從人之歡，故簡文下云「然則免於戾」。〔註221〕

林素清〔註222〕、馮時〔註223〕、井上亘〔註224〕讀爲「從人歡（懽）然，則免於戾。」

【思婷案】

「孚」，從丌從子，常出現於楚系簡帛之中，最早由李零所釋，其曰：

> 簡文「免」字有兩種寫法，一是借「冠冕」之「冕」的初文爲之，即後世「免」字；一是借分娩之「娩」的初文爲之，後世失傳。〔註225〕

李家浩並進一步討論許多楚系從孚之字，其結論爲：

> 據這些「季」字的異體和從「季」之字的釋讀情況，似乎也可以證明「季」相當於「娩」的說法可從。《說文》篆文「娩」作「𡥟」，從「子」從「免」聲，「季」可能就是「𡥟」字的異體。〔註226〕

「戾」可釋爲「罪惡」之意。《爾雅‧釋詁上》：「戾，辠也。」郝懿行義疏：「辠，

〔註220〕馬承源主編：《上海博物館藏戰國楚竹書（四）》，（上海：上海古籍出版社，2004年），頁228。

〔註221〕黃人二：〈讀上博藏簡第四冊內禮書後〉，發表於台灣楚文化研究會主辦「新出土戰國楚竹書研讀會」，2005年3月12日。另收錄於《出土文獻論文集》，（台中：高文出版社，2005年），頁283。

〔註222〕林素清：〈釋「匿」——兼及〈內禮〉新釋與重編〉，發表於「出土簡帛文獻與古代學術國際研討會」，美國芝加哥大學東亞系所，2005年5月28日～30日。

〔註223〕資料來源：「第八次簡帛資料文哲研讀會」，2005年6月18日。

〔註224〕（日）井上亘：〈《內豊》篇與《昔者君老》篇的編聯問題〉，2005年10月16日，簡帛研究網。

〔註225〕李零：《郭店楚簡校讀記——增訂本》，（北京：北京大學出版社，2002年），頁137。

〔註226〕湖北省文物考古研究所，北京大學中文系編：《九店楚簡》，（北京：中華書局，2000年），頁146～147。

古罪字。……戾者，曲也，乖也，貪也，暴也，皆與罪名相近，故爲罪也。」《廣韻·霽韻》：「戾，罪也。」《左傳·文公四年》：「君辱貺之，其敢干大禮以自取戾。」杜預注：「戾，罪也。」

「觀、勸、歡、懽」皆从「藿」得聲，字音上可互相通假，因此「觀」字作何種解釋，需依文意而定。由於「懽」爲「歡」之異體，皆爲喜樂之意，故本句斷句主要可分爲兩種看法，討論如下：

（1）「從人勸，然則免於戾」：

「然則」一詞常見於古籍，如《周易·繫辭上傳》：「子曰：『書不盡言，言不盡意。』然則聖人之意，其不可見乎？子曰：『聖人立象以盡意，設卦以盡情僞，繫辭焉以盡其言，變而通之以盡利，鼓之舞之以盡神。』」《荀子·王霸》曰：「彼持國者，必不可以獨也，然則彊固榮辱在於取相矣。」上博（五）《鮑叔牙與隰朋之諫》第六簡亦出現「然則」這個承接連詞。〔註227〕「然則」連用，相當於「那麼、如此」之意，表示承接、順適語氣。

因此若斷句爲「從人觀，然則免於戾」，則「觀」字可讀爲「勸」，《廣雅·釋詁四》：「勸，教也。」《左傳·僖公五年》：「陳轅宣仲怨鄭申侯之反己於召陵，故勸之城其賜邑。」「勸」即勸說、勸告之意。此句意謂「聽從別人的勸告，如此就可免於過錯。」

（2）「從人歡（懽）然，則免於戾」：

將「然」字視爲助詞，「歡然」即「喜樂的樣子」。《列子·說符》：「視之歡然無憂之色」、《管子·侈靡》：「歡然若謌之靜」、《晏子春秋》：「君歡然與子邑，必不受以恨君，何也？」

「從人歡（懽）然，則免於戾」，意即「喜樂地跟從別人，就可免於過錯」。

「從人勸」，有棄惡趨善之意，故得「免於戾」；至於「從人歡然」，若所從之人未必皆善，豈能「則免於戾」？由簡文「少聽長」、「賤聽貴」的文意來看，此處「觀」字似應釋爲「勸」。「勸」，教也。此句應讀爲「從人勸，然則免於戾」，意即「聽從別人的教導，如此就可免於過錯」。

【附簡】

……□亡（無）戁（難）。母（毋）忘姑婕（姊）妹而遠之，則民又（有）豊（禮）狀（然）句（後）奉之㠯中臺（準）

〔註227〕馬承源主編：《上海博物館藏戰國楚竹書（五）》，（上海：上海古籍出版社，2005年），頁188。

〔25〕母（毋）忘姑㛢（姊）妹而遠敬之：

【各家說法】

原考釋認爲「姑姊妹」即「姑姊」與「姑妹」。：

即父親的姊姊，姑母。《左傳・襄公十二年》「無女而有姊妹及姑姊妹」，孔穎達疏：「若父之姊爲姑姊，父之妹爲姑妹。」〔註 228〕

黃人二釋「㛢」：

原從女、從李之上半、從糸，包山楚簡多見從李之字，於其讀「李」通假爲「理」，然則簡文此處應隸釋爲一從女、從李上半、從糸之字，讀爲「次」，右偏旁可參三體石經「次」字字形，《說文》古文的字形則略已訛變，「姊」、「次」古皆清母脂部字，以音近通假互作。〔註 229〕

黃人二〔註 230〕、馮時〔註 231〕、林素清〔註 232〕讀「姑㛢（姊）妹」爲「姑、姊、妹」，認爲是三種不同身份的親屬。

【思婷案】

《禮記・曲禮上》:「姑姊妹女子子，已嫁而反，兄弟弗與同席而坐，弗與同器而食」與簡文意近。

古籍中常見「姑姊妹」一詞，指父親的姊妹。原考釋引《左傳・襄公十二年》桓子「無女而有姊妹及姑姊妹」之語，說明「姑姊妹」指「父之姊妹」，可從。「姊妹」與「姑姊妹」並提，可見「姑姊妹」並非指「姑、姊、妹」三者。

《左傳・襄公二十一年》曰:「季武子以公姑姊妻之。」對於文中的「姑姊」，同樣有「父之姊」以及「姑、姊」二說，陸德明《釋文》釋曰:「杜以公之姑及姊是二人也。或曰:《列女傳》稱梁有節姑妹，謂父之妹也，此云姑姊是父之姊，一人耳。以杜氏爲誤。」

〔註 228〕馬承源主編：《上海博物館藏戰國楚竹書（四）》，（上海：上海古籍出版社，2004 年），頁 229。

〔註 229〕黃人二:〈讀上博藏簡第四冊內禮書後〉，發表於台灣楚文化研究會主辦「新出土戰國楚竹書研讀會」，2005 年 3 月 12 日。另收錄於《出土文獻論文集》，（台中：高文出版社，2005 年），頁 283。

〔註 230〕黃人二:〈讀上博藏簡第四冊內禮書後〉，發表於台灣楚文化研究會主辦「新出土戰國楚竹書研讀會」，2005 年 3 月 12 日。另收錄於《出土文獻論文集》，（台中：高文出版社，2005 年），頁 284。

〔註 231〕資料來源：「第八次簡帛資料文哲研讀會」，2005 年 6 月 18 日。

〔註 232〕林素清:〈釋「匱」——兼及〈內禮〉新釋與重編〉，發表於美國芝加哥大學東亞系所，2005 年 5 月 28～30 日。

《儀禮・喪服》注疏卷三十校勘記:「許宗彥云:『姑姊妹連文,或姑姊,或姑妹通稱;姑姊妹,《左傳》以公之姑姊娶之,是也。』」

《禮記・雜記下》云:

> 孔子曰:「伯母、叔母,疏衰,踊不絕地。姑姊妹之大功,踊絕於地。如知此者,由文矣哉!由文矣哉!」

《注》曰:「伯母、叔母,義也。姑姊妹,骨肉也。」孔子此言在闡述「姻親」與「血親」關係的不同,語中以「伯母、叔母」與「姑姊妹」互爲對照,可見兩者輩份地位應相似,因此「姑姊妹」應指父親之姊妹,而非指「姑、姊、妹」三者。

《公羊傳・莊三年》云:「請後五廟,以存姑姊妹」,文中「姑姊妹」意指父親之姊妹;《史記・汲黯列傳》:「黯姑姊子司馬安亦少與黯爲太子洗馬。」,此處之「姑姊」,亦謂父親的姊姊。因此《內豐》附簡之「姑姊妹」,應指父親的姊妹,又由簡文「遠敬之」來看,「敬」應是對於長輩的態度,原考釋之說可從。

〔26〕中臺:

【各家說法】

原考釋:

> 「臺」,西周金文多見,或掔乳爲「敦」字,或掔乳爲「錞於」之「錞」。此處爲「錞」字,與「準」通。《新書・孽產子》:「夫錞此而有安上者,殊未有也。」孫詒讓《箚迻》:「錞當讀爲準。」《說文・土部》:「埻,射臬也,从土,臺聲,讀若準。」是「錞」、「埻」、「準」三字聲近字通。「中臺」,符合水準。《莊子・天道》:「水靜則明燭鬚眉,平中準,大匠取法焉。」
>
> 王先謙集解:「其平與準相中,故匠人取法焉。」〔註233〕

李銳:

> 《內禮》附簡末字
>
> 此字略作「臺」形,形近字又見上博(二)《從政》甲 5、12,原釋文釋爲「敦」,分別是「從政,敦五德」,「敦行不倦,持善不厭」。何琳儀先生以爲誤,隸定爲「墉」:「敦」左下從「羊」,與「墉」有別。按,簡文「墉」當讀「庸」。《說文》「庸,用也。」下文 12 簡「庸行不倦,持善不厭。」其中「庸」與「持」對文見義。
>
> 就字形而論,《從政》之考釋未必誤,從「臺」形從心旁之字又見郭店簡

〔註233〕馬承源主編:《上海博物館藏戰國楚竹書(四)》,(上海:上海古籍出版社,2004年),頁 229。

《窮達以時》簡 15：「故君子惇於反己」，顏世鉉先生認爲：惇，讀作「惇」。
《説文》：「惇，厚也。」朱駿聲《説文通訓定聲》云：「經傳皆以敦爲之，
《左僖廿七傳》：『説禮、樂而敦《詩》、《書》』，……《漢書‧鮑宣傳》：『敦
外親小童』，注謂『厚重也』。」又《漢書‧成帝紀》詔曰：「敦任仁人，
退遠殘賊。」顏師古《注》：「惇，厚也。遠，離也。」惇有崇尚、重視之
意，簡文「君子惇於反己」，意爲：君子特別著重內在自我反省的功夫。《論
語‧學而》載曾子曰：「吾日三省吾身：爲人謀而不忠乎？與朋友交而不
信乎？傳不習乎？」此即曾子「反己」的功夫。李零先生釋爲「敦」。黃
人二先生指出：惇，惇也。《漢書‧五行志》「盡力莫如惇篤」，《左傳‧成
公十三年》作「盡力莫如敦篤」；《汗簡》卷四心部「敦」字古文……正「惇」
字也。末句意如《論語‧衛靈公》「君子求諸己」。此外，池田知久釋爲「故
君子淳於返己」，或釋爲「勇」，恐皆不若「敦」字合適。《申鑒‧雜言上》：
「君子何敦夫學？」「敦夫學」即是「敦於學」，句式近於簡文的「敦於反
己」，「敦」之義爲勤勉。此處「　」字（思婷案：此字闕漏，不見於網頁
原文。）「㐭」形之下省訛，難以斷定確實從「羊」。

又有從「㐭」形從水旁之字，見郭店《成之聞之》簡 4，《郭店楚墓竹簡》
隸定、釋爲「君子之於教也，其導民也不憲，則其潭也弗深矣」，【注釋】
〔三〕：裘按：「憲」疑當讀爲「浸」。《易‧遯》象傳「浸而長也」《正義》：
「浸者，漸進之名」。其下一字或可釋爲「淳」。諸家皆從裘先生説。

又有從「㐭」形從土之字，見郭店《六德》簡 21、22：「子也者，會墇長
材以事上，謂之義」，李零先生讀爲「墇」：字同「準」（見《周禮‧天官‧
司裘》）。諸家多從此説，劉釗先生進一步讀爲「最」。

此外還多有從「㐭」形之字，如包山簡 217 中釋爲「祝融」的「融」字即
從「㐭」形從二虫，但是將此字讀爲「融」，是從蟲省聲而來，而不是從
「墉」聲。王國維先生在《邾公鐘跋》中曾經認爲同形之字是從「墉」聲，
讀爲「螽（終）」，李學勤先生指出「墉」古音在東部，「螽」字在冬部，
是有差別的。

不過，《説文》中，「墉」字古文與「章」（今作郭）形近，從㐭的「稟」
字、「亶」字（讀若庸）與之也相關，在戰國文字中因爲形近省訛等原因，
其關係更爲複雜。因此，考釋這些文字時，當考慮上下文意。

就文意而言，筆者同意《從政》篇甲簡 5、12 皆讀爲「庸」之説。雖然粗
略看來，此處讀爲「敦」也可行，但是根據傳世文獻中可資佐証的材料，

讀爲「庸」似乎更好。如從《説文》將「庸」解釋爲「用」，「用德」在古籍中極爲常見，而「庸德」則見於古文《尚書・咸有一德》：「夏王弗克庸德。」因此簡文説「庸五德」很自然。將「庸」解釋爲「常」，「庸行」，古書多見，如《逸周書・大戒》：「庸行信貳」，《易・乾・文言》也有：「庸言之信，庸行之謹」。《荀子・不苟》的：「庸言必信之，庸行必慎之」，與《乾・文言》之語相關。楊倞注：「庸，常也。謂言常信，行常慎。」簡文的「庸行不倦，持善不厭」，可以順此解釋。

郭店簡《成之聞之》簡 4 的「潯」字，也可以讀爲「庸」。《爾雅・釋詁下》：「庸，勞也。」《左傳・僖公二十七年》：「車服以庸」，杜預注：「庸，功也。」「君子之於教也，其導民也不浸，則其也弗深矣」，就是説君子如果導民不浸，作用就很淺，功勞會很小。

郭店簡《六德》簡 21、22 的「墉」字，也可以認爲從「庸」，假借爲「同」，「會同」一詞，古書習見。「會墉長材以事上」，即會同長材以事上。或説從劉釗之説而讀爲「撮」，「會撮」本指人之髮髻，見《莊子・人間世》，此用引申義，即是薈萃。但似不若讀爲「會同」好，因爲這裏是「子也者，會墉長材以事上」，讀爲「會同」，強調了「子」的親自參與。

此外，郭店簡《語叢四》簡 2 有從「章」形從爿之字，多讀爲「牆」：「牆有耳」，裘錫圭先生舉《管子・君臣下》的「牆有耳」爲証。但是裘錫圭先生也在注中指出簡文與《詩・小雅・小弁》的：「君子無易由言，耳屬于垣」，句意相同。按《集韻・鐘韻》：「墉，《説文》：『城垣也』。或作㙹。」此處也不妨讀爲「墉」。

上博四李朝遠先生隸定爲「章」，考釋爲「準」。筆者疑當視爲「墉」字古文而讀爲「庸」，其上下文是「然後奉之以中庸」，也就是説「以中庸奉之」。若然，此處出現了「中庸」，很有思想史意義。《內禮》篇所謂「君子曰」之語，與曾子相關，但是本簡爲附簡，「編綫不整」，還有待進一步考察。

〔註 234〕

許無咎：

　　△字，應是城墉之「墉」，此處讀爲「庸」，「中△」即「中庸」。《禮記・中庸》朱子章句：

　　子程子曰：「不偏之謂中，不易之謂庸。中者，天下之正道；庸者，天下

〔註234〕李鋭：〈讀上博四札記（二）〉，清華大學簡帛研究網，2005 年 2 月 20 日。

之定理」

《內禮》篇首言君子立孝，《中庸》篇章亦多言孝，如：子曰舜其大孝也與章、子曰武王周公其達孝矣乎章等皆是，又哀公問政章云：

天下之達道五，所以行之者三：曰君臣也，父子也，夫婦也，昆弟也，朋友之交也。

與《內禮》論君臣、父子、兄弟之道相似，凡此皆人倫之大節，民有禮然後可以奉行中庸之道。「中庸」爲中國思想史上極重要之觀念，在竹簡中出現大概尚屬首次，值得重視。〔註235〕

黃人二：

整理者說誤，此疑隸作「郭」，讀爲「庸」。「庸」即「鏞」，於古認爲一種樂器，「中庸」一詞，即是由音樂發展出的哲理術語，於吾國先秦哲學史乃至宋儒的歷代著作中極爲重要，今見諸簡文，意義更顯不凡。古文字中，「亯」可讀爲「烹」、或「享」、或「亨」。而於「亯」下加一「羊」，可讀爲「醇」、「純」，即左邊加一「酉」之字；亦可讀爲「敦」，即右邊加一「攴」之字。今觀簡文此字，「亯」下並不從「羊」，乃爲城郭義之「庸」字，析形稍誤，解釋全異，不可不愼。又簡文出現「中庸」，與古書《中庸》相同，其爲思孟學派學者思想中最爲重要的一篇文獻，雖是巧合，但值得重視。簡文之有「中庸」，源自孔子「中庸之爲德也，甚至矣乎！民鮮久矣」，與「君子之立孝，愛是用，禮是貴」之言論（而非今本《大戴禮記‧曾子立孝》之作「曾子曰：君子孝，其忠之用，禮之貴」），俱可見其爲思孟學說主張之當行本色。〔註236〕

蘇建洲：

《上博（四）‧內禮》附簡有字作「」，整理者李朝遠先生隸作「章」，並說「『章』，西周金文多見，或孳乳爲『敦』字，或孳乳爲『錞於』之『錞』。此處爲『錞』字，與『準』通。」曾憲通先生也指出「章字從亯從羊，即烹羊爲孰會意，義同於鬻，故《說文》云然。……考金文章字除作器名用外，多孳乳爲敦伐之敦」。類似寫法也見於《郭店》，如《郭店‧窮達以時》15「故君子於反己」，李零先生將「」釋爲「敦」。顏世鉉先生讀作

〔註235〕許無咎：〈《內豊》札記一則〉，簡帛研究網，2005年3月1日。

〔註236〕黃人二：〈讀上博藏簡第四冊內禮書後〉，發表於台灣楚文化研究會主辦「新出土戰國楚竹書研讀會」，2005年3月12日。另收錄於《出土文獻論文集》，（台中：高文出版社，2005年），頁284。

「惇」。《説文》:「惇,厚也。」朱駿聲《説文通訓定聲》云:「經傳皆以敦爲之,《左傳廿七傳》:『説禮、樂而敦《詩》、《書》』,……《漢書・鮑宣傳》:『敦外親小童』,注謂『厚重也』。」《説文》分析「惇」爲從心「𦎫」聲。《郭店・成之聞之》簡 4「君子之於教也,其導民也不浸,則其惇也弗深矣」裘先生〈按語〉説:惇或可釋爲「淳」。而《説文》分析「淳」爲從水「𦎫」聲。還有《郭店・六德》簡 21、22「子也者,會埻長材以事上,謂之義」,李零先生讀爲「埻」,字同「準」(見《周禮・天官・司裘》)。劉釗先生亦釋爲「埻」,讀爲「敦」或「最」。《説文》分析「埻」爲從土「𦎫」聲。依此看來,「𦎫」釋爲「敦」應該不是問題。《説文》分析「敦」爲從「𦎫」聲。但是《上博(二)・從政》甲 5「𦎫五德」,整理者張光裕先生釋爲「敦」。何琳儀先生則釋爲「墉」,並認爲「《考釋》誤釋『敦』。『敦』左下從『羊』,與『墉』有別。按,簡文『墉』當讀『庸』。《説文》『庸,用也。』下文 12 簡『庸乃不倦,持善不厭。』其中『庸』與『持』對文見義。」黃德寬先生亦認爲:「釋文讀敦,誤。字即《説文》『墉』之古文,與『敦』無涉。此簡讀作『庸』,也即『用』也。」這樣看來又與上述諸家所説衝突。筆者以爲何、黃二先生之説,就字形來看不能算錯。「𦎫」,西周金文作 ☒ (獣鐘),春秋金文作 ☒ (齊侯𦎫)。戰國陳純釜作 ☒、《璽彙》4033 作 ☒,即「敦」字。可見左下的確從「羊」形,與簡文字形似乎不合。又如《上博(四)・曹沫之陣》18「城𦎫」,無疑應讀作「城『郭』」,而非「城『敦』」。還有曾侯乙鐘的「𦎫」作 ☒,何琳儀先生分析説是墉或郭之初文。《楚文字編》亦同時歸於「郭」下與「墉」下,又如《上博(一)・孔子詩論》28「牆」作 ☒、《郭店・語叢四》2「牆」作 ☒,季師旭昇已指出字應分析爲從「𦎫」(郭、墉)𠦝聲。「墉」與「郭」,學者一般認爲二者字義關係密切,季師旭昇説郭、墉同字。何琳儀先生亦説:二者義同,讀音甚遠,二者關係待釐清。遂將讀作「墉」隸定作 ☒,讀作「郭」者隸定作 ☒。以上 ☒、☒、☒、☒ 等字都與〈從政〉𦎫同形,但沒有學者釋爲「敦」。但因此就否定〈從政〉𦎫字及上述學者考釋《郭店》諸字釋爲「敦」或從「𦎫」的結論,這也是太過武斷的。

曾憲通先生已指出戰國時期「𦎫」、「𡺾」兩個形體已趨於合流。上引〈曹沫之陣〉的 ☒(𦎫,即「郭」)字,李零先生隸作「𦎫」,不知是否也是這樣的看法?陳劍先生也認爲「當然,戰國文字字形相混的現象比較突出,

簡中此字（引者按：指〈從政〉的 ![字] 字）到底是『墉』還是『敦』左半，
應該根據上下文義來判斷。簡五云：『敦五德、固三制』，敦、固對文，就
是古書常見之『敦人倫』、『敦教化』一類的『敦』，怎麼可能改釋呢？」
筆者以爲曾、陳二先生所說爲是。楚簡常見的「失」作 ![字]（《郭店‧老子
乙》6），趙平安先生指出它與甲骨文的「![字]」爲一字。其下部的變化正
是一作「![字]」形，一作「羊」形，與 ![字] 、![字] 的下部字形變化正同。尤
其趙先生文中也特別強調「在例中省作羊，而羊有時可以寫作 ![字]」。其次，
楚簡「高」字既作、![字]（《包山》192）、![字]（《包山》56），「高」下作「羊」
形；又作「![字]」（《郭店‧窮達以時》2）、![字]（《包山》簡110，從邑旁），
「高」下作「![字]」形。其三，「獻」字，《包山》182作 ![字]，左下從「羊」
形；《包山》79作 ![字]，左下從「![字]」形。其四，「兩」字，《包山》145反
作 ![字]，下作「![字]」形；《包山》111作 ![字]、《郭店‧語叢四》20作 ![字]，下
作「羊」形。這些例子均可證明楚簡文字中同樣存在「墉」（郭）、「敦」
形混的可能，也就是說《上博（二）‧從政》的 ![字] 字並非不能釋爲「敦」，
黃、何二先生所提出的字形分別標準恐怕太過絕對。〔註237〕

【思婷案】

郭，甲骨文作 ![字]（京都3241）、金文作 ![字]（西周早‧鼎）象城垣四周有亭之
形，或省从二亭。容庚《金文編》云：「（享郭）與庸、晵、墉爲一字。」曾侯乙鐘
作 ![字]、![字]、天星觀遣策作 ![字]、![字] 等形，與〈內豊〉附簡 ![字]（享/章）字字形相同。

季師旭昇釋「享」云：

城郭，後世作「郭」。又郭、墉同字，字亦爲墉的本字。又爲晵，《說文》：
「用也，从亯、从自，自知臭、香所食也。讀若庸同。」實即「庸」之異
寫。〔註238〕

然而戰國楚系「享、臺」二字，已有混同現象，〔註239〕故 ![字] 應讀爲何字，應仔細
識別上下文意。如《上博（二）‧從政》甲五：「享五德」，原考釋釋「敦」，何琳儀
則釋爲「庸」，讀爲「用」。〔註240〕

〔註237〕蘇建洲：〈楚文字雜識〉，簡帛研究網，2005年10月30日。
〔註238〕季師旭昇：《說文新證（上）》，（台北：藝文，2002年），頁450～451。
〔註239〕高佑仁：《上海博物館藏戰國楚竹書（四）‧曹沫研究》，（國立台灣師範大學國文系
　　　　碩士論文，2006年6月），頁343～358。
〔註240〕何琳儀：〈滬簡二冊選釋〉，簡帛研究網，2003年1月14日。另可參黃德寬：〈戰國

此簡「中![字]」讀爲「中庸」或「中準」皆有可能。季師旭昇提出二項理由，認爲此處應暫從原考釋讀爲「中準」：

> 此處談「毋忘姑姊妹而遠敬之」，屬家族禮儀類，讀「中庸」，似求之太深；而且本簡果真不屬〈內豊〉，其上下又有闕文，下文接何詞句不可知，姑從原考釋爲是。若讀「中準」，則「中準」不必是複詞，中，適合，《論語・微子》：「言中倫，行中慮。」即此義。準，準繩、標準。〔註241〕

案：師說可從。《廣韻・送韻》曰：「中，當也。」《論語・子路》：「刑罰不中，則民無所錯手足。」「準」即標準、準則之意，《荀子・致士》曰：「程者，物之準也；禮者，節之準也。」「中準」即「切中準則、合乎規矩」之意。因此「奉之以中準」整句的意思即是「尊奉此道以求合乎規矩」。

第五節　結　論

福田哲之曾撰文討論〈內豊〉的文獻性質，將〈內豊〉與〈曾子立孝〉、〈曾子事父母〉作一詳細比較，對於〈內豊〉所依據的先行資料問題，他的看法是：

> 關於這一點，大致上分爲兩種見解。一種見解認爲，〈內豊〉所根據的是和《漢書・藝文志》所載《曾子》十八篇有關聯的〈曾子〉相關材料。另一種見解則認爲，是根據與曾子無直接關聯之階段的「禮」相關材料而成。曾子學派是孔門的代表學派之一，有子思、孟子、樂正子等卓越的弟子、後輩。據此推測，《曾子》原始本子之成立應該溯及相當早的時期。這樣一來，我們很難想像以孝爲中心的《內豊》會和曾子毫無關係，恐怕其根據《曾子》相關材料而成的可能性很高。《內豊》與被視爲是《曾子》十八篇之一部分的〈曾子立孝〉、〈曾子事父母〉對應的章節，正是這種情況的具體反映。之所以將和〈曾子立孝〉、〈曾子事父母〉對應的章節，置於以孝爲中心、闡述禮之實踐的〈內豊〉開篇處，也是以曾子的存在作爲前提。〔註242〕

其說可從。由於〈內豊〉可與〈曾子立孝〉、〈曾子事父母〉內容相對照，由其

楚竹書（二）釋文補正〉，簡帛研究網，2003 年 1 月 21 日。

〔註241〕季師旭昇主編：《上海博物館藏戰國楚竹書（四）讀本》，（台北：萬卷樓，2007 年），頁 124。

〔註242〕（日）福田哲之：〈上博楚簡《內豊》的文獻性質——以與《大戴禮記》之《曾子立孝〉、曾子事父母爲比較中心〉，武漢大學簡帛研究中心主辦《簡帛》第一輯，2006 年 10 月，頁 175。

中語句、文意相同處，我們可以確知〈內豊〉所記載的即是曾子的言論。儒家的孝道思想由孔子率先提出，直至曾子，不但繼承了孔子的孝道觀念，更全面地闡揚、以身心履行了孝道。〔註243〕《漢書・藝文志》曰：「《孝經》者，孔子爲曾子陳孝道也。夫孝，天之經，地之義，民之行也。舉大者言，故曰《孝經》。」曾子承繼了孔子的倫理思想，把孝道的範圍擴大，成爲最高原則。《大戴禮記・曾子大孝》曰：

> 夫孝者，天下之大經也。夫孝置之而塞於天地，衡之而衡於四海，施諸後世而無朝夕，推而放諸東海而準，推而放諸西海而準，推而放諸南海而準，推而放諸北海而準。

〈曾子大孝〉又云：

> 居處不莊，非孝也；事君不忠，非孝也；蒞官不敬，非孝也；朋友不信，非孝也；戰陳無勇，非孝也。

由〈內豊〉的內容來看，開篇言「君子之立孝，愛是用，禮是貴」，接著論述君臣、父子、兄弟之間的對待之道，正合於曾子將「孝」視爲德之本的論點。「曾子將孝道滲入社會生活的每個方面，將孝置於至尊的地位，這在儒家諸學派是相當突出的」，〔註244〕因此單由〈內豊〉簡文來看，我們也很容易將它與曾子作一聯想。

〈內豊〉的出土，也填補了儒家思想中源於父子天性的「孝」，演變爲《孝經》「移孝作忠」的脈絡。孔子不曾謂事君爲「孝」道的表現，然而〈曾子大孝〉云「事君不忠，非孝也」、〈曾子立事〉云：「事父可以事君」，顯示曾子已經把孝與忠君相互連繫。〈內豊〉謂：

> 故爲人君者，言人之君之不能使其臣者，不與言人之臣之不能事其君者；故爲人臣者，言人之臣之不能事其其君者，不與言人之君之不能使其臣者。故爲人父者，言人之父之不能畜子者，不與言人之子之不孝者；故爲人子者，言人之子之不孝者，不與言人之父之不能畜子者。故爲人兄者，言人之兄之不能慈弟者，不與言人之弟之不能承兄者；故爲人弟者，言人之弟之不能承兄者，不與言人之兄之不能慈弟者

〈曾子大孝〉謂：

> 故爲人子而不能孝其父者，不敢言人父不畜其子者；爲人弟而不能承其兄者，不敢言人兄不能順其弟者；爲人臣而不能事其君者，不敢言人君不能

〔註243〕賈繼海：〈曾子對孔子孝道觀的繼承〉，《山東理工大學學報（社會科學版）》，2005年3月，第21卷第2期。

〔註244〕羅新慧：〈曾子與《孝經》——儒家孝道理論的歷史變遷〉，《史學月刊》1996年第5期，頁7。

使其臣者也。故與父言，言畜子；與子言，言孝父；與兄言，言順弟；與
弟言，言承兄；與君言，言使臣；與臣言，言事君。

曾子把孔子「君君、臣臣、父父、子子」的正名思想融入了孝道當中，〈曾子大
孝〉與〈內豊〉這些言論，代表了忠君、事君，已涵蓋於孝道的範圍。然而就這兩
者的內容而言，我們可以推論〈內豊〉的思想，應更早於〈曾子立孝〉。由〈內豊〉
之談論「君臣、父子、兄弟」的相互對待，再比對〈曾子立孝〉單方面對「臣、子、
弟」的要求，這代表了儒家「孝」推衍至「忠」的過程，也可窺見儒家是如何逐步
把五倫轉化爲上下從屬關係的「三綱說」。

第六章 〈相邦之道〉校釋

第一節 前 言

　　本篇爲《上海博物館藏戰國楚竹書（四）》第六篇，僅存殘簡四支，第四支簡句末有終結符號，並留餘白，當爲全篇最後一簡，餘三簡皆殘斷。現共存一百零七字，其中合文五，重文一。原考釋者張光裕先生說明：「由於四簡字體相同，內容亦差相配合，故歸併爲一組。簡文原無篇題，今因末簡記孔子與子貢答問，涉及相邦之道，故以名篇。」

　　原考釋謂：

> 篇中第一簡有「宵（靜）呂（以）寺（待），寺＝（待時）出」句，揆諸上下文意，其欲爲君相邦者，無論個人修養與有關事物皆宜先作準備，以期乘時報效家國，而「爲國相邦」亦需重「民事」，孟子云：「民事不可後也。」（《孟子・滕文公上》）又《韓非子・解老》：「有道之君，外無怨讎於鄰敵，而內有德澤於人民……過諸侯有禮義則役希起，治民務本則淫奢止。」明君爲國，理應如此。至於本篇四簡所記時君「不問有邦之道，而問相邦之道」，正是「民以君爲心，君以民爲體」（《禮記・緇衣》）之表現，無怪乎孔子與子贛（貢）對話中不期然以「不亦摯（欽）虖（乎）」深表欽佩之情。是篇內容雖多殘缺，然已充分表達時君愛國愛民，並具仁德之心，備見儒家對王道觀念之重視，可取與《上海博物館藏戰國楚竹書（二）・從政》篇並觀。〔註1〕

〔註 1〕 馬承源主編：《上海博物館藏戰國楚竹書（四）》，（上海：上海古籍出版社，2004 年），頁 233。

　　然而哀公詢問的「相邦之道」，指已爲相邦之人，如何輔佐國君治理國家，若孔子回答的方向是「欲爲君相邦者，無論個人修養與有關事物皆宜先作準備，以期乘時報效家國」，就顯得答非所問。而且根據孔子一再強調的「正名」、「思不出其位」等思想觀，哀公詢問「相邦之道」，孔子應不可能對此以「不亦欽乎」大加讚賞。

　　本文認爲簡文內容可分爲兩部分，第一部分爲第一簡至第三簡，乃魯哀公與孔子對於「相邦之道」及「民事」二個問題的問答。哀公向孔子詢問「相邦」之道，孔子認爲欲相邦者，應以人民所欲爲先，使強者順服，察知民患，等待適當時機以推行政事；其後哀公又詢問「民事」，由殘存簡文可見，孔子認爲至少需做到農、工、軍事三方面的充實與準備。第二部分則爲第四簡，乃孔子退出宮廷後與子貢之間的問答。在哀公的提問中，孔子特別向子貢言及了「相邦之道」，認爲哀公此問失當。

第二節　竹簡形制及編聯

　　〈相邦之道〉僅存四簡。第一簡上、下兩端皆殘，長二十四‧八釐米。現存二十七字，其中合文二，重文一。

　　第二簡上端殘，下端平齊完整，長十七‧一釐米。現存十四字，其中合文一。

　　第三簡上、下端皆殘，長二十二‧八釐米。現存二十三字。

　　第四簡爲兩斷簡綴合，上段長十六‧六釐米，下段長三十五釐米。現存四十三字，其中合文二。簡文末有篇結束符，當爲末簡。

第三節　〈相邦之道〉簡文校釋

【釋文】

　　「……先其欲〔1〕，備（服）其勞（強）〔2〕，牧其悉（患）〔3〕，青（靜）㠯（以）寺（待）〔4〕，時＝（待時）出〔5〕，古（故）此事＝（事事）出政（政，政）毋忘所㕥（治）事〔6〕，……【一】……□□□□人，可胃（謂）㹇（相）邦〔7〕矣▄。」

　　公曰：「敢昏（問）民事〔8〕？」孔＝（孔子）……【二】……農夫勸於耕，以實官蒼（倉）〔9〕；百攻（工）懃（勸）於事〔10〕，㠯（以）實寶（府）庫〔10〕；眾（庶）民〔12〕懃（勸）於四枳（肢）之埶（藝），㠯（以）備軍旅〔13〕……【三】者〔14〕。」

孔＝（孔子）退，告子贛（貢）〔15〕曰：「虗（吾）見於君〔16〕，不昏（問）又（有邦）之道，而昏（問）䛑（相）邦之道，不亦惑（惑）虖（乎）〔17〕？」子贛（貢）曰：「虗（吾）子〔18〕之答也可（何）女（如）？」孔＝（孔子）曰：「女訶（汝思）〔19〕∟。」【四】

【語譯】

「……人民之所欲，相邦者應該先想到、先做到；人民（以及豪族）的強者，要讓他們悅服；人民的戚患要仔細察知；遇事勿急燥，宜靜而待之，謀定而後動，到最適當的時候才處理；勤於職守以出政令。政毋忘所治事，即毋忘所治理之事，…………人，可以稱得上是『相邦』了。」

魯哀公說：「請問民事方面的事？」孔子：「……農民勉力於農耕，以充實官倉；百工勉力於器械製作，以充實府庫；庶民勉力於強身健體之技藝，用來準備軍事……者。」

孔子告退後，告訴子貢說：「我去面見國君，國君不詢問我治理邦國的道理，反而問我輔助邦國的道理，不是有所過失嗎？」子貢說：「夫子您的回答是什麼呢？」孔子說：「你想想吧。」

〔1〕先其欲

【各家說法】

1. 原考釋謂：

   凡謀事首需確知意欲所在，應有所為而為，故云「先其欲也」。〔註2〕

2. 淺野裕一釋「先其欲」為「巧妙地引導人民的欲望」，謂：

   殘存部分的開頭三句，同樣都有「A 其 B」的句型，而「其」被認為是指「民」。〔註3〕

3. 季師旭昇謂：

   本篇開頭三句的「其」字都應該指人民。「先其欲」，謂人民之所欲，相邦者應該先想到、先做到。

   「相邦之道」是指已為相邦之人，輔助國君治國之道；而不是未為相邦之

〔註2〕 馬承源主編：《上海博物館藏戰國楚竹書（四）》，（上海：上海古籍出版社，2004 年），頁 234。

〔註3〕 （日）淺野裕一〈上博楚簡《相邦之道》的整體結構〉，《「新出土文獻與先秦思想重構」國際學術研討會論文集》，（台北：台灣大學哲學系、中央研究院中國文哲研究所、輔仁大學文學院、東吳大學哲學系，2005 年 3 月），頁 8-4。

　　人，儲備相邦之能力。因此，本句的「其」字也應該指「人民」。〔註4〕

【思婷案】

　　據〈相邦之道〉第二簡簡文云：「……□□□□人，可謂相邦矣」，我們可以明白，這裡的「可謂相邦矣」一句，乃總結上文之語，意即由第一簡「先其欲」至第二簡「……□□□□人」，都是孔子向哀公說明何謂「相邦之道」的內容。

　　原考釋謂「本簡備言欲相邦者所需之個人修養及準備功夫，循序陳述，層次分明」〔註5〕，認為「先其欲」至「待時出」數句，屬於說明自身修養的階段所應為之事。循著這樣的思路，則「其」字只能用作代名詞，用以指稱「欲相邦者」。

　　然而由第二簡孔子「可謂相邦之道」的結語可知，哀公請教孔子的重點在於「輔佐助治理國家（相邦）的方法為何」，而不是「如何能居相邦之位」，因此若依原考釋之說，將這個段落的文字視為「欲相邦者所需之個人修養及準備功夫」，則不能切合哀公所提出的疑問。故此處之「其」字，應依淺野裕一之說，用以指稱「人民」。季師釋「先其欲」為「人民的欲望，相邦者應先想到、先做到」，可從。

　　《尚書‧周書‧泰誓》云：「天矜于民，民之所欲，天必從之。」人民為了生存的需要，產生了各種的「欲」，而一個盡責的政府，必須能滿足人民生活上的基本欲望。

　　孔子即以養民為要務。子謂子產「有君子之道四焉」，「養民也惠」即其中之一端〔註6〕。《論語》曰：

> 季氏富於周公，而求也為之聚斂而附益之。子曰：「非吾徒也，小子鳴鼓而攻之，可也！」（〈先進〉）
>
> 哀公問於有若曰：「年饑，用不足，如之何？」有若對曰：「盍徹乎？」曰：「二，吾猶不足，如之何其徹也？」對曰：「百姓足，君孰與不足？百姓不足，君孰與足？」（〈顏淵〉）
>
> 子適衛，冉有僕。子曰：「庶矣哉！」冉有曰：「既庶矣，又何加焉？」曰：「富之。」曰：「既富矣，又何加焉？」曰：「教之。」（〈子路〉）

　　孔子亦曾對魯哀公說：「政之急者，莫大乎使民富且壽也。」（《孔子家語‧賢君》）由孔子的言論來看，其所言養民之途徑，不外乎裕民生、輕賦稅、惜力役、節財用

〔註4〕　季師旭昇主編：《上海博物館藏戰國楚竹書（四）讀本》，（台北：萬卷樓，2007年3月），頁127。

〔註5〕　馬承源主編：《上海博物館藏戰國楚竹書（四）》，（上海：上海古籍出版社），頁234。

〔註6〕　《論語‧公冶長》：子謂子產「有君子之道四焉：其行己也恭，其事上也敬，其養民也惠，其使民也義」。

等等，並認爲執政者不僅要使人民過著富庶的生活，還要更進一步地教育人民，因爲「養民」是國家必要的政策，卻不是最高的目標；充裕的衣食，僅是人民生活的必要條件，以「德」以「禮」教化人民，才能使人民具有美善的品性與行爲。

孔子「教」、「養」人民、滿足人民基本欲求的思想，亦爲後世儒者所重。《孟子》曰：

> 明君制民之產，必使仰足以事父母，俯足以畜妻子；樂歲終身飽，凶年免於死亡；然後驅而之善，故民之從之也輕。今也制民之產，仰不足以事父母，俯不足以畜妻子；樂歲終身苦，凶年不免於死亡；此惟救死而恐不贍，奚暇治禮義哉？（〈梁惠王上〉）

由此段文字可知，孟子甚至將滿足人民生活需求置於道德教化之前，將其視爲第一要務，葉仁昌謂：

> 處於貧窮線以下的人們，往往難以保有自覺的尊嚴，而自我尊嚴感正是道德實踐所不可或缺的心理狀態。甚至，因爲迫於眼前的基本匱乏和生存威脅，以致鋌而走險、作姦犯科。據此，孟子也同樣，在溫飽的前提下才易進一步將百姓「驅而之善」（孟子‧梁惠王上）。相反地，若「惟救死而恐不贍，奚暇治禮義哉？」（孟子‧梁惠王上）顯見，對孟子而言，貧窮不僅不是美德的條件，還會導致寡廉鮮恥，成爲美德的障礙。而養民既是統治者的仁政，更是人民賴以進一步實踐美德的物質基礎。〔註7〕

荀子也主張人民必須富足，《荀子》曰：

> 舜曰：「維予從欲而治。」（《荀子‧大略》）

> 不富無以養民情，不教無以理民性。故家五畝宅，百畝田，務其業而勿奪其時，所以富之也。立大學，設庠序，脩六禮，明七教，所以道之也。《詩》曰：「飲之食之，教之誨之。」王事具矣。（《荀子‧大略》）

> 人之情，食欲有芻豢，衣欲有文繡，行欲有輿馬，又欲夫餘財蓄積之富也，然而窮年累世不知不足，是人之情也。（《荀子‧榮辱》）

> 以人之情爲欲多而不欲寡，故賞以富厚而罰以殺損也，是百王之所同也。故上賢祿天下，次賢祿一國，下賢祿田邑，愿愨之民完衣食。（《荀子‧正論》）

荀子肯定物質生活的富足乃「人之情」，是「人情之所同欲也」，因此統治者應該予以滿足，並且利用「人之情」的好惡趨向以教化人民，即所謂「不富無以養民情，不教無以理民性」。

〔註7〕 葉仁昌：〈儒家財富思想與經濟發展〉，《「中國傳統政治智慧的再發現」學術研討會》，（國立臺灣大學政治學系，2004年），頁5。

　　為政者若不能順應人民的欲望，使百姓的生活具有一定的水準，那麼政府就不能算是盡到應有的職責；相對來說，人民的生活不能安定，那麼國家的生產也不能發達。故自古以來，人民之所欲所求，一向為賢能的執政者所重視。

　　孔子重視養民之務，認為能「博施濟眾」，乃聖人之業〔註8〕，古今從政者的成敗優劣，亦視其是否能養民而定。故簡文云「先其欲」，要求相邦者應先想到、做到人民的欲求，十分合乎孔子的政治主張。

〔2〕備（服）其㝅（強）

【各家說法】

　　原考釋謂：

　　　　「備」《說文‧用部》云：「䚪，具也。」《廣雅‧釋詁三》：「詮、錄……備、饌，具也。」《國語‧周語下》：「財以備器。」韋昭注：「備，具也。」《備其強》當言厚儲實力，或亦隱含「陰陽備，物化變乃生」（馬王堆漢墓帛書《十六經‧果童》）之意，與「君子強行，以待名之至也」（《上海博物館藏戰國楚竹書（二）‧從政》乙篇第五簡）意亦相若。〔註9〕

　　淺野裕一讀本句為「備其強」，釋為「設法使人民精進努力於生計」。〔註10〕

　　季師旭昇謂：

　　　　「備」應該讀為「服」（楚文字「備」多讀為「服」），「服其強」意思是：人民（以及豪族）的強者，要讓他們悅服。〔註11〕

【思婷案】

　　楚系「備」字作 、![字形](帛甲 5.9)、![字形](郭‧成 5）等形，下方或訛似「用」形作 ![字形](曾 137），或訛為「人」形並加「止」形作 ![字形](郭‧語一 94），與《說文》「備」之古文 ![字形] 相近。本簡「備」字作 ![字形]，「人」形略小偏於左上，與

〔註8〕　子貢曰：「如有博施於民而能濟眾，何如？可謂仁乎？」子曰：「何事於仁，必也聖乎！堯、舜其猶病諸！夫仁者，己欲立而立人，己欲達而達人。能近取譬，可謂仁之方也已。」

〔註9〕　馬承源主編：《上海博物館藏戰國楚竹書（四）》，（上海：上海古籍出版社，2004 年）頁 234。

〔註10〕（日）淺野裕一：〈上博楚簡《相邦之道》的整體結構〉，《「新出土文獻與先秦思想重構」國際學術研討會論文集》，（台北：台灣大學哲學系、中央研究院中國文哲研究所、輔仁大學文學院、東吳大學哲學系，2005 年 3 月），頁 8-4。

〔註11〕季師旭昇主編：《上海博物館藏戰國楚竹書（四）讀本》，（台北：萬卷樓，2007 年 3 月），頁 127。

猤（郭・成 5）的寫法相同。

「**雰**」亦見於郭店楚簡，即楚系「強」字，或作**粉**（曾 7）、**雰**（天卜）、**粉**（包40）等形，或於「弘」下加橫筆以示分化，或加「力」爲義符。

季師謂此處「備」字不當釋爲「完備」之義，應讀作「服」，可從。「備」所從之聲符「**茜**」，甲骨文作**茜**（鐵 2.4），象矢在箙中之形，「箙」爲後起之形聲字。「備」與「服」古音相近，古「備」字常讀作「服」，古籍中如《韓詩外傳》：「於是黃帝乃服黃衣。」《說苑》「服」作「備」；郭店楚簡《緇衣》16 簡謂：「倀民者衣備不改」，即「長民者衣服不改」；《緇衣》41 簡謂：「寺員：『備之亡懌』」，即「詩云：『服之亡懌』」；又如《唐虞之道》第三簡謂：「虽用戈，正不備也」，即「夏用戈，征不服也」。簡文「備其強」應從季師之說讀爲「服其強」。

「服其強」之「其」字，承上文所述，應指稱「人民」。「服」則應釋爲「使服從、使順從」之義，其用法同於《戰國策・秦策五》：「勝而不驕，故能服世」，高誘注曰：「王者德大不驕逸，故能服鄰國。服，慊也。」至於「強」字，對照前後之「先其欲」、「牧其惓」二句，可知應視爲名詞。人民中的強者，應指「豪強〔註12〕」之類。「服其強」意即「使人民中的豪強順服」。

春秋戰國時代，即有「豪強」存在。劉增貴說明「豪彊」的變遷，謂：

> 東周以下，古代的城邑逐漸變質，形成鄉里組織。里成爲社會的基層單位。里中的領導階層，是以年齒爲主的「父老」，與其相對的則爲「子弟」。然而，隨著社會變遷的加速，里中的有力者往往藉其才能或財、力脫穎而出，成爲與父老並存的力量，這些人就是「豪桀」〔註13〕。他們廣事交游，并兼鄉里，形成地方上的另一股勢力。早在墨子「號令篇」中「豪桀」已與「父老」、「長者」並稱了。……不過就傳統的鄉里秩序來看，豪桀畢竟是不安定的力量，……就統治階層的角度來看，不得不加以裁抑。〔註14〕

人民中的強者，其所倚恃的不是「財」就是「力」。春秋戰國之際的戰亂頻仍、社會變遷快速，於是形成了許多流動人口（游士、游俠、游民），他們通常不具經濟

〔註12〕 劉增貴說明「豪族」一詞：「起於明治以來的日本學者，其後傳入我國，逐亦爲國人所通用。然而史書中『豪族』一詞出現甚少，相反的『豪強』、『大姓』、『名族』等詞語反而常見。」（參《漢代豪族研究：豪族的士族化與官僚化》，（台北市：撰者，1985 年，頁 11）。故此處釋爲「豪強」，不釋爲「豪族」。

〔註13〕 劉增貴謂：「『豪桀』之外，『豪』、『俠』、『豪彊』、『豪猾』、『姦猾』諸詞也都常見，皆指俠類的人物，詞意也相通。」（參《漢代豪族研究：豪族的士族化與官僚化》，（臺北市：撰者），1985 年，頁 19）

〔註14〕 劉增貴：《漢代豪族研究：豪族的士族化與官僚化》，（台北市：撰者），民國 74 年（1985），頁 17～18。

基礎，輕財好施；另一方面，由於秦國行分異之令，故秦國以小家庭結構居多，但東方六國的上層社會仍有強大的宗族凝聚力，例如昭、屈、景、懷、田等六國強宗。同時由於土地開始私有化，產生了大地主；工商開始發展，產生了如烏氏、寡婦清等商賈。以上這些成員，形成了強大的社會勢力。

由於這些社會的潛在勢力，往往武斷鄉曲、權行州域，并兼人力或財富，對朝廷政令的施行造成阻撓，因此執政者為了消弭這些勢力的威脅，經常是剛柔並濟地對他們採取兩種方式與態度，即「打擊限制」與「引用教化」。〔註15〕

秦統一天下後，曾為了打擊這些豪強，採用了遷徙的方式。秦始皇把六國富豪和強宗十二萬戶徙到咸陽，以求削弱各地豪強及六國貴族的地方勢力，並可發展京畿經濟，繁榮國都，尹宙碑即謂：「秦兼天下，侵暴大族，支判流僆，或居三川，或徙趙地」。直至漢高祖時期，亦曾徙齊諸田楚昭屈景及諸功臣家至長陵。這種強硬的遷徙政策，一直為後世所延用。

相對於「圍堵」的態度，執政者有時亦運用「疏導」的方式，使豪強為己所用，例如漢代王溫舒「擇郡中豪敢吏十餘人為爪牙，皆把其陰重罪，而縱使督盜賊」，《漢書‧朱博傳》云：

> 博治郡，常令屬縣各用其豪桀以為大吏，文武從宜。縣有刻賊及它非常，博輒移書以詭責之。其盡力有效，必加厚賞：懷詐不稱，誅罰輒行，以是豪強熱服。

由此觀之，引用地方上的豪傑，使阻力變成助力，也是一種消除豪強勢力的方法。

由於東周時期即有豪強勢力存在，這個棘手的問題，必然是相邦從政者所須面臨的嚴峻考驗之一。簡文云「備（服）其強」，意味著相邦者必須使豪強順服，其所運用的方式，或即包括「打擊限制」與「引用教化」二者。

〔3〕牧其惓（患）

【各家說法】

張光裕謂：

> 「牧」，於此固有引領、護牧之意，而《周易‧謙卦》：「謙謙君子，卑以自牧也。」「自牧」，則又與修養攸關。〔註16〕

〔註15〕劉增貴：《漢代豪族研究：豪族的士族化與官僚化》，（台北市：撰者，1985年），頁96～131。

〔註16〕馬承源主編：《上海博物館藏戰國楚竹書（四）》，（上海：上海古籍出版社，2004年12月），頁234。

「惓（倦）」字亦見《上海博物館藏戰國楚竹書（一）・孔子詩論》第四簡「民之又罷惓（倦）也」，又《性情論》第三十一簡「凡憂惓（倦）之事欲任，樂事欲後」，而「凡憂惓（倦）之事」於《郭店楚墓竹簡・性自命出》第六十二簡則書作「凡憂患之事」，「憂患」猶言憂慮，如《論語・季氏》：「不患寡而患不均，不患貧而患不安。」《玉篇》：「惓，悶也。」《說文》：「悶，懣也。」又「懣」下云：「煩也。」段玉裁注：「煩者，熱頭痛也，引申之凡心悶皆爲煩。」由是得知「惓」當有「煩悶」義，與「患」義亦相當。《逸周書・命訓》：「古之明王，奉此六者以牧萬民，民用而不失。」。〔註17〕

淺野裕一讀此句爲「牧其惓」，釋爲「消解人民的倦怠」。〔註18〕

季師旭昇謂：

> 本簡「惓」字應讀爲「患」，意義較清朗；「牧」，察也，見《方言》卷十二。牧其患，謂人民的戚患要仔細察知。〔註19〕

【思婷案】

原考釋將「牧其惓（倦）」釋爲「如有煩悶憂慮則宜加以疏導及調息抒解」，認爲「牧其惓」仍在說明自身修養的階段所應爲之事。

這樣的說解產生三個問題：其一，《龍龕手鏡・心部》云：「惓，悶也。」然而據《論語》「子曰：『德之不修，學之不講，聞義不能徙，不善不能改，是吾憂也』」（〈述而〉）、「仁者不憂」（〈憲問〉、〈子罕〉）、「君子憂道不憂貧」（〈衛靈公〉）、「不患無位，患所以立；不患莫己知，求爲可知也」（〈里仁〉）、「不患人之不己知，患其不能也」（〈憲問〉）等孔子之言，君子所憂慮之事，並非自身的小利小惠，而是關於道德學養方面，那麼這樣的憂慮，並不似一般單純的心情煩悶，用「疏導、調息抒解」的方式就可解決。其二，「牧其惓」的「其」字應同上二句，釋爲「人民」。其三，「牧其惓（倦）」不應是原考釋所謂「欲相邦者所需之個人修養及準備功夫」，而是已執政者，必須爲人民服務考量之事。

「牧」應釋爲「監察、監臨」之意。《方言》卷十二：「牧，察也。」《小爾雅・

〔註17〕馬承源主編：《上海博物館藏戰國楚竹書（四）》，（上海：上海古籍出版社，2004 年），頁 234。

〔註18〕（日）淺野裕一：〈上博楚簡《相邦之道》的整體結構〉，《「新出土文獻與先秦思想重構」國際學術研討會論文集》，（台北：台灣大學哲學系、中央研究院中國文哲研究所、輔仁大學文學院、東吳大學哲學系，2005 年 3 月），頁 8-4。

〔註19〕季師旭昇主編：《上海博物館藏戰國楚竹書（四）讀本》，（北京：中華書局，2004 年 12 月），頁 128。

廣言》：「牧，臨也。」葛其仁疏證：「牧者，《周禮》『建其牧。』牧有臨民之義，故釋爲臨。《方言》：『監、牧，察也。』牧與監同義。《說文》：『監，臨下也。』」《鬼谷子‧反應》：「見其情，隨而牧之。」俞樾注：「此牧字當訓察。故下文曰：『其變當也，而牧之審也。牧之不審，得情不明。』」

，从心卷聲。此字亦見於上博一《性情論》簡 31「憂之事」，此句於郭店楚簡《性自命出》簡 62 作「憂患之事」，故知讀爲「患」，卷（見紐元部）、患（匣紐元部）聲母皆爲喉音，二字聲近韻同，故可通假。

「患」，可釋爲「憂」。《說文》：「患，憂也。」《論語‧學而》：「子曰：『不患人之不己知，患不知人也。』」《呂氏春秋‧重言》：「卿大夫恐懼，患之。」高誘注：「患，憂。」

「牧其惓（患）」應從季師所釋，謂人民的戚患要仔細察知。

《墨子‧非樂上》曾指出：「民有三患：飢者不得食，寒者不得衣，勞者不得息，三者民之巨患也。」《荀子‧富國》亦云：「使百姓無凍餒之患，則是聖君賢相之事也。」可見人民所患，在於生活是否溫飽、作息是否合宜，這樣的基本需求，是爲政者必須加以滿足的。因此，當百姓的生活出現戚患時，爲政者必須察知問題所在，並了解問題發生的原因究竟是天災抑或人禍，設法加以解決。

正如荀子所言，能解除百姓憂患者，即爲聖君賢相，史書中對於這樣的聖君賢相，亦持肯定態度。如《左傳‧成公十八年》記曰：「晉悼公即位于朝。始命百官，施舍、已責，逮鰥寡，振廢滯，匡乏困，<u>救災患</u>，……所以復霸也。」《左傳‧昭公十四年》：「夏，楚子使然丹簡上國之兵於宗丘，且撫其民。分貧，振窮；長孤幼，養老疾；收介特，<u>救災患</u>……。」故孔子將「牧其惓（惓）」列爲相邦者所行之事。

〔4〕霄（靜）呂（以）寺（待）

張光裕先生謂：

「霄」，讀爲靜，郭店楚簡《性自命出》第六十二簡：「身谷霄（靜）而毋訜。」「靜」，實爲上乘之修養功夫，「靜以待」，亦謀定而後動之前奏。〔註20〕

淺野裕一釋「靜以待」爲「等待時機」。〔註21〕

〔註20〕 馬承源主編：《上海博物館藏戰國楚竹書（四）》，（上海：上海古籍出版社，2004 年），頁 234。

〔註21〕 （日）淺野裕一：〈上博楚簡《相邦之道》的整體結構〉，《「新出土文獻與先秦思想重構」國際學術研討會論文集》，（台北：台灣大學哲學系、中央研究院中國文哲研究所、輔仁大學文學院、東吳大學哲學系，2005 年 3 月），頁 8-4。

【思婷案】

季師旭昇謂：

> 靜以待，謂相邦者遇事勿急燥，宜靜而待之，謀定而後動。此爲處事態度，
> 與〈性自命出〉之「修養功夫」似無關係。〔註22〕

師說可從。「青」，亦見於郭店楚簡，於《性自命出》第六十二簡：「身谷青而毋款」讀爲「靜」，於《語叢（四）》第一簡：「言以司，青以舊」讀爲「情」。此處應讀爲「靜」，即不採取貿然躁進之態度。

《周易·繫辭下傳》曰：「待時而動，何不利之有？」《呂氏春秋·審分覽》亦云「無言無思，靜以待時，時至而應，心暇者勝。」《禮記·樂令》：「凡舉大事，毋逆大數，必順其時。」爲政者應等待最適當的時機，不違逆時勢而行，才能收事半功倍之效。

〔5〕時＝（待時）出

【各家說法】

原簡作「」，張光裕先生釋爲「寺＝」，認爲此乃「寺」字左下方附加合文符號，謂「寺寺」即「待時」之合文：

> 「寺＝」，疑爲「待時」之合文，「寺＝出」當讀爲「待時出」。「時出」一辭，嘗見《管子·宙合》：「多內則富，時出則當。」又《管子·山至數》：「天子以客行，令以時出。」馬王堆漢墓帛書《十六經·正亂》：「〔太〕山之稽曰：『子勿言佑，交爲之備，□將因其事，盈其寺，軒其力，而投之代，子勿言也。』上人正一，下人靜之，正以待天，靜以須人。」又《前道》云：「身載于前，主上用之，長利國家社稷，世利萬夫百生。……是故君子卑身以從道，知以辯之，強以行之，責道以并世，柔身以寺之時。王公若知之，國家之幸也。」其所稱述，或可爲本簡作一注腳。要之，「待時出」云者，蓋深明「窮達以時」之至理，並已清楚表達欲爲君相邦者之心聲。〔註23〕

陳斯鵬則釋爲「時＝」，仍讀爲「待時」：

> 比較前一「寺」字之作，可知其下部並不僅是「又」，而很可能是包含了「日」和「又」兩個部件，只是墨蹟略損而已，然則當釋爲「時」。其

〔註22〕季師旭昇主編：《上海博物館藏戰國楚竹書（四）讀本》，（台北：萬卷樓，2007年），頁128。

〔註23〕馬承源主編：《上海博物館藏戰國楚竹書（四）》，（上海：上海古籍出版社，2004年），頁234。

寫法與郭店《性自命出》15 之作 者正同。〔註24〕

淺野裕一釋「待時出」爲「時機到來後就發佈政令」。〔註25〕

季師旭昇謂：

待時出，謂「到最適當的時候才處理」。〔註26〕

【思婷案】

由簡文墨跡來看，陳說釋字可從，此當爲「時」字，其合文符號位於右下方。

「待時」之語常見於先秦典籍，如《左傳‧莊公八年》：「姑務修德，以待時乎！」《孟子‧公孫丑上》：「齊人有言曰：『雖有智慧，不如乘勢；雖有鎡基，不如待時』」、《管子‧霸言》：「是以聖王務具其備而愼守其時，以備待時，以時興事」、《韓非子‧五蠹》：「蓄積待時」、《呂氏春秋‧孝行覽》：「聖人之於事，似緩而急、似遲而素以待時」

原考釋將「先其欲」至「靜以待」這幾句話視爲修養功夫，又謂「『待時出』云者，蓋深明『窮達以時』之至理」，則「待時出」意味著：如時勢不得其機，要能甘於寂寞，如同姜尚鈞閒於渭水，諸葛抱膝於隆中，此待時也。

在儒家思想中，「應時」、「順時」、「隨時而變」是一個相當重要的議題。例如孔子困於陳蔡時與子路的對答中，即闡釋了士之窮達取決於天時的概念，這段記錄可見於郭店楚簡〈窮達以時〉(如第 15 簡謂：「窮達以時，幽明不再。故君子惇於反己」)、《荀子‧宥坐》(如「君子博學深謀，脩身端行，以俟其時」)、《孔子家語‧在厄》(如「夫遇不遇者，時也，賢不肖者，才也。君子博學深謀而不遇時者，眾矣，何獨丘哉」) 等文獻。

然而前文已討論過，「先其欲」至「待時出」等文句，若解釋爲個人修養準備功夫，那麼就不能呼應哀公「何謂相邦之道」的疑問。哀公所詢問的重點，在於已身處相邦之位者，如何善盡「相邦」的責任。此句「待時出」之「出」字若釋爲「出仕」之意，就和哀公之問相牴觸。既然已經是「相邦者」，爲何又要「等待時機出仕」呢？

故此句應承上文「靜以待」而來，相邦者所等待的，就是發佈政令的適當時機。

〔註24〕陳斯鵬：〈初讀上博竹書（四）文字小記〉，簡帛研究網，2005 年 3 月 5 日。

〔註25〕（日）淺野裕一：〈上博楚簡《相邦之道》的整體結構〉，《「新出土文獻與先秦思想重構」國際學術研討會論文集》（台北：台灣大學哲學系、中央研究院中國文哲研究所、輔仁大學文學院、東吳大學哲學系，2005 年 3 月）頁 8-4。

〔註26〕季師旭昇主編：《上海博物館藏戰國楚竹書（四）讀本》，（台北：萬卷樓，2007 年 3 月），頁 129。

爲政者必須在時機的運用掌控上拿捏得當，這也是先秦諸子在談論政治時，經常提到的重點，如《論語・學而》：

> 子曰：「道千乘之國，敬事而信，節用而愛人，使民以時。」

《孟子・梁惠王上》：

> 不違農時，穀不可勝食也；數罟不入洿池，魚鱉不可勝食也；斧斤以時入山林，材木不可勝用也。穀與魚鱉不可勝食，材木不可勝用，是使民養生喪死無憾也。養生喪死無憾，王道之始也。五畝之宅，樹之以桑，五十者可以衣帛矣！雞豚狗彘之畜，無失其時，七十者可以食肉矣！百畝之田，勿奪其時，數口之家可以無飢矣！謹庠序之教，申之以孝悌之義，頒白者不負戴於道路矣。

《周禮・地官司徒》：

> 閭師：掌國中及四郊之人民、六畜之數，以任其力，以待其政令，以時徵其賦。

《禮記・中庸》：

> 時使薄斂，所以勸百姓也

《大戴禮記・誥志》：

> 子曰：「知仁合則天地成，天地成則庶物時，庶物時則民財敬，民財敬以時作；時作則節事，節事以動眾，動眾則有極；有極以使民則勸，勸則有功，有功則無怨，無怨則嗣世久，唯聖人！」

《荀子・天論》：

> 政令不明，<u>舉錯不時</u>，本事不理，夫是之謂人祅。

在以農立國的社會裡，由於萬物必須順時生養，所以爲政者必須「不違農時」。同時，在治理百姓，發佈政令時，也必須順應形勢，靜守待時，若發出政令的時機成熟，百姓翕然從之，如水到渠成；相反地，妄出政令，不但未能解決問題，且又擾民，相邦者只是徒勞而無功。

〔6〕古（故）此事＝（事事）出政（政，政）毋忘所台（治）事

【各家說法】

本句學者皆未釋。季師旭昇謂：

> 故此，疑釋「因此」。事事出政，首一「事」字疑當釋爲「勤」（見《爾雅・釋詁・下》）；次一「事」字釋爲「職守」（見《荀子・大略》「臣道知事」楊倞注），全句謂：勤於職守以出政令。政毋忘所治事，即毋忘所治理之

事。末一「事」字原缺，據殘餘字形，似爲「事」字。〔註27〕

【思婷案】

季師釋此句爲「故此事事出政，政毋忘所治事」，意爲「勤於職守以出政令。政毋忘所治理之事」。師說可從。

「故此」，即「因此」之意，如《管子‧輕重乙》曰：

桓公曰：「寡人欲毋殺一士，毋頓一，而辟方都二，爲之有道乎？」管子對曰：「涇水十二空，汶淵洙浩滿三之，於乃請以令使九月種麥，日至日穫，則時雨未下而利農事矣。」桓公曰：「諾。」令以九月種麥，日至而穫，量其艾，一收之積，中方都二，故此所謂善因天時，辯於地利，而辟方都之道也。

首一「事」字，應釋爲「勤勞」之意。《爾雅‧釋詁下》：「事，勤也。」邢昺疏：「謂勤勞也。」《韓非子‧外儲說左上》：「用咫尺之木，不費一朝之事，而引三十石之任致遠。」

次一「事」字，作名詞用，應釋爲「官職；職務」之意。《說文‧史部》曰：「事，職也。」《國語‧魯語上》：「卿大夫佐之，受事焉。」韋昭注：「事，職事也。」《韓非子‧五蠹》：「無功而受事，無爵而顯榮。」《禮記‧曲禮上》：「大夫七十而致事。」孔穎達疏：「致事，致職於君。」

「事事」爲一動名結構的詞組，如《慎子‧民雜》曰：「君臣之道，臣事事，而君無事。」此簡「事事」可從季師釋爲「勤於職守」。

「出政」即「發布政令」，如《墨子‧非命下》：「出政施教，賞善罰暴」、《晏子春秋‧景公異熒惑守虛而不去晏子諫第二十一》：「爲善不用，出政不行」。

「𤔲」字常見於楚系簡帛，或讀作「始」，如「道𤔲（始）見於情，情生於性」（郭‧性3）；或讀作「詞」，如「言以𤔲（詞），情以久」（郭‧語四1）。此處原考釋讀「𤔲」爲「治」，就聲韻來說，𤔲（心紐之部）、治（定紐之部）兩者音近可通，然而「𤔲」似可逕讀爲「司」，即「掌管、主持」之意，《廣雅‧釋詁三》：「司，主也」，例如《詩‧鄭風‧羔裘》曰：「彼其之子，邦之司直。」毛傳：「司，主也。」此簡殘存之末字，季師據殘餘筆畫補爲「事」字，可從。《說文‧司部》：「司，臣司事於外者。」「司事」即掌管事務。

此句「政毋忘所司事」，意即「（所發出的）政令內容，不忘所掌理之事」。善相

〔註27〕季師旭昇主編：《上海博物館藏戰國楚竹書（四）讀本》，（台北：萬卷樓，2007年3月），頁129。

邦者，必須上輔國君、下撫百姓，其所發出的政令，應該符合前文所言及之「先其欲，服其強……」等條件，而不是脫離「相邦者」的職權，濫出政令。故孔子除了說明相邦者須「事事出政（勤於職守以出政令）」以外，更強調相邦者發出政令時，必須「政毋忘所司事」，考量自己所肩負的責任，以邦國、百姓爲出發點，不忘記自己所掌理的權責。

〔7〕叟（相）邦

【各家說法】

「叟（相）邦」一辭未見於先秦典籍，但見於金文，張光裕謂：

> 《中山王䁘方壺》：「隹十四年，中山王䁘命相邦賈，𢾭郾吉金，釙（鑄）爲彝壺。」此外，戰國青銅兵器亦屢見之，如《四年相邦呂不韋戈》、《四年相邦呂不韋矛》、《二年相邦春平侯劍》、《十三年相邦義戈》、《八年相邦建君鈹》等，然皆只用作名詞。〔註28〕

【思婷案】

季師旭昇謂：

> 「相邦」，先秦多作「相國」，《戰國策》多見，《左傳·僖公廿三年》「吾觀晉公子之從者，皆足以相國」，用法與本篇類似。〔註29〕

青銅器銘文之「相邦」皆爲官職名，秦國、趙國、中山國、楚國皆設有此官。以楚國而言，1995 年初，江蘇眞山一號土墩墓出土一方銅印，璽文曰「上相邦璽」，據考證墓主即爲楚國春申君黃歇〔註30〕，《戰國策·楚策四》云：「朱英謂春申君曰：『君相楚二十餘年矣，雖名爲相國，實楚王也。』」至於文獻均稱「相國」，應爲西漢避劉邦之諱而改。

然而《相邦之道》，將「相邦」與「有邦」對舉，由語法來看，顯然是將「相邦」作爲動名詞組，而非作爲官職之名。「相」即「輔佐、扶助」之意，《易·泰》：「輔相天地之宜。」孔穎達疏：「相，助也，當輔助天地所生之宜。」《書·大誥》：「周公相成王。」孔傳：「相謂攝政。」「邦」，《說文·邑部》：「邦，國也。」《六書故·

〔註28〕馬承源主編：《上海博物館藏戰國楚竹書（四）》，（上海：上海古籍出版社，2004 年），頁 235。

〔註29〕季師旭昇主編：《《上海博物館藏戰國楚竹書（四）》讀本》，（台北：萬卷樓，2007 年 3 月），頁 129。

〔註30〕曹錦炎：〈關於眞山出土的「上相邦璽」〉，《故宮博物院刊》，1999 年第 2 期，總第 84 期，頁 79～80。

工事二》:「邦,國也。別而言之,則城郭之內曰國,四境之內曰邦。」故「相邦」即「輔佐助治理國家」之意。

〔8〕民事

【各家說法】

張光裕謂:

「民事」素為明君所重視。《孟子·滕文公上》:「滕文公問為國。孟子曰:『民事不可緩也。詩云:晝爾于茅,宵爾索綯。亟其乘屋,其始播百穀。』」《左傳·襄公四年》:「修民事,田以時。」《管子·國蓄》:「先王以字財物,以御民事,而平天下也。」《韓非子·解老》:「有道之君,外無怨讎於鄰敵,而內有德澤於人民……遇諸侯有禮義則役希起,治民務本則淫奢止。」〔註31〕

淺野裕一謂:

哀公又以「敢問民事」再度詢問孔子。因此,接著對第三簡所記的「民事」之內容加以嘗試檢討。

……實官倉,百工勸於事,以實府庫。庶〔民〕勸於四肢之藝,以備軍徒……。

(農民努力於農事),政府的倉庫積滿穀糧;工人勤於製作,政府的倉庫或兵器庫堆滿器具或武器。百姓則自平日起就鍛鍊身體,以備承當軍事訓練。第三簡殘存部分之意涵,大體上應是這樣。而包含「實官倉」,在內的缺損部分,從其與百工相關之文章的對應關係來看,推測是「農夫勸於耕,以實官倉」之類的文章。因此,僅從殘存部分來判斷,「民事」之內容是農業上的穀糧之生產與積囤,工業上的器具、武器之製造與蓄積,以及透過鍛鍊身體以應兵役義務之準備。〔註32〕

【思婷案】

「民事」一詞常見,或指農事,如《孟子·滕文公上》:「民事不可緩也」、《左傳·襄公四年》:「修民事,田以時」;或指「政事、民政」,如《國語·魯語下》:「天

〔註31〕 馬承源主編:《上海博物館藏戰國楚竹書(四)》(上海:上海古籍出版社,2004年),頁235。

〔註32〕 (日)淺野裕一:〈上博楚簡《相邦之道》的整體結構〉,《「新出土文獻與先秦思想重構」國際學術研討會論文集》,(台北:台灣大學哲學系、中央研究院中國文哲研究所、輔仁大學文學院、東吳大學哲學系,2005年3月),頁8-4～8-5。

子及諸候合民事於外朝，合神事於內朝」；或指「人民服傜役之事」，如《書‧太甲》：「無輕民事，爲難。」《傳》曰：「無輕爲力役之事，必重難之乃可」。

由下文孔子回答的內容：「農夫勸於耕，以實官倉；百工勸於事，以實府庫；庶民勸於四肢之藝，以備軍旅……」來看，「民事」的範圍包含了農人勤耕、工人勤事、庶民勤兵等方面。故此處的「民事」不宜釋爲「農事」或「人民服傜役之事」，應泛指人民之事，即「政事、民政」。

〔10〕農夫勸於耕，以實官倉

【各家說法】

本簡簡首殘，淺野裕一補「農夫勸於耕，以」。〔註33〕

【思婷案】

「倉」，《說文》曰：「穀藏也，倉黃取而藏之，故謂之倉。」段玉裁注：「穀藏者，謂穀所藏之處。」《詩‧小雅‧楚茨》云：「我倉既盈，我庾維億。」《國語‧越語下》：「除民之害，以避天殃，田野開闢，府倉實，民眾殷。」韋昭注曰：「貨財曰府，米粟曰倉。」

由殘存的簡文來看，此段文字爲三個排比的句型，在強調各種工作階層的人必須各盡其職。下文「百工勸於事，以實府庫」，指工匠們勉力從事器物的製作，以充實國家庫藏；「庶民勸於四肢，以備軍□」，乃針對人民勤於鍛鍊四肢，以備兵需。據此，則「實官倉」乃針對糧食穀物的蓄積，故本句「實官倉」之前應可補一「以」字，而主詞應爲「農人」或「農夫」，《詩‧小雅‧甫田》：「我取其陳，食我農人，自古有年。」《詩‧周頌‧噫嘻》：「率時農夫，播厥百穀。」淺野裕一補此句爲「農夫勸於耕，以實官倉」〔註34〕，於文意可從。

「勸」即「勉勵、獎勵」之意。《說文‧力部》曰：「勸，勉也。」段玉裁注：「勉之而悅從亦曰勸。」《廣韻‧願韻》：「勸，獎勸也。」《書‧多方》：「愼厥麗，乃勸；厥民刑，用勸。」孔傳：「湯愼其施政於民，民乃勸善，其人雖刑，亦用勸善，言政刑清。」故「農夫勸於耕，以實官倉」意指「農民勉力於農耕，以充實

〔註33〕 （日）淺野裕一：〈上博楚簡《相邦之道》的整體結構〉，《「新出土文獻與先秦思想重構」國際學術研討會論文集》，（台北：台灣大學哲學系、中央研究院中國文哲研究所、輔仁大學文學院、東吳大學哲學系，2005 年 3 月），頁 8-5。

〔註34〕 （日）淺野裕一：〈上博楚簡《相邦之道》的整體結構〉，《「新出土文獻與先秦思想重構」國際學術研討會論文集》，（台北：台灣大學哲學系、中央研究院中國文哲研究所、輔仁大學文學院、東吳大學哲學系，2005 年 3 月），頁 8-5。

官倉」。

養民必有儲積，《孟子‧梁惠王下》即有「倉廩實、府庫充」之語，《禮記》主張「三年耕而有一年之蓄」，古人亦云：「王者以民爲天，民以食爲天。」所以中國歷代政府注重於穀物的儲積，《管子‧牧民》謂：

凡有地牧民者，務在四時，守在倉廩。國多財，則遠者來；地辟舉，則民留處。倉廩實，則知禮節；衣食足，則知榮辱。

《管子‧小問》曰：

桓公曰：「善哉！牧民何先？」管子對曰：「有時先事，有時先政，有時先德，有時先恕。飄風暴雨，不爲人害，涸旱不爲民患。百川道，年穀熟，糴貸賤，禽獸與人聚，食民食，民不疾疫。當此時也，民富且驕，牧民者厚收善歲，以充倉廩。禁藪澤，此謂先之以事。隨之以刑，敬之以禮樂，以振其淫，此謂先之以政。飄風暴雨爲民害，涸旱爲民患，年穀不熟，歲饑，糴貸貴，民疾疫。當此時也，民貧且罷，牧民者發倉廩山林藪澤以共其財，後之以事，先之以恕，以振其罷，此謂先之以德。其收之也，不奪民財。其施之也，不失有德。富上而足下，此聖王之至事也。」桓公曰：「善。」

《管子‧形勢解》曰：

人主之所以使下盡力而親上者，必爲天下致利除害也，故德澤加於天下，惠施厚於萬物，父子得以安，群生得以育，故萬民驩盡其力，而樂爲上用，入則務本疾作，以實倉廩，出則盡節死敵，以安社稷，雖勞苦卑辱，而不敢告也。

《荀子‧富國》曰：

將闢田野，實倉廩，便備用，上下一心，三軍同力。

《荀子‧王制》曰：

殷之日，安以靜兵息民，慈愛百姓，辟田野，實倉廩，便備用，安謹募選閱材伎之士，然後漸賞慶以先之，嚴刑罰以防之，擇士之知事者，使相率貫也，是以厭然畜積修飾，而物用之足也。兵革器械者，彼將日日暴露毀折之中原，我今將修飾之，拊循之，掩蓋之於府庫。貨財粟米者，彼將日日棲遲薛越之中野，我今將畜積并聚之於倉廩。

《墨子‧七患》曰：

倉無備粟，不可以待凶饑。庫無備兵，雖有義不能征無義。

國家是否富足，即以倉儲的虛盈爲標準，故孔子將「農夫勸於耕，以實官倉」列爲「民事」之要點。

〔10〕百攻應於事：

【各家說法】

張光裕謂：

「百工」，《周禮‧冬官‧考工記》：「國有六職，百工與居一焉。……審曲面埶，以飭五材，以辨民器，謂之百工。」又云：「知者創物，巧者述之守之，世謂之工，百工之事，皆聖人之作也。」「應」，當讀爲「勸」。「百工勸於事」，猶言百工勉力於事也。〔註35〕

【思婷案】

古籍中「百工」實有三義，一爲「百官、眾官」之意，如《書‧堯典》：「允釐百工，庶績咸熙。」《蔡傳》：「工，官」；二指各種工匠，如《莊子‧徐无鬼》：「庶人有旦暮之業則勤，百工有器械之巧則壯」；三爲古職官名，專管營建製造之事務，如《禮記‧考工記‧序官》：「國有六職，百工與居一焉。」《注》曰：「百工，司空事官之屬。……司空掌營城廓，建都邑，立社稷宗廟，造宮室車服器械監百工者。」簡文云「百工勸於事，以實府庫」，應非專指職官名，而指各種工匠。

〔11〕呂實寶庫

【各家說法】

張光裕謂：

《史記‧孫子吳起列傳》：「起曰：治百官，親萬民，實府庫，子孰與起？」「府庫」乃國家財政所繫，故有關稅收皆存於茲。《周禮‧天官冢宰‧大府》：「凡萬民之貢，以充府庫。」倘有需要，天子乃布德行惠，「命有司發倉廩，賜貧窮，振乏絕，開府庫，周天下」(《禮記‧月令》)。〔註36〕

【思婷案】

「寶」，從貝、符（府）聲，乃楚系「府庫」之「府」專字。《說文》釋貝曰：「古者貨貝而龜寶，周而有泉，至秦廢貝行錢。」「貝」爲古代貨幣，故得小心收藏，因此楚系「府」字添加偏旁「貝」爲義符。

「府」即國家儲藏財物的地方，《禮記‧曲禮下》：「在官言官，在府言府」，《注》

〔註35〕馬承源主編：《上海博物館藏戰國楚竹書（四）》，(上海：上海古籍出版社，2004年)，頁236。

〔註36〕馬承源主編：《上海博物館藏戰國楚竹書（四）》，(上海：上海古籍出版社，2004年)，頁236。

曰:「府,謂寶藏貨賄之處也。」《墨子‧七患》曰:「倉無備粟,不可以待凶饑。庫無備兵,雖有義不能征無義。」正如此簡以「實官倉」與「實府庫」對舉,前者應爲農民努力耕作以充實穀倉,後者則指各種工匠勤勉製作器物,以充實國家庫藏。

〔12〕叕民

【各家說法】

張光裕謂:

> 首字疑乃「叕(庶)」字之殘,其下或爲民字。「叕(庶)民」一辭於《上海博物館藏戰國楚竹書(二)魯邦大旱》第二及第六簡中兩見,可取與本簡字形參對。若然,「庶民」正可與上文「百工(攻)」對言,於義亦合也。〔註37〕

張新俊則補爲「叕人」〔註38〕。並以楚系「庶」字爲例,說明上博楚簡爲古文字的確釋提供了新證據:

> 殷墟甲骨文中有如下字形:
>
> 𤊾 前4‧5‧5　　𤊾 前5‧25‧1
>
> 這個字可以分析作從「石」從「火」,從「眾」,舊不能識。《甲骨文編》等字數均入於附錄。于省吾先生在《甲骨文字釋林》中將此字隸定作「叕」,並且指出即眾庶之「庶」的初文,十分正確。
>
> 在上博楚簡《魯邦大旱》和《相邦之道》中,楚簡文字中的「庶」字正好可以和甲骨文相印證。……
>
> 《相邦之道》的整理者懷疑「府庫」下一字爲「庶」字,可信。此字雖然圖版不夠清晰,但是上部從「石」,下部隱約可以看出是「人」形。《說文》謂「庶」字「從广從茨,茨,古文光字」非是。現在的學者一般都認爲「庶」字從「石」得聲。上古音「石」和「庶」同在鐸部,二者可以相通。所以,甲骨文中的𤊾字,上博楚簡《魯邦大旱》、《相邦之道》的叕等字,都可以看作從眾,石聲,只不過相對於甲骨文而言,楚簡文字省去了「石」下的「火」形。〔註39〕

【思婷案】

〔註37〕馬承源主編:《上海博物館藏戰國楚竹書(四)》,(上海:上海古籍出版社,2004年),頁236。

〔註38〕張新俊:《上博楚簡文字研究》,(吉林大學博士博士論文,2005年4月1日),頁9。

〔註39〕張新俊:《上博楚簡文字研究》,(吉林大學博士學位論文,2005年4月),頁9~10。

楚系「庶」字多作 （包 257）、（包 258）、（包簽），然《上博（二）·魯邦大旱》「庶」字則作 ，原考釋馬承源謂：

> 烝，從石，從众，字書所無，文獻中从石得聲字常與从庶得聲字通假，如《說文·手部》：「拓，或从庶。」《呂氏春秋·用眾》：「善學者若齊王之食雞也，必食其跖，數千而後足。」高誘注：「跖讀如揙摭之摭。」同書《重言》「有執跖痮而上視者」，《說苑·權謀》「跖痮」作「柘杅」。《孟子·滕文公下》「盜跖」，《淮南子·主術》高誘注作「盜蹠」。《史記·司馬相如列傳》「諸蔗猼且」，《漢書·司馬相如傳》「蔗」作「柘」。字以石爲聲符，以众爲意符。《說文·广部》：「庶，屋下众也。」此字亦以众爲意符，可讀爲庶民之「庶」，當爲「庶」之古文異體。〔註40〕

蘇建洲認爲「烝」其下從众，乃「庶民」之專用字〔註41〕。本簡此處雖殘泐，但由「石」旁下方殘存筆畫來看，原考釋之說可從。

至於「烝」其下之字，學者或補爲「民」，或補爲「人」。楚系「民」字作 （帛乙 5·83）、（郭·老甲 1）、（郭·尊 35）、（郭·成 7）、（九 M56.16）等形，原簡作 ，其殘存之筆劃不像是「人」字只有二筆，應依原考釋補「民」字較恰當。

「庶民」爲古代常見辭語，如《尚書·周書·洪範》：「惟時厥庶民于汝極，錫汝保極」，《詩經·小雅·節南山》：「弗躬弗親，庶民弗信」，《周禮·秋官司寇第五》：「凡庶民之獄訟，以邦成弊之」。《孟子·離婁下》：「人之所以異於禽獸者幾希，庶民去之，君子存之。」

〔13〕**憛於四枳之埶，以實軍[旅]**

【各家說法】

原簡末字僅存上半作「」，原考釋隸作「俊」。釋「四枳」曰：

> 「四枳」讀爲「四肢」。《郭店楚墓竹簡·唐虞之道》第二十六簡：「四枳〈枝（肢）〉倦惰。」「四肢之藝」，所指應爲強身健體之技藝，且與軍事攸關，故下文云：「以備軍……」〔註42〕

〔註40〕馬承源主編：《上海博物館藏戰國楚竹書（二）》，（上海：上海古籍出版社，2005 年 12 月），頁 205～206。

〔註41〕蘇建洲：《上海博物館藏戰國楚竹書（二）校釋》，（國立台灣師範大學國文研究所博士論文，2004 年），頁 484。

〔註42〕馬承源主編：《上海博物館藏戰國楚竹書（四）》，（上海：上海古籍出版社，2004 年），頁 236。

淺野裕一讀此句爲：

庶【民】勸於四肢之藝，以備軍徒。〔註43〕

范常喜認爲：

此簡最後一字殘損，整理者擬隸作「俊」，意不可解。此字實應爲「旅」字。包山楚簡中「旅」字上部同此殘字相同，試比較：

（包4）　《相邦之道》簡3

「軍旅」一詞見於先秦，如《韓非子‧顯學》：「征賦錢粟以實倉庫，且以救饑饉備軍旅也，而以上爲貪。」另外，整理者指出：「四肢之藝」所應爲強身健體之技藝，且與軍事攸關，故下文云：「以備軍……」。但如果從《韓非子》中的例句來看，「四肢之藝」也可能是泛指農事而言。「藝」在先秦多指農業種植，如《尚書‧禹貢》：「淮沂其乂，蒙羽其藝。」孔傳：「二水已治，二山已可種藝。」《詩經‧唐風‧鴇羽》：「王事靡盬，不能藝稷黍。」由此也可知，簡文中第二處寵字，可能也應讀爲「勸」，同前一處一樣都應是「勤勉」的意思。古書在產生之初可能還不太講究用字的求別，如《馬王堆帛書‧周易》：「仰以觀于天文，俯以觀於地理，是故知幽明之故；觀始反終，故知死生之說。」就連用三個「觀」字。

【思婷案】

懽，原考釋讀爲「觀」，范常喜〔註44〕、淺野裕一〔註45〕讀爲「勸」，乃努力從事之意。案：此處讀「勸」較合適。《說文‧力部》：「勸，勉也。」段玉裁注：「勉之而悅從亦曰勸。」《廣韻‧願韻》：「勸，獎勸也。」《書‧多方》：「慎厥麗，乃勸；厥民刑，用勸。」孔傳：「湯慎其施政於民，民乃勸善，其人雖刑，亦用勸善，言政刑清。」「勸」即「勉勵、獎勵」之意。

「四枳」讀爲「四肢」。《郭店楚墓竹簡‧唐虞之道》第二十六簡：「四枳倦惰。」「枳」亦讀爲「肢」，「只、支」古音皆在章紐支部，故可通假。原考釋之說可從。

本簡殘存之「」字，原考釋隸作「俊」，范常喜先生擬隸爲「旅」。由字形來

〔註43〕（日）淺野裕一：〈上博楚簡《相邦之道》的整體結構〉，《「新出土文獻與先秦思想重構」國際學術研討會論文集》，（台北：台灣大學哲學系、中央研究院中國文哲研究所、輔仁大學文學院、東吳大學哲學系，2005 年 3 月），頁 8-5。

〔註44〕范常喜：〈讀《上博四》札記四則〉，簡帛研究網，2005 年 3 月 31 日。

〔註45〕（日）淺野裕一：〈上博楚簡《相邦之道》的整體結構〉，《「新出土文獻與先秦思想重構」國際學術研討會論文集》，（台北：台灣大學哲學系、中央研究院中國文哲研究所、輔仁大學文學院、東吳大學哲學系，2005 年 3 月），頁 8-5。

看，此字與包山簡四「旅」字上部相同，范說可從。然而范常喜認爲「『藝』在先秦多指農業種植」，故「『四肢之藝』也可能是泛指農事而言」，這樣的看法，恐不恰當。

先秦「藝」字除指「種植」之外，亦有「才能、技術」之意，如《尚書・金縢》：「予仁若考，能多材多藝。」《論語・雍也》：「求也藝。」因此，「藝」不必皆指「農業種植」之事。

由於上文已分別針對農工之事加以論述，此處若再次重申農事則略嫌縲複，因此「藝」釋爲「種植」的可能性較小；又從「以實軍旅」來看，此句係針對軍事方面而言，故「勸於四肢之藝」應如原考釋所說，在強調「強身健體之技藝」。由《論語・子路》：「子曰：『以不教民戰，是謂棄之。』」來看，孔子認爲執政者應注重人民的軍事訓練，以充實作戰技能。

哀公問「民事」，孔子的回答至少包括了「農人勤耕、工人勤事、庶人勤兵」三方面，對照《論語・顏淵》：「子貢問政。子曰：『足食，足兵，民信之矣。』」之語，可知孔子認爲經濟與國防皆是立國的重要基礎。爲了使經濟成長，落實於「民事」上，具體地說，就是「農夫勸於耕，以實官倉；百工勸於事，以實府庫」；爲了充實國防，在「民事」上，就得由「庶民勸於四肢之藝，以備軍旅」著手。

〔14〕者

第四簡首字作，原考釋隸作「者」。楚系「者」字有幾種不同寫法〔註46〕：

1. 下從皿：a（郭・成2） b（郭・成3） c（上三・恆1）
2. 下從八古：a（郭・老丙11）
3. 下從千口：a（郭・老甲10） b（郭・六24）
4. 下從壬：a（上二・子羔1）
5. 下從丌：a（上三・中弓6）
6. 下從衣省〔註47〕：a（郭・五50） b（郭唐25） c（上二・緇1）
7. 上從老省：a（郭・唐2）

本簡首字字跡並不清晰，從殘存的筆畫和上列的楚系「者」字相較，不能確認是否即爲「者」字。此字暫存疑待考。

〔15〕子贛

，即「贛」。西周金文作「戇」，从丮持章，會賜予之意，楚系「戇」之「丮」

〔註46〕季師旭昇主編：《上海博物館藏戰國楚竹書（三）讀本》，（台北：萬卷樓，2007年3月），頁258。
〔註47〕思婷案：下方部件可視爲从皿而訛。

形或訛爲「欠」或「次」，或加「貝」爲義符，作 （曾 125）、（曾 43）、（曾 67）、（天卜）、（包 175）等形。〔註 48〕

端木賜，其字於文獻或作「子貢」，或作「子贛」。《說文》：「賜，予也。」「貢，獻功也」、「贛，賜也。」「賜」爲「給予」之意，乃上位者賞給下位者，「貢」則是下位者進獻物品給上位者，因此由字義來看，端木賜之字應作「子贛」，名與字的意義才能相合〔註 49〕。在出土的戰國秦漢考古材料中，「子貢」多作「子贛」，如《上博（二）》〈魯邦大旱〉子贛之「贛」作 。

〔16〕虗見於君

【各家說法】

原考釋謂：

> 「君」雖未明指爲何君，然揆諸先秦文獻，多有魯哀公問於孔子之記載，且問答之間，孔子亦有逕稱「哀公」爲「君」者，如《荀子‧哀公》：「魯哀公問於孔子曰：『寡人生於深宮之中，長於婦人之手，寡人未嘗知哀也，未嘗知憂也，未嘗知勞也，未嘗知危也。』孔子曰：『君之所問，聖君之問也。』」因疑本篇所稱「公」、「君」，或當指魯哀公而言。〔註 50〕

【思婷案】

傳世古籍中，魯哀公問政於孔子的記載頗多，馬驌《繹史‧孔子類記一‧哀公問》即蒐羅了許多孔子與哀公之間的應答〔註 51〕，其內容見於《禮記》、《論語》、《家語》、《史記》、《說苑》、《呂氏春秋》、《三朝記》〔註 52〕、《韓非子》、《新序》、《莊子》、《荀子》、《韓詩外傳》等書。至於出土簡帛方面，《上博（二）‧魯邦大旱》亦有哀公向孔子請教如何抵禦大旱的記錄。

原考釋指出，孔子有逕稱哀公爲「君」者。原考釋所引《荀子‧哀公》之內容，亦見於《家語》，其文與《禮記‧中庸》小異。其他的例證，如《禮記‧哀公問》：

〔註 48〕 李師旭昇：《說文新證（上）》，（台北：藝文，2002 年 10 月），頁 522。

〔註 49〕 以孔門弟子爲例，如顏回，字「子淵」；宰予，字「子我」；仲由，字「子路」；冉求，字「子有」；閔損，字「子騫」……皆是名與字意義相符者。詳見（清）俞樾：《春秋名字解詁補義》，（台北：漢京文化，1980 年）。

〔註 50〕 馬承源主編：《上海博物館藏戰國楚竹書（四）》，（上海：上海古籍出版社，2004 年），頁 237。

〔註 51〕 （清）馬驌：《繹史》卷八十六，（台北：台灣商務，1968 年），頁 1638～1665。

〔註 52〕 （西漢）劉向《別錄》：「孔子見魯哀公，問政，比三朝，退而爲記。凡七篇。」此七篇載於《大戴禮記》第六十八至七十一篇、七十四至七十六篇。

孔子侍坐於哀公，哀公曰：「敢問人道誰爲大？」孔子愀然作色而對曰：「**君**之及此言也，百姓之德也！固臣敢無辭而對？人道，政爲大。」

《韓非子・內儲說上七術》：

魯哀公問於孔子曰：「鄙諺曰：莫眾而迷。今寡人舉事，與群臣慮之，而國愈亂，其故何也？」孔子對曰：「明主之問臣，一人知之，一人不知也。如是者，明主在上，群臣直議於下。今群臣無不一辭同軌乎季孫者，舉魯國盡化爲一，**君**雖問境内之人，猶不免於亂也。」

《家語》：

哀公問於孔子曰：「寡人欲吾國小而能守，大則攻，其道如何？」孔子對曰：「使**君**朝廷有禮，上下相親，天下百姓，皆君之民，將誰攻之？苟違此道，民畔如歸，皆君之讎也，將與誰守？」

哀公問於孔子曰：「二三大夫皆勸寡人使隆敬於高年，何也？」孔子對曰：「**君**之及此言，將天下實賴之，豈惟魯哉？」

《荀子・哀公》：

魯哀公問舜冠於孔子，孔子不對。三問，不對。哀公曰：「寡人問舜冠於子，何以不言也？」孔子對曰：「古之王者，有務而拘領者矣，其政好生而惡殺焉，是以鳳在列樹，麟在郊野，烏鵲之巢可俯而窺也。**君**不此問而問舜冠，所以不對也。」〔註53〕

除此之外，又如《三朝記》中，孔子亦稱魯哀公爲「君」。然而比較值得注意的是《荀子・子道》的這段記載：

魯哀公問於孔子曰：「子從父命，孝乎？臣從君命，貞乎？」三問，孔子不對。孔子趨出以語子貢曰：「鄉者，**君問丘也**，曰：『子從父命，孝乎？臣從君命，貞乎？』三問而丘不對，賜以爲何如？」子貢曰：「子從父命，孝之國，有爭臣四人，則封疆不削；千乘之國，有爭臣三人，則社稷不危；百乘矣。臣從君命，貞矣，夫子有奚對焉？」孔子曰：「小人哉！賜不識也！昔萬乘之家，有爭臣二人，則宗廟不毀。父有爭子，不行無禮；士有爭友，不爲不義。故子從父，奚子孝？臣從君，奚臣貞？審其所以從之之

〔註53〕 此段記載，《家語》作：魯哀公問於孔子曰：「昔者舜冠何冠乎？」孔子不對。公曰：「寡人有問於子，而子無言何也？」對曰：「以君之問，不先其大者，故方思所以爲對。」公曰：「其大者何乎？」孔子曰：「舜之爲君也，其政好生而惡殺，其任授賢而替不肖。德若天地而靜虛，化若四時而變物，是四海承風，暢於異類，鳳翔麟至，鳥獸馴德，無他也，好生故也。君拾此道，而冠晃是問，是以緩對。」

謂孝、之謂貞也。」

哀公與孔子的這番應答又見於《家語》,《家語》記載孔子謂子貢曰:「鄉者君問丘曰:『子從父命,孝乎?臣從君命,貞乎?』三問而丘不對,賜以爲何如?」

《荀子》與《家語》的這段文字,與〈相邦之道〉的內容性質相近,同樣都是哀公向孔子問政請益,事後孔子再把自己與哀公對話的情形向子貢轉述,並與子貢討論。在《荀子‧子道》、《家語》、〈相邦之道〉中,孔子對子貢說話時,都逕稱哀公爲「君」。原考釋謂〈相邦之道〉「所稱『公』、『君』,或當指魯哀公而言」,應該是沒有疑問的。

孔子周遊列國,在哀公十一年歸魯,於哀公十六年去世,因此〈相邦之道〉所記之事,當是此六年間,孔子與魯哀公的談話記錄。

〔18〕虗(吾)子

《上博二‧魯邦大旱》篇中,子貢回答孔子:「虗(吾)子女(乃)連(重)命」對於「吾子」一詞,俞志慧的意見是:「筆者廣泛檢索文獻中『吾子』一詞的語例,確知該詞用於上對下或平輩間的敬稱,未見用於下對上的例子。」楊伯峻、何樂士於《古漢語語法及其發展》一書亦提到:

> 「子」是稱呼對方的敬詞,在先秦文獻中不乏其例,《論語》爲孔子弟子
> 及再傳弟子所作,孔子學生面對孔子稱「子」,例如〈述而〉:「子路曰:『子
> 行三軍,則誰與?』〈公冶長〉:「子路曰:『願聞子之志。』」〈先進〉:「子
> 畏於匡,顏淵後。子曰:『吾以女爲死矣。』曰:『子在,回何敢死。』」
> 凡被稱「子」的,如果稱者對他又表示親密,便用「吾子」。例如《左傳‧
> 隱公十一年》:「鄭伯使許大夫百里奉許叔以居許東偏,曰:『……吾子其
> 奉許叔以撫柔此民也,吾將使獲也佐吾子。』」但在整部《論語》中,不
> 見孔子學生對孔子稱呼「吾子」的。〔註54〕

關於此句「吾子」一詞的討論,不但牽涉到此句的斷句,也關係到與《論語》記載不同的問題。劉樂賢曾對此提出:

> 《說苑‧貴德》:「孔子之楚,有漁者獻魚甚強,孔子不受。獻魚者曰:『天
> 暑市遠,賣之不售。思欲棄之,不若獻之君子。』孔子再拜受,使弟子掃
> 除,將祭之。弟子曰:『夫人將之,今吾子將祭之,何也?』」《說苑‧理
> 政》:「孔子見康子,康子未說,孔子又見之,宰子曰:『吾聞之夫子曰:

〔註54〕楊伯峻、何樂士:《古漢語語法及其發展》,(北京:語文出版社,1992 年 3 月),頁
107～108。

王不聘不動。今吾子之見司寇也少數矣！』」《莊子・田子方》：「仲尼見之
而不言。子路曰：『吾子欲見溫伯雪子久矣，見之而不言，何邪？』」簡文
子貢以「吾子」稱孔子，與文獻中的宰予、子路以「吾子」稱孔子完全一
致。〔註55〕

　　劉樂賢徵引文獻上的例子，說明「吾子」不但可以用在稱呼平輩或晚輩，也可以
用來稱呼長輩，而且孔子的學生們，也都有稱孔子爲「吾子」的記錄。季師旭昇也認
爲「『子』字本來就有尊稱的意思，『吾子』就是『我的老師』，似乎也未必有不敬的
意味。戰國材料中和文獻用法不同的文例太多了，這不會是唯一的一樁。」〔註56〕

　　在《上博三・仲弓》中，亦可見仲弓稱孔子爲「吾子」；《上博四》出版之後，
我們又在《相邦之道》中，再度看到子貢稱呼孔子爲「吾子」的記錄。

〔19〕不亦𣂏虖

【各家說法】

　　「𣂏」，字形作「▨」（下文以△稱之），原考釋隸定作「𣂏」，讀爲「欽」，認
爲：

> 本篇末簡云：「吾見於君，不問有邦之道，而問相邦之道。」足見時君有
> 愛國愛民之心，對「相邦之道」極其重視。〔註57〕

並謂：

> 「𣂏」，從「歆」得聲，可讀爲「欽」。「不亦欽乎？」文獻中相同語例多
> 於「不亦」下綴以「可」、「宜」、「異」、「善」等字。「不亦欽乎？」備見
> 讚許之意。〔註58〕

孟蓬生則隸作「𣂏」，讀爲「謙」：

> 讀「不亦𣂏乎」爲「不亦可𣂏乎」，屬增字爲訓，不可取。且增「可」字
> 後全句即含被動意義，兩句話意義可謂大相逕庭。疑「𣂏」字讀若「謙」。
> 歆字古音在侵部，謙字古音在談部，且兩者皆爲喉牙音，故得相通。問話
> 者爲一國之君，不問有國（統治國家）的道術，卻問幫助治理國家的道術，

〔註55〕劉樂賢：〈上博簡《魯邦大旱》簡論〉，《文物》，2003年5月，頁43。

〔註56〕季師旭昇主編：《《上海博物館藏戰國楚竹書（二）》讀本》，（台北：萬卷樓，2003
　　　　年），頁48。

〔註57〕馬承源主編：《上海博物館藏戰國楚竹書（四）》，（上海：上海古籍出版社，2004年），
　　　　頁235。

〔註58〕馬承源主編：《上海博物館藏戰國楚竹書（四）》，（上海：上海古籍出版社，2004年），
　　　　頁237。

有降低身份的意思，故孔子稱之爲「謙」。〔註59〕

董珊則讀作「愆」，意即孔子認爲哀公失問：

「不亦」之下的字從整體結構來看，可相當於曾侯乙編鐘所見之「遣」字。
我們認爲，孔子説「吾見於君，不問有邦之道，而問相邦之道」含有責備
之意，據此，該字可讀爲「愆」，訓爲「失」，「不亦愆乎」的意思是說：
哀公他不向我詢問有邦之君道，卻跟我問做相邦這種臣道，這不是失問了
麼？孔子實際是在跟子贛説魯哀公詢問不當。〔註60〕

何有祖贊同董珊的觀點，認爲孔子云「不亦△乎」，並不是在讚許魯哀公：

我們認爲 [字形] 左部殘筆可推測是「章」，字可隸作「䜌」。包山264號簡 [字形]
下部所從即與之同。對於此類字，李家浩先生有比較好的意見，即《璽匯》
0008號楚印之字（從「章」從「次」從「口」），以及江陵天星觀1號墓
楚簡之字（從「章」從「次」從「貝」），皆以「欠」爲聲，讀作「贛」。
簡文「䜌」疑讀作「戇」。《説文》：「戇，愚也。」《史記‧汲黯列傳》：「上
退，謂左右曰：『甚矣，汲黯之戇也。』」《漢書‧高帝紀》：「問其次，曰：
『王陵可，然少戇，陳平可以助之。』」《後漢書‧董卓傳》：「卓謂長史劉
艾曰：『關東諸將數敗矣，無能爲也。唯孫堅小』」。

「吾見於君，不問有邦之道，而問相邦之道，不亦戇乎？」大意是：哀公
他不向我詢問有邦之君道，卻跟我問做相邦這種臣道，不是很戇愚麼？無
獨有偶，相近的評價也見於另一處孔子與子貢的對話，即上博二《魯邦大
旱》一文中，此僅用通行字抄錄：

魯邦大旱，哀公謂孔子：子不爲我圖之？孔子答曰：邦大旱，無乃失諸刑
與德乎？唯……1

之何在？孔子曰：庶民知說之事鬼？也，不知刑與德，如毋愛珪璧幣帛於
山川，政刑與……2

出遇子贛曰：賜，爾聞巷路之言，無乃謂丘之答非與？子贛曰：否，繄吾
子女命亓與？若夫政刑與德以事上天，此是哉。若夫毋愛珪璧3幣帛於山
川，無乃不可。夫山，石以爲膚，木以爲民，如天不雨，石將焦，木將死，
其欲雨或甚於我，或必待乎名乎？夫川，水以爲膚，魚以4爲民，如天不
雨，水將涸，魚將死，其欲雨或甚於我，或必待乎名乎？孔子曰：烏乎……

〔註59〕孟蓬生：〈上博竹書（四）閒詁〉，簡帛研究網，2005年2月15日。
〔註60〕董珊：〈讀《上博藏戰國楚竹書（四）》雜記〉，簡帛研究網，2005年2月20日。

5 公豈不飽粱食肉哉，緊無如庶民何▆6

其中關鍵性語句爲「公豈不飽粱食肉哉，緊無如庶民何」。《左傳》莊公十年記錄了曹劌的一句名言：「肉食者鄙，未能遠謀。」當頗能幫助我們理解孔子言語中對哀公所透露出的失望。此段文字也是孔子見魯哀公之後再與子貢討論，話語中流露著對哀公行政能力不足之失望。當然《相邦之道》簡4「吾見於君，不問有邦之道，而問相邦之道，不亦蕙乎？」也許還沒有到如此嚴重之境地，但是孔子詼諧話語中透露出來的的嘲諷意味卻是比較明顯的。〔註61〕

【思婷案】

據第四簡簡文「孔子退，告子貢曰：『吾見於君，不問有邦之道，而問相邦之道，不亦△乎？』」可知「不亦△乎」乃是孔子對於哀公之問的評論。

首先，文獻中「不亦……乎」之語例十分常見，茲舉例如下：

《左傳·隱公十一年》：

鄭、息有違言。息侯伐鄭，鄭伯與戰于竟，息師大敗而還。君子是以知息之將亡也——不度德，不量力，不親親，不徵辭，不察有罪。犯五不韙，而以伐人，其喪師也，<u>不亦宜乎</u>？

《左傳·成公六年》：

於是軍帥之欲戰者眾。或謂樂武子曰：「聖人與眾同欲，是以濟事，子盍從眾？子爲大政，將酌於民者也。子之佐十一人，其不欲戰者，三人而已。欲戰者可謂眾矣。商書曰：『三人占，從二人』，眾故也。」武子曰：「善鈞從眾。夫善，眾之主也。三卿爲主，可謂眾矣。從之，<u>不亦可乎</u>？」

《左傳·莊公二十八年》：

楚令尹子元欲蠱文夫人，爲館於其宮側，而振萬焉。夫人聞之，泣曰：「先君以是舞也習戎備也。今令尹不尋諸仇讎，而於未亡人之側，<u>不亦異乎</u>！」

《論語·學而》：

子曰：「學而時習之，<u>不亦説乎</u>？有朋自遠方來，<u>不亦樂乎</u>？人不知而不慍，<u>不亦君子乎</u>？」

《論語·泰伯》：

曾子曰：「士不可以不弘毅，任重而道遠。仁以爲己任，不亦重乎？死而後已，<u>不亦遠乎</u>？」

〔註61〕何有祖：〈上博楚簡試讀三則〉，武漢大學簡帛網，2006年9月20日。

《論語‧堯曰》：

　　子張問於孔子曰：「何如斯可以從政矣？」子曰：「尊五美，屏四惡，斯可以從政矣。」子張曰：「何謂五美？」子曰：「君子惠而不費，勞而不怨，欲而不貪，泰而不驕，威而不猛。」子張曰：「何謂惠而不費？」子曰：「因民之所利而利之，斯不亦惠而不費乎！擇可勞而勞之，又誰怨？欲仁而得仁，又焉貪？君子無眾寡，無大小，無敢慢，斯不亦泰而不驕乎！君子正其衣冠，尊其瞻視，儼然人望而畏之，斯不亦威而不猛乎！」子張曰：「何謂四惡？」子曰：「不教而殺謂之虐；不戒視成謂之暴；慢令致期謂之賊；猶之與人也，出納之吝，謂之有司。」

《莊子‧逍遙遊》：

　　小知不及大知，小年不及大年。奚以知其然也？朝菌不知晦朔，蟪蛄不知春秋，此小年也。楚之南有冥靈者，以五百歲為春，五百歲為秋；上古有大椿者，以八千歲為春，八千歲為秋，此大年也。而彭祖乃今以久特聞，眾人匹之，不亦悲乎！

《莊子‧至樂》：

　　莊子妻死，惠子弔之，莊子則方箕踞鼓盆而歌。惠子曰：「與人居，長子老身，死不哭亦足矣，又鼓盆而歌，不亦甚乎！」

《荀子‧致士》：

　　人主之患，不在乎不言用賢，而在乎不誠必用賢。夫言用賢者，口也；卻賢者，行也。口行相反，而欲賢者之至、不肖者之退也，不亦難乎！

《荀子‧法行》：

　　曾子曰：「無內人之疏而外人之親，無身不善而怨人，無刑已至而呼天。內人之疏而外人之親，不亦反乎！身不善而怨人，不亦遠乎！刑已至而呼天，不亦晚乎！《詩》曰：『涓涓源水，不雝不塞。轂已破碎，乃大其輻。事已敗矣，乃重大息。』其云益乎！」

《荀子‧哀公》：

　　魯哀公問於孔子曰：「吾欲論吾國之士，與之治國，敢問何如取之邪？」孔子對曰：「生今之世，志古之道；居今之俗，服古之服。舍此而為非者，不亦鮮乎！」哀公曰：「然則夫章甫絇屨，紳帶而搢笏者，此賢乎？」孔子對曰：「不必然。夫端衣玄裳，絻而乘路者，志不在於食葷；斬衰菅屨，杖而啜粥者，志不在於酒肉。生今之世，志古之道；居今之俗，服古之服。舍此而為非者，雖有，不亦鮮乎！」哀公曰：「善！」

《禮記‧曲禮上》：

　鸚鵡能言，不離飛鳥；猩猩能言，不離禽獸。今人而無禮，雖能言，<u>不亦禽獸之心乎？</u>

《禮記‧檀弓下》：

　季武子寢疾，蟜固不說齊衰而入見，曰：「斯道也，將亡矣；士唯公門說齊衰。」武子曰：「<u>不亦善乎</u>，君子表微。」

《禮記‧檀弓下》：

　公叔文子卒，其子戍請諡於君曰：「日月有時，將葬矣。請所以易其名者。」君曰：「昔者衛國凶饑，夫子爲粥與國之餓者，是<u>不亦惠乎</u>？昔者衛國有難，夫子以其死衛寡人，<u>不亦貞乎</u>？夫子聽衛國之政，修其班制，以與四鄰交，衛國之社稷不辱，<u>不亦文乎</u>？故謂夫子『貞惠文子』。」

《禮記‧曾子問》：

　曾子問曰：「三年之喪，弔乎？」孔子曰：「三年之喪，練，不群立，不旅行。君子禮以飾情，三年之喪而弔哭，<u>不亦虛乎</u>？」

《禮記‧表記》：

　子曰：「仁之難成久矣！人人失其所好；故仁者之過易辭也。」子曰：「恭近禮，儉近仁，信近情，敬讓以行此，雖有過，其不甚矣。夫恭寡過，情可信，儉易容也；以此失之者，<u>不亦鮮乎</u>？《詩》曰：『溫溫恭人，惟德之基。』」

　　分析以上的文例，我們可以發現「不亦……乎」的句型，其實是個反詰語氣的問句，即白話所謂的「不是很……嗎？」古人爲文，有時會使用反詰語氣，增加文句變化，這類文句通常是無疑而問的，只是用問句的形式表示肯定或否定，並不一定要求回答，表面上看來，雖是個疑問句，但答案卻顯而易見，就在問題的反面。

　　由「不亦……乎」出現的位置來看，都是在陳述完事件或道理之後，在其後以「不亦……乎」的反詰問句作一總結，以《論語‧學而》「學而時習之，不亦說乎？有朋自遠方來，<u>不亦樂乎</u>？人不知而不慍，<u>不亦君子乎</u>？」爲例，「學而時習」是「說」；「有朋自遠方來」是「樂」；「人不知而不慍」是「君子」的表現。

　　因此，「不亦……乎」的句式，其重點都在「不亦」與「乎」之間的詞語，張光裕原考釋謂「文獻中相同語例多於『不亦』下綴以『可』、『宜』、『異』、『善』等字」，事實上，「不亦」之下不但可綴以單詞，也可以綴以詞組〔註62〕，其詞性可以是動

〔註62〕如《論語‧堯曰》「斯不亦惠而不費乎」、「斯不亦泰而不驕乎」、「斯不亦威而不猛乎」；《禮記‧曲禮上》「不亦禽獸之心乎」等。

詞、形容詞或名詞，而且根據前文所敘述的事件或道理，所給予的評論亦是有褒有貶。那麼《相邦之道》中，針對哀公只問「相邦之道」，而不問「有邦之道」的態度，孔子給予的是「不亦△乎」的評價，那麼△字又代表了何種意義呢？

由文中「有邦之道」與「相邦之道」對舉，可知「有邦」與「相邦」乃相對之語，上文所引各學者的意見中，已指出「有邦之道」乃國君統理國家之道，而「相邦之道」乃輔助君王治理國家之道，此二者判然有君臣身份之分別。哀公身為國君，理應垂問「有邦之道」，然而他卻問了臣子應留心的「相邦之道」，哀公這樣的表現，究竟孔子如何看待呢？

上文列出學者對於「不亦△乎」的說解，有「不亦欽乎」、「不亦謙乎」、「不亦愆乎」三種看法，皆是以△通假為他字，然而三者意見分歧甚大，有認為孔子是在稱許哀公，也有認為孔子是在批評哀公。要解決這個問題，不能僅由《相邦之道》一篇著眼，亦不能僅由聲音通假作出解釋；唯有由孔子的準則為出發點，根據孔子的言論，才能產生正確的推論。

《論語‧憲問》有這樣的記載：

> 子曰：「不在其位，不謀其政。」曾子曰：「君子思不出其位。」〔註63〕

孔子認為，若己身不任某職位，則不參與謀議該職位的事務；曾子由此引伸，認為君子考慮問題，不應越出自己的職位。故《正義》曰：「此章戒人侵官也，言不在此位則不得謀此位之政，欲使各專一守於其本職也。曾子遂曰，君子思謀當不出已位，言思慮所及，不越其職。」

孔子認為「不在其位，不謀其政」，那麼，在其位就要謀其政了；然而謀其政也應秉持「思不出其位」的道理，不越出自己的職位範圍考慮問題。

我們可以參看《大戴禮記‧小辨第七十四》的一段記載：

> 公曰：「寡人欲學小辨，以觀於政，其可乎？」子曰：「否，不可。社稷之主愛日，日不可得，學不可以辨。是故昔者先王學齊大道，以觀於政。天子學樂辨風，制禮以行政；諸侯學禮辨官政以行事，以尊天子；大夫學德別義，矜行以事君；士學順，辨言以遂志；庶人聽長辨禁，農以力行。如此，猶恐不濟。奈何其小辨乎？」

此段文字是哀公問政於孔子的記錄。盧辯《大戴禮注》謂：「小辨，謂小辨給也。」高明釋曰：「小，是細微的意思；辨，是判別的意思。」〔註64〕

哀公向孔子表明想學習「小辨」，然而孔子卻告訴哀公，各個位階都有本份內應

〔註63〕 子曰：「不在其位，不謀其政。」亦見於《論語‧泰伯》。
〔註64〕 高明：《大戴禮記今註今譯》，（台北：台灣商務，1975 年），頁 388。

做的事，而「小辨」不足以觀政，君主是不可以學習「小辨」的。

據此，則《相邦之道》中，哀公身爲一國之君，向孔子詢問的問題不是「有邦之道」，而是「相邦之道」，已經違反了「思不出其位」的原則，故孔子謂哀公之問「不亦△乎」，應爲一負面之評語，並非有「讚許」之意。

哀公不問「有邦之道」，而問「相邦之道」，疏於留意領導者所應注意的，卻越俎代庖，關心相邦之道。以孔子的角度而言，哀公本是不該越出自己的職權身分，去思考詢問「相邦之道」的。在這樣的基礎上考量，董珊之說應較合於孔子原意。

董珊以爲△即曾侯乙編鐘之「遣」，其說可從，而言之未盡。曾侯乙墓之樂律銘文有（1）![字]（下・一・1 等）、（2）![字]（中・一・11 等）、（3）![字]（磬下 7 等）等字，裘錫圭先生認爲：

> 甲骨文和西周金文的『書』都作『曶』，上引（2）與（3）的左旁應是『書』的異體。『▽』即《說文》『讀若愆』的『辛』字省體。『愆』、『遣』讀音極近，所以『書』字加注『辛』聲。古文字裡常見由同音或音近的兩個字合成的字，……![字]也屬於這一類。（1）的左旁與此顯然是一個字，它省去了『書』所从的『臼』而加注『辛』聲。

由字形而言，![字]左上部件應爲「書」之省體並加注「辛」聲，郭店《語叢四》第十九簡：「善事其上者，若齒之事舌，而終弗![字]（齧）」。「齧」即讀作「愆」。遣、愆古音皆在溪紐元部，《說文・心部》：「愆，過也。」義爲差錯之意。「不亦愆乎」即孔子對哀公失問之評語。

季師旭昇謂：

> 此字作「![字]」，左上方字形「辛」下的部件不夠完整，很難確定是什麼偏旁。董說讀「愆」、何說讀「戀」都有可能。依董說，類似的旁證還可參《郭店・性自命出》簡 62「身欲靜而毋訞」，「訞」字作「![字]」，舊以爲從「言」、從「欠」；與「身欲靜而毋訞」同樣的句子也見《上博一・性情論》簡 27，但是相當於「訞」字的地方卻作「![字]」，隸定可作「童」。「童」字應分析爲從「止」、「啻」聲，「啻」爲「齧」之省，「齧」又見曾侯乙墓編鐘銘文，裘錫圭、李家浩先生〈曾侯乙墓鐘、磬銘文釋文與考釋〉以爲此一偏旁應是「書」的異體（以上討論可參《上博三讀本・彭祖》注 18）。可見得「齧」可能省作「啻」、也可能省作類似「言」形。〈相邦之道〉此字左上從「辛」聲，「辛」下爲「臼」省，並不從「口」，右旁從「欠」，全字當隸定作「歖」（從「書」聲），讀爲「愆」；不得隸定作「歆」（從「歆」

聲），讀「欽」、讀「謙」，均非。依何說，則本簡即有「贛」字，左旁的「章」形很完整，「」字「辛」下方似殘缺稍多。兩說於文理均可通，究爲何字，可以再討論。〔註65〕

〔17〕女䚦

【各家說法】

「䚦」，原字形作「」。「女䚦」二字，張光裕先生釋爲：「如䚦」，謂：

> 「䚦」，从言，从卤，卤形與古文「西」近同，故字可隸作「䚦」。「䚦」，字書未見，字既从言，應與語辭相關。「女䚦」，於此疑或讀爲「如斯」。「西」，古音屬心紐脂部，「斯」爲心紐古部，兩者音近可通。「如斯」一詞於儒家典籍多見於孔子與弟子之間之答問，如《論語‧憲問》：「子路問君子。子曰：『修己以敬。』曰：『如斯而已乎？』曰：『修己以安人。』曰：『如斯而已乎！』」《論語‧子罕》：「子在川上曰：『逝者如斯夫，不捨晝夜。』」（定州漢墓竹簡《論語》引作「逝者如此乎」。）「如斯」又多與「何」相連結，作爲疑問熟語，如《論語‧堯曰》：「子張問於孔子曰：『何如斯可以從政矣！』子曰：『尊五美、屛四惡，斯可以從政矣。』」又，《論語‧子路》：「子路問曰：『何如斯可謂之士矣？』」《禮記‧孔子閒居》：「子夏曰：『三王之德，參於天地，敢問何如斯可謂參於天地矣！』」然「如斯」作爲動賓結構且以答問形式單獨出現者，則僅此一見，「如斯」、「如斯（此）而已」，或「如斯（此）乎」皆含有「庶幾」之意。〔註66〕

孟蓬生認爲『䚦』字自古已有，並謂「䚦」即「訊」字：

> 「䚦」字自古已有，張先生蓋一時失檢。「䚦」即「訊」字。《說文‧言部》：「訊，問也。从言，卂聲。，古文訊从卤。」古音西聲與卂聲同屬心紐，而韻部眞文相近，故得相通。《字彙》以後，《康熙字典》、《漢語大字典》皆以「䚦」爲「哂」的俗字，非古義也。「如䚦（訊）」的意思是說，君問我以相邦之道，我即以相邦之道來回答他。〔註67〕

董珊謂：

> 「䚦」可能讀爲「哂笑」之「哂」，孔子是說：就像哂笑一樣回答了他。

〔註65〕李師旭昇主編：《上海博物館藏戰國楚竹書〔四〕讀本》，（台北：藝文印書館，2007年），頁133。

〔註66〕馬承源主編：《上海博物館藏戰國楚竹書（四）》，（上海：上海古籍出版社，2004年），頁237。

〔註67〕孟蓬生：〈上博竹書（四）閒詁〉，簡帛研究網，2005年2月15日。

其諷刺之語如何，從殘餘簡文已經難以看出。〔註68〕

淺野裕一釋爲「汝察（讓你想吧）」：

　　孔子對子貢之回答僅以兩個字完結，可知孔子全然沒有加以詳加解說「相
　　邦之道」之内容的意圖。因此，我們不得不假定孔子事實上是拒絕回答，
　　採取了斷然抗拒的態度。

　　若是如此，「女詋」最有可能的意涵恐怕是「汝察（讓你想吧！）」之類的
　　發言。此二字中，將「女」解爲「汝」之隸定，原本就無任何問題，剩下
　　的就是「詋」可否隸定爲「察」的問題。

　　郭店楚簡中所記的「察」之字形，顯示爲 🀄、🀄、🀄、🀄 的形態，另一方
　　面，《相邦之道》中所記的「詋」之字形，則爲 🀄。左偏旁爲「言」之點，
　　兩者均相同。問題是右邊的字形，兩者差異甚大。不論是「🀄」或「🀄」
　　與「🀄」在形體上顯然有異。如同張光裕先生所指出般，後者的右偏旁解
　　釋爲「西」（郭店楚簡之字形爲「🀄」）是妥當的。因此，「🀄」因爲字形
　　相似而被誤寫爲「詋」的可能性，不得不說是極爲低微的。

　　於是，做爲其他可能性而列入考慮的是，因爲發音相同而產生的假借。若
　　將「詋」視爲形聲文字，聲符「西」在古韻中的歸屬，要如何來思考呢？
　　段玉裁將「西聲」置於「六書音均表」中「古十七部諧聲表」第十三部（通
　　常稱爲「文部」）。又在『詩經韻分十七部表』中，舉邶風、新臺兩章中的
　　「洒」「浼」「殄」之押韻爲例，將「西聲」歸爲十三部，並進一步說明：
　　「西聲在此部。禮記與巡韻，劉向九歎與紛韻。漢魏晉人多讀如下平一先
　　之音。今入齊」。

　　另一方面，對於「祭」與「祭聲」之「察」，段玉裁將二者都歸屬於第十
　　五部（通常稱爲「脂部」）。然後，針對第十三部與第十五部之關係，在「六
　　書音均表」「古十七部合用類分表」「第十三部第十四部與第十五部同入說」
　　之中說：『第十三部第十四部與第十五部合用最近』，強調其發音相近。

　　戴震將祭部自段玉裁之第十五部——脂部中獨立分出之後，王念孫、江
　　有誥、章炳麟、黃侃等人繼承此說直至今日，但是段玉裁無法將祭部自
　　第十五部（脂）區別出來一事，本身就意味著「祭」「察」兩者發音之
　　相近。若是如此，段玉裁在「古十七部合用類分表」中所說的第十三部
　　與第十五部發音相近之點，即使是在祭部獨立已成定論的現在，也可說

〔註68〕董珊：〈讀《上博藏戰國楚竹書（四）》雜記〉，簡帛研究網，2005 年 2 月 20 日。

並無改變。

至於聲母，「西」是中古齒頭音之心母，此點在上古也未改變。另一方面，「察」雖然在中古時是正齒音之初母，但是若依據黃侃之見，將中古之正齒音在上古視爲與齒頭音同類，此「察」在上古就成爲齒頭音之清母。於是，「西」與「察」因爲在齒頭音（舌尖摩擦音與破擦音）上都有相同的調音點，而且韻之發音也相近、類似，所以發生通用假借之事態有非常高的可能性。

如此一來可以想像得到，左偏旁都爲「言」的「察（謑）」與「詣」，因爲「西」與「察」之發音相近，有通用假借之關係。因此，問題的「女詣」二字隸定爲「汝察」成爲可能。〔註69〕

淺野裕一釋「⿰言西」爲「察」的理由，是因爲發音相同而產生的假借，認爲韻部方面，「西」爲段玉裁「古十七諧聲表」第十三部（文部）、「察」爲第十五部（脂部）；在聲母方面，「西」爲上古齒頭音之心母，「察」爲上古齒頭音之清母，因此二字音韻俱近，有通用假借之關係。

何有祖認同董珊的意見，謂：

> 詣，在此句中應即典籍「哂」字。《論語‧先進》「夫子哂之」何晏集解引馬融曰：「哂，笑也。」《廣雅‧釋詁一》：「哂，笑也。」王念孫疏證：「微笑謂之哂，大笑亦謂之哂。
>
> 所謂的「如哂」，就是概言上一句孔子嘲諷哀公的言語：「吾見於君，不問有邦之道，而問相邦之道，不亦戁乎？」結合「戁」字考釋來說，就是如哂笑哀公之戁愚般回答了哀公。〔註70〕

【思婷案】

張光裕釋「如詣」爲「如斯」，即作爲指示辭，其義同於「如此」，換言之，孔子回答子貢說：「像這樣。」「如斯」雖常見於儒家典籍，但張光裕已云「『如斯』作爲動賓結構且以答問形式單獨出現者，則僅此一見」，且子貢在哀公與孔子問答之時並未在場，即使孔子回答「像這樣」，子貢還是無法理解孔子應答的內容。

董珊、何有祖釋爲「如哂」，認爲孔子「像哂笑一樣回答了他」。對於此說，季師旭昇指出：「哀公雖然不詢問『有邦之道』，反而問『相邦之道』，但孔子仍然

〔註69〕（日）淺野裕一：〈上博楚簡《相邦之道》的整體結構〉，《「新出土文獻與先秦思想重構」國際學術研討會論文集》，（台北：台灣大學哲學系、中央研究院中國文哲研究所、輔仁大學文學院、東吳大學哲學系，2005年3月），頁8-2～8-3。
〔註70〕何有祖：〈上博楚簡試讀三則〉，武漢大學簡帛網，2006年9月20日。

平實地回答，似未有如哂笑般的回答內容。」〔註71〕

孟蓬生釋爲「如訊」可備一說，「訊」亦出現於上博（五）《姑成家父》簡一。原考釋釋「訊強」爲地名，沈培據孟說釋爲「迅強」：

《史牆盤》有『訊圉』一詞，裘錫圭先生認爲也許是迅猛強圉的意思。這裡的『訊』與『強』連用，可能應讀爲『迅強』，意思跟『訊圉』近似。〔註72〕

案：《說文》曰：「訊，問也。」然而「訊」之本義，乃「執敵而訊之也」（吳大澂《古籀補》），金文多見「訊」字，皆用其本義「審訊」、「偵訊」，又如《左傳·昭公二十一年》：「使子皮承宜僚以劍而訊之。宜僚盡以告。」《莊子·列禦寇》：「宥人之離外刑者，金木訊之。」《漢書·鄒陽傳》：「左右不明，卒從吏訊，爲世所疑。」

自西周晚期，「訊」字亦可單純用爲「詢問」之意。《詩經·小雅·正月》：「召彼故老，訊之占夢。」毛《傳》：「訊，問也。」《列子·天瑞》：「林類年且百歲，底春被裘拾遺穗於故畦，並歌並進。孔子適衛，望之於野，顧謂弟子曰：『彼叟可與言者，試往訊之。』」《管子·桓公問》：「禹立諫鼓於朝，而備訊唉。」

然而在先秦文獻中，「訊」字用作「執敵而訊之也」之本義者，仍佔多數。其次，本句若讀爲「如訊（訊）」，釋爲「君問我以相邦之道，我即以相邦之道來回答他」，好像添加了太多字，單從「如訊」似乎不容易體會出這麼複雜的意義。季師旭昇謂：「孟說讀『訊』爲『訊』，可通，但感覺上孔子這樣的回答意義不太大。」〔註73〕

因此「如訊」除了讀爲「如訊」之外，我們另提出一個想法。由於第四簡文末有結束符號，因此也不可能在「女訊」之後又另有補述之語，「女訊」若釋爲「如斯」，則必須假設在哀公與孔子問答之前，簡文內容記錄了孔子向子貢講述相邦之道的情景。故孔子若要子貢「自己好好想一想」，的確比回答子貢「如此而已」還合理，「女訊」或可釋讀爲「汝思」，即孔子讓子貢自行思索平日所學之意。

「女」通「汝」，《論語》中孔子稱弟子不稱其名，則稱「女」或「爾」。例如《論語·爲政》：「由！誨女知之乎！」〈八佾〉：「賜也！爾愛其羊，我愛其禮。」〔註74〕

〔註71〕季師旭昇主編：《《上海博物館藏戰國楚竹書（四）》讀本》，（台北：萬卷樓，2007年3月），頁136。

〔註72〕沈培：〈上博簡《姑成家父》一個編聯組位置的調整〉，武漢大學簡帛網，2006年2月22日。

〔註73〕季師旭昇主編：《《上海博物館藏戰國楚竹書（四）》讀本》，（台北：萬卷樓，2007年3月），頁136。

〔註74〕楊伯峻、何樂士：《古漢語語法及其發展》，（北京：語文出版社，1992年3月），頁

簡文「詬」字，從言、從卤，隸定作「詬」是沒問題的。「西」字來源有二，其一羅振玉以為象鳥巢形〔註75〕；其二則為「卤」之假借，「卤」為心紐眞部，「西」為心紐脂部，二字上古聲同，韻為陰陽對轉。〔註76〕簡文「詬」所从之「西」，應是第二種來源。

在古文字中，心與言二形旁通用極為常見，先秦兩漢文獻中亦有大量實例，例如：

> 懟／譵　《說文‧心部》：「懟，怨也，從心對聲」；《玉篇‧言部》：「譵，怨也，或作懟。」
>
> 愧／謉　《爾雅‧釋言》：「愧，慙也」；《禮記‧表記》：「使民有所勸勉愧恥」；《玉篇‧言部》：「謉，慙恥也」；《說文》：「慙也，或從心從言」。
>
> 忱／訦　《詩經‧大雅‧大明》：「天難忱思」；《韓詩》作「天難訦思」。
>
> 悖／誖　《說文‧言部》：「誖，亂也，從言孛聲」；又云「或從心」作「悖」。《禮記‧樂記》：「有悖逆詐偽之心」；《漢書‧地理志》：「誖逆亡道」。

其他尚有譏懟、惡諰、憸譣、說悅、謀愳……等字例，〔註77〕皆為心言形旁互用之證。

《說文‧心部》：「思，從心囟聲。」「思」聲符從囟，「詬」與囟聲同韻近；「思、詬」形符一從心、一從言，乃形旁互用。故「女詬」可釋為「汝思」，即「你好好想想吧」。

子貢是孔子相當親近的弟子之一。《史記‧貨殖列傳》曰：「子贛既學於仲尼，退而仕於衛，廢著鬻財於曹、魯之閒」，身為孔門十哲之一的子貢，善於「言語」，相較於孔門其他弟子，子貢留給我們的印象是善問、善於推理、善於比較的，在《論語》、《荀子》、《莊子》等記載中，孔子與子貢的對話，常是有來有往，輪過幾番，方能中止，他不以孔子第一回給的答案為滿足，總是要再追問，「那如何如何，又怎麼樣？」孔子稱許他「告諸往而知來者」(〈學而〉)，便是說他的反應敏捷、言詞機靈，聞一而能知其後，懂得運用推論的道理，因此子貢經常是孔子討論各式各樣問題的對象。

107～108。

〔註75〕羅振玉：《殷虛書契考釋》，(台北：藝文，1981年)，中12葉下。

〔註76〕張玉金：〈釋甲骨金文中的「西」和「卤」字〉，《中國文字》新25期，頁59～74。

〔註77〕高明：《中國古文字學通論》(台北：五南出版社，1993年)，頁113～114。

《荀子‧子道》篇中有一段記載,其內容同樣是孔子在回答哀公之問後,和子貢討論的情形:

> 魯哀公問於孔子曰:「子從父命,孝乎?臣從君命,貞乎?」三問,孔子不對。孔子趨出以語子貢曰:「鄉者,君問丘也,曰:『子從父命,孝乎?臣從君命,貞乎?』三問而丘不對,賜以為何如?」子貢曰:「子從父命,孝之國,有爭臣四人,則封疆不削;千乘之國,有爭臣三人,則社稷不危;百乘矣。臣從君命,貞矣,夫子有奚對焉?」孔子曰:「小人哉!賜不識也!昔萬乘之家,有爭臣二人,則宗廟不毀。父有爭子,不行無禮;士有爭友,不為不義。故子從父,奚子孝?臣從君,奚臣貞?審其所以從之之謂孝、之謂貞也。」

與此類似的情形,又見於《上博二‧魯邦大旱》。其內容敘述哀公向孔子請教如何抵禦大旱,「孔子提出需要督正刑與德,也不要吝惜用圭璧幣帛等祭品儀式向山精水靈求雨。之後孔子遇見子貢,兩人對抵禦大旱是否要舉行祭祀的態度進行討論,孔子對天命重視且敬畏,故贊成祭祀,子貢認為解決大旱是不需要祭祀,對祭祀採取理性的態度」。〔註78〕

以上所舉的兩個例子,和〈相邦之道〉相同,都在記載孔子向子貢轉述哀公所提的問題之後,師生之間的討論。在《荀子‧天道》中,孔子直接問子貢:「賜以為何如?」〈魯邦大旱〉記曰:「出遇子贛曰:『賜,爾聞巷路之言,毋乃謂丘之答非歟?』」在〈相邦之道〉中,孔子則是回答子貢:「汝思。」可見孔子非常鼓勵學生發表、思考自己的看法,關於這一點,我們從《論語》即可窺見中孔子與門人之間的相處情形,例如〈先進〉篇中孔子與子路、曾皙、冉有、公西華等四位弟子的談話,從子路的「率爾而對」與其餘三位弟子的回答,以及〈公冶長〉孔子讓顏淵、子路「各言爾志」後,子路又再請教「願聞子之志」的記載,可以知道孔子和學生的師生關係是平等而和諧的,老師可詢問學生的看法,學生也可以請教老師的意見。孔子對學生因材施教、循循善誘的教學方法,使他獲得門人的愛戴與親近。

在《論語》的記載中,常見孔子對門人談論為政之道;另一方面,孔子亦常因材施材,甚至有「不教之教」的方式。《論語‧為政》:「子曰:『學而不思則罔,思而不學則殆。』」孔子主張學思並重,故〈相邦之道〉中,子貢詢問孔子與魯哀公是如何談論「相邦之道」的內容時,孔子只是簡短回答:「汝思。」即是要子貢從孔子平日的言論去思索理解,而不作立即之回應,正如《論語‧子罕篇第九》:「子曰:『吾

〔註78〕引自陳嘉凌:〈《魯邦大旱》譯釋〉題解。季師旭昇主編:《《上海博物館藏戰國楚竹書(四)》讀本》,(台北:萬卷樓,2007年3月),頁41。

有知乎哉？無知也！有鄙夫問於我；空空如也，我扣其兩端而竭焉。』」啓發學生主動反省的能力與精神，即是一位良師所能給學生的最佳教育。〔註 79〕

第四節 結 論

文獻中載有許多孔子與國君之間的對答，如《論語》、《荀子》、《上博（二）・魯邦大旱》等，〈相邦之道〉，亦屬此類記錄。孔子曾謂「一以貫之」，我們欲推求〈相邦之道〉中，哀公之問是否恰當，以及孔子的回答反應究竟如何，必須由孔子的言論思想出發，才能有正確的結論。如〈相邦之道〉中，孔子謂哀公之問「不亦臤乎」，此一「臤」字，即不能單純由聲韻通假而釋爲「欽」、「謙」等義。

孔子提供禮治思想，禮治思想又以倫理關係作爲原則，由家庭生活中的父子兄弟，推衍到社會上的君臣尊卑，使政治倫理化，每個人都明白自己位居何種角色，應負何種義務及責任，就可以淡化權力的爭取、維持社會的和諧。因此孔子不斷強調「正名思想」，強調「君君、臣臣、父父、子子」，每個人「名位不同，禮則異數」（《左傳・莊公十八年》）。因此〈相邦之道〉一文中，哀公詢問「相邦之道」，就孔子一貫的思想看來，自是失當之問。確立了這一論點，我們就可以爲〈相邦之道〉的整體定調，導出的結果，孔子對哀公的評論自然是「不亦愆乎」了。

由〈相邦之道〉中，我們看見了孔子和學生之間互相討論問題時，孔子對學生的教育方式。又由孔子謂「相邦之道」乃「先其欲，服其強……政毋忘所治事」；論「民事」爲「農夫勸於耕……以備軍旅」之語，看見了孔子治術中「養、教、治」的呈現。「養民」爲孔子治術中第一要務，孔子亦曰：「足食，足兵，民信之矣。」爲政者必須給百姓裕足的民生，有充份的國防，又能待時出政以治理百姓。〈相邦之道〉中所收錄的言論，又再一次印證了孔子的政治學說。

〔註 79〕陳思婷：〈試釋《上博（四）・相邦之道》之女語〉，簡帛研究網，2005 年 4 月 3 日。

參考書目

壹、傳統典籍（依作者年代排列）

1. （漢）司馬遷等撰，楊家駱主編：《新校本史記三家注并附編二種》，台北：鼎文書局，1987 年。

2. （漢）班固撰、（唐）顏師古注、楊家駱主編：《新校本漢書并附編二種》，台北：鼎文書局，1981 年。

3. （三國）韋昭：《國語韋昭注》，台北：藝文印書館，1959 年。

4. （晉）王嘉撰；（梁）蕭綺錄；齊治平校注：《拾遺錄》，台北：木鐸，1982 年。

5. （南朝宋）范曄撰；楊家駱主編：《新校本後漢書并附編十三種》，台北：鼎文書局，1987 年。

6. （宋）陳彭年重修、林尹校訂：《新校正切宋本廣韻》，台北：黎明文化事業股份有限公司，1996 年。

7. （清）阮元戡訂：《十三經注疏》，嘉慶廿年江南昌府學開雕影印本，台北：藝文印書館，1989 年。

8. （清）俞樾：《春秋名字解詁補義》，台北：漢京文化，1980 年。

9. （清）姚際恆著、林慶彰主編：《姚際恆著作集》第一冊，台北：中央研究院中國文哲研究所，1994 年。

10. （清）張玉書主編：《康熙字典》，上海：上海書店出版社，1985 年 12 月。

11. （清）王聘珍：《大戴禮記解詁》，台北：世界，1962 年。

12. （清）方濬益：《綴遺齋彝器款識考釋》卷十二，北京：北京圖書館出版社，2004 年。

13. （清）孫詒讓：《契文舉例》，台北：藝文印書館，1963 年。

14. （清）馬驌：《繹史》，台北：台灣商務印書館，1968 年。

貳、近人論著專書（依作者姓氏筆畫、出版年代先後排列）

三 劃

1. 于省吾：《甲骨文字釋林》，北京：中華書局，1979 年。

2. 于省吾主編、姚孝遂按語編撰：《甲骨文字詁林》，北京：中華書局，1996 年。

四　劃

1. 中國社會科學院考古研究所編：《殷周金文集成》，北京：中華書局，1984～1994 年。

2. 中國藝術研究院音樂研究所〈中國音樂詞典編輯部〉編：《中國音樂詞典》，北京：人民音樂出版社，1984 年。

3. 王力：《同源字典》，北京：商務印書館，1991 年。

4. 王力堅：《古典新詮：中國古典詩詞賞析文集》，台北：台灣商務，2005 年。

5. 王忠林等著：《增訂中國文學史初稿》，台北：福記，1983 年。

6. 王建輝、劉森淼：《荊楚文化》，瀋陽：遼寧教育出版社，1992 年。

7. 王景琳、徐陶主編：《中國民間信仰風俗辭典》，北京：中國文聯出版社，1992 年。

8. 王襄：《簠齋殷契類纂》，北京：北京圖書館出版社，2000 年。

五　劃

1. 古文字詁林編纂委員會編纂（李圃主編）：《古文字詁林》，上海：上海教育出版社，1999～2004 年。

2. 石泉主編：《楚國歷史文化辭典》，武昌：武漢大學出版社，1996 年。

六　劃

1. 向熹：《詩經詞典（修訂本）》，成都：四川人民出版社，1997 年。

2. 朱自清：《古詩歌箋釋》，上海：上海古籍出版社，1981 年。

3. 朱孟庭：《《詩經》與音樂》，台北：文津出版社，2005 年。

七　劃

1. 何琳儀：《戰國古文字典——戰國文字聲系》，北京：中華書局，1998 年。

2. 何琳儀：《戰國文字通論（訂補）》，湖北：江蘇教育出版社，2003 年。

3. 余培林：《詩經正詁（上）》，台北：三民，1993 年。

4. 余培林：《詩經正詁（下）》，台北：三民，1995 年。

5. 宋公文、張君：《楚國風俗志》，武漢：湖北教育出版社，1995 年。

6. 李守奎：《楚文字編》，上海：華東師範大學出版社，2003 年。

7. 李湘：《詩經名物意象探析》，台北：萬卷樓，1999 年。

8. 李零：《郭店楚簡校讀記——增訂本》，北京：北京大學出版社，2002 年。

9. 李零：《簡帛古書與學術源流》，北京：生活‧讀書‧新知三聯書店，2004 年 4 月。

10. 李慧：《台灣土著民族舞蹈音樂節奏之研究》，台北：大卷，1990 年。

11. 沈建華：《饒宗頤新出土文獻論證》，上海：上海古籍出版社，2005 年 9 月。

12. 汪中文：《爾雅著述考》，台北：編譯館，2003 年。

13. 那志良：《中國古玉圖釋》，台北：南天，1990 年。

八 劃

1. 周嘯天主編：《詩經鑑賞集成》，台北：五南，1993 年。

2. 季旭昇：《說文新證》上冊，台北：藝文印書館，2002 年。

3. 季旭昇：《說文新證》下冊，台北：藝文印書館，2004 年。

4. 季旭昇主編：《上海博物館藏戰國楚竹書（二）讀本》，台北：萬卷樓圖書股份有限公司，2003 年。

5. 季旭昇主編：《上海博物館藏戰國楚竹書（三）讀本》，台北：萬卷樓圖書股份有限公司，2005 年。

6. 季旭昇主編：《上海博物館藏戰國楚竹書（四）讀本》，台北：萬卷樓圖書股份有限公司，2007 年。

7. 林尹：《文字學概說》，台北：正中書局，1971 年。

8. 林尹：《訓詁學》，台北：正中書局，1972 年。

9. 林吳素霞：《南管音樂賞析—入門篇》，彰化：彰化縣文化局，2000 年。

10. 林義光：《文源》，香港：香港明石文化國際出版有限公司，2004 年。

11. 河南省文物研究所：《信陽楚墓》，北京：文物出版社，1986 年。

12. 金開誠、董洪利、高路明著：《屈原集校注》，北京：中華書局，1996 年。

九 劃

1. 姚際恆著、林慶彰主編：《姚際恆著作集》，台北：中央研究院中國文哲研究所，1994 年。

十 劃

1. 容庚編著、張振林、馬國權摹補：《金文編》，北京：中華書局，1985 年。

2. 徐中舒：《甲骨文字典》，成都：四川辭書出版社，1988 年。

3. 徐在國：《隸定古文疏證》，合肥：安徽大學出版社，2002 年。

4. 荊門市博物館：《郭店楚墓竹簡》，北京：文物出版社，1998 年。

5. 馬王堆漢墓帛書整理小組編：《馬王堆漢墓帛書》，北京：文物出版社，1983 年。

6. 馬承源主編：《商周青銅器銘文選》第四冊《東周青銅器銘文釋文及注釋》，北京：文物出版社，1986 年。

7. 馬茂元：《楚辭注釋》，台北：文津出版社，1993 年。

8. 高亨纂著、治安整理：《古字通假會典》，濟南：齊魯書社，1989 年。

9. 高明：《大戴禮記今註今譯》，台北：台灣商務印書館，1975 年。

10. 高明：《中國古文字學通論》，台北：五南出版社，1993 年。

11. 高明：《帛書老子校注》，北京：中華書局，1996 年。

12. 高鴻縉：《中國字例》，台北：三民書局，1990 年。

13. 高鴻縉：《散盤集釋》，台北：國立台灣師範大學，1957 年。

十一劃

1. 張世超、孫凌安、金國泰、馬如森合編，《金文形義通解》，京都：中文出版社，1996 年 3 月。

2. 張正明：《楚史》，武漢：湖北教育出版社出版發行，1995 年。

3. 張光裕主編，袁國華合編：《包山楚簡文字編》，台北：藝文印書館，1992 年。

4. 張光裕主編，袁國華合編：《郭店楚簡研究》，台北：藝文印書館，1999 年。

5. 符定一：《聯緜字典》，台北：中華書局，1964 年。

6. 許進雄：《中國古代社會》，台北：台灣商務，1995 年。

7. 許進雄：《古文諧聲字根》，台北：台灣商務，1995 年。

8. 陳加盛：《野鳥觀察事典》，台北：晨星，2006 年。

9. 陳正之：《民樂瑰寶：臺灣的北管與南管》，台中：省新聞處，1990 年。

10. 陳初生編纂、曾憲通審校：《金文常用字典》，西安：陝西人民教育出版社，1957 年。

11. 陳新雄：《古音學發微》，台北：嘉新水泥公司文化基金會，1972 年。

12. 陳夢家：《卜辭綜述》，台北：大通，1971 年。

13. 陳夢家：《殷虛卜辭綜述》，北京：科學出版社，1956 年。

十二劃

1. 喬繼堂、朱瑞平主編：《中國歲時節令辭典》，北京：中國社會科學出版，1998 年。

2. 湖北省考古研究所、北京大學中文系編：《九店楚簡》，北京：中華書局，2005 年 5 月。

3. 湖北省荊沙鐵路考古隊：《包山楚簡》，北京：文物出版社，1991 年 10 月。

4. 湯餘惠主編：《戰國文字編》，福州：福建人民出版社，2001 年。

5. 童勉之：《中華草木蟲魚文化》，台北：文津，1997 年。

6. 費孝通：《鄉土中國》，台北：台灣文俠出版社，1973 年。

十三劃

1. 新文豐出版公司編輯部編：《叢書集成續編》第八十三冊，台北：新文豐，1989 年。

2. 楊伯峻、何樂士：《古漢語語法及其發展》，北京：語文出版社，1992 年 3 月。

3. 楊金鼎注釋：《楚辭注釋》，台北：文津，1993 年。

4. 楊如雪：《文法 ABC》，台北：萬卷樓，2002 年。

5. 楊蔭瀏：《中國古代音樂史稿》，台北：大源，1997 年。

6. 楊權喜：《楚文化》，北京：文物出版社出版發行：新華書店經銷，2000 年。

7. 裘錫圭、李家浩〈曾侯乙墓竹簡釋文與考釋〉，《曾侯乙墓》，北京：文物出版社，1989 年。

十五劃

1. 劉信芳：《孔子詩論述學》，合肥：安徽大學出版社，2003 年 1 月。

2. 劉信芳：《包山楚簡解詁》，台北：藝文印書館，2003 年。

3. 劉釗：《郭店楚簡校釋》，福州：福建人民出版社，2005 年。

4. 劉增貴：《漢代豪族研究：豪族的士族化與官僚化》，台北：撰者，1985 年。

5. 潘富俊：《楚辭植物圖鑑》，台北，貓頭鷹，2002 年。

6. 滕壬生編著：《楚系簡帛文字編》，武漢：湖北教育出版社，1995 年。

7. 談遠平：《中國思想政治》，台北：揚智文化，2004 年。

8. 魯實先：《文字析義》，魯實先全集編輯委員會，1993 年 6 月 30 日。

9. 蕭亢達：《漢代樂舞百戲藝朮研究》，北京：文物出版社，1991 年。

10. 賴炎元《韓詩外傳今註今譯》，台北：台灣商務，1972 年。

11. 顏重威：《詩經裡的鳥類》，台北：鄉宇文化，2004 年。

12. 羅振玉：《殷虛書契考釋》，台北：藝文印書館，1981 年。

13. 譚維四：《曾侯乙墓》，台北：瑞昇文化，2005 年。

參、近人論著單篇論文、會議論文（依作者姓氏筆畫、出版年代先後排列）

三 劃

1. 于省吾：〈釋古文字中附劃因聲指事字的一例〉，《甲骨文字釋林》，台北：大通，1981 年。

2. 于省吾：〈釋穆〉，《甲骨文字詁林》，北京：中華書局，1996 年。

四 劃

1. 王文耀：〈曾侯乙鐘銘文之管見〉，《古文字研究》第九輯，北京：中華書局，1981 年。

五 劃

1. 白于藍：〈古璽印文字考釋（四）篇〉，《考古與文物》，西安：考古與文物編輯部，1993 年第 3 期。

2. 白于藍：〈郭店楚墓竹簡釋讀札記〉，《古文字論集（二）》，西安：考古與文物編輯部，2001 年。

3. 白于藍：〈釋包山楚簡中的「巷」字〉，《殷都學刊》，安陽：安陽師專〈殷都學刊〉編輯部，1997 年 12 月。

七 劃

1. 何琳儀、徐在國：〈釋芇及其相關字〉，《中國文字》新二十七期，台北：藝文印書館，2001 年。

2. 何琳儀：〈仰天湖竹簡選釋〉，《簡帛研究》第三輯，南寧：廣西教育出版社，1998 年。

3. 吳良寶：〈璽陶文字零釋〉，《中國古文字研究第一集》，吉林：吉林大學出版社，1999 年。

4. 吳良寶：〈讀郭店楚簡札記三則〉，《古籍整理研究學刊》，長春：東北師範大學古籍整理研究所，2001 年 05 期。

5. 宋淑萍：〈「無違」的孝道—兼論「事父母幾諫」章〉，《孔孟月刊》，台北：中華民國孔孟學會，第二十二卷第三期。

6. 李守奎：〈楚文字考釋（三組）〉，《簡帛研究》第三輯，廣西教育出版社，1998 年。

7. 李家浩：〈釋「弁」〉，《古文字研究》第一輯，北京：中華書局，1979 年。

8. 李零：〈讀楚系簡帛文字編〉，《出土文獻研究》第五輯，北京：科學出版社，1999 年。

9. 李學勤：〈續釋「尋」字〉，《故宮博物院院刊》，北京：紫禁城出版社，2000 年第 6 期。

八 劃

1. 周世榮：〈從馬王堆出土古文字看漢代農業科學〉，《農業考古》，南昌：農業考古編輯部，1983 年第 1 期。

2. 季旭昇：〈古璽雜識二題：壹：堲」、「偝」、「娷」；貳，姜枼〉，《中國學術年刊》第廿二期，台北：國立臺灣師範大學國文研究所畢業同學會，2001 年 5 月。

3. 季旭昇：〈讀郭店上博五題：舜、河滸、紳而易、牆有茨、宛丘〉，《中國文字》新二十七期，台北：藝文印書館，2001 年。

4. 季旭昇：〈說李〉，（《文字的俗寫現象及多元性》，第十七屆中國文字學全國學術研討會，2006 年 5 月 20、21 日。逢甲大學中國文學系編，聖環圖書公司出版。

5. 季旭昇：〈交交鳴鳥新詮〉，第一屆古文字與古代史學術研討會，中央研究院歷史語言所，2006 年 9 月 22～24 日。

6. 季旭昇：〈說要要〉，《古文字研究》第二十六輯，北京：中華書局，2006 年。

7. 林素清：〈釋「匲」——兼及〈內禮〉新釋與重編〉，發表於「出土簡帛文獻與

古代學術國際研討會」，美國芝加哥大學東亞系所主辦，2005 年 5 月 28 日～30
日。

8. 林素清：〈上博楚簡四〈內禮〉篇重探〉，《出土簡帛文獻與古代學術國際研討會
論文集》，國立政治大學主辦，2005 年 12 月 2 日～3 日。

9. 林碧玲：〈《上博四・逸詩・交交鳴鶯》研究〉，《出土簡帛文獻與古代學術國際
研討會論文集》，2005 年 12 月 2 日～3 日。

10. 林澐：〈豐豐辨〉，《古文字研究》第十二輯，北京：中華書局，1985 年。

11. 林澐：〈說戚、我〉，《古文字研究》第十七輯，北京：中華書局，1989 年。

12. 邱德修：〈上博簡〈紂衣〉的「紂」字考〉，《儒道學術國際研會—先秦論文集》，
台北：國立台灣師範大學國文系，2002 年。

13. 金立：〈江陵鳳凰山八號漢墓竹簡試釋〉，《文物》，1976 年第 6 期。

九　劃

1. 俞志慧：〈《戰國楚竹書・孔子詩論》校箋（上）〉，《經學研究論叢》第十一輯，
台北：中央研究院文哲所，2003 年。

2. 胡平生：〈讀上博藏戰國楚竹書《詩論》劄記〉，《上海博館藏戰國楚竹書研究》，
上海：上海書店出版社，2002 年。

3. 胡厚宣：〈釋絲用絲御〉，《歷史語言研究所集刊》第八本第四分，台北：中央研
究院歷史語言研究所，1939 年。

十　劃

1. 徐中舒：〈怎樣研究中國古代文字〉，《古文字研究》第十五輯，北京：中華書局，
1986 年。

2. 徐在國：〈讀《楚系簡帛文字編》札記〉，《安徽大學學報（哲學社會科學版）》，
合肥：安徽大學學報編輯部，1998 年第 5 期。

3. 徐寶貴：〈郭店楚簡研究三則〉，《古籍整理研究學刊》，長春：東北師範大學古
籍整理研究所，2003 年 3 月第 2 期。

4. 袁國華：〈望山楚墓卜筮祭禱簡文字考釋四則〉，《歷史語言研究所集刊》第七十
四本第二分，台北：中央研究院歷史語言研究所，2003 年。

十一劃

1. 張玉金：〈釋甲骨金文中的「西」和「囟」字〉，《中國文字》，台北：藝文印書
館，新 25 期。

2. 張桂光：〈《戰國楚竹書・孔子詩論》文字考釋〉，《上海博物館藏戰國楚竹書研
究》，上海：上海書店出版社，2002 年。

3. （日）淺野裕一：〈上博楚簡《相邦之道》的整體結構〉，《「新出土文獻與先秦思
想重構」國際學術研討會論文集》，台北：台灣大學哲學系、中央研究院中國文
哲研究所、輔仁大學文學院、東吳大學哲學系，2005 年 3 月。

4. 陳芳妹：〈晉侯𣂪鋪──兼論銅鋪的出現及其禮制意義〉，《故宮學術季刊》，台北：國立故宮博物院，2000 年，第十七卷第四期。

5. 陳思婷：〈說夬〉，《東方人文學誌》，台北：文津，2006 年 9 月，第五卷第三期。

6. 陳振裕：〈湖北農業考古概述〉，《農業考古》，1983 年第 1 期。

7. 陳偉武：〈讀上博藏簡第四冊零札〉，《古文字研究》第二十六輯，北京：中華書局，2006 年。

十二劃

1. 湯餘惠：〈略談戰國文字形體研究中的幾個問題〉。《古文字研究》第十六輯，北京：中華書局，1989 年。

2. 湯餘惠：〈包山楚簡讀後記〉，《考古與文物》，西安：考古與文物編輯部，1993 年第二期。

3. 程燕：〈「豈」、「戲」同源考〉，《古文字研究》第二十六輯，北京：中華書局，2006 年。

4. 馮時：〈工𪊨大廝鎚銘文考釋〉，《古文字研究》第二十二輯，北京：中華書局，2000 年。

5. 黃人二：〈讀上博藏簡第四冊內禮書後〉，發表於台灣楚文化研究會主辦「新出土戰國楚竹書研讀會」，2005 年 3 月 12 日。另收錄於《出土文獻論文集》，台中：高文出版社，2005 年。另節錄發表於《古文字研究》第二十六輯，北京：中華書局，2006 年。

6. 黃盛璋：〈包山楚簡中若干重要制度發復與爭論未決諸關鍵字解難、決疑〉，《湖南考古輯刊》，長沙：岳麓書社，1994 年。

7. 黃翔鵬：〈先秦音樂文化的光輝創造──曾侯乙墓的古樂器〉，《文物》，北京：文物出版社，1979 年第 1 期。

8. 黃翔鵬：〈釋「楚商」──從曾侯鐘的調式研究管窺楚文化問題〉，《文藝研究》，北京：文化藝術出版社，1979 年第二期。

9. 黃德寬、徐在國：〈《上海博物館藏戰國竹書（一）‧孔子詩論》釋文補正〉，《安徽大學學報哲學社會科學版》，合肥：安徽大學學報編輯部，2002 年第 26 卷第 2 期。

10. 黃錫全：〈《包山楚簡》部分釋文校釋〉，《湖北出土商周文字輯證》附錄四，武昌：武漢大學出版社，1992 年。

十三劃

1. 楊建芳：《玉鞢及鞢形玉飾──一種玉器演變的考察〉，《中國文物世界》47 期，香港：藝術推廣中心，1989 年 7 月。

2. 楊樹森：〈焚巫‧祭月‧祈雨〉，《吉林大學社會科學學報》，長春：吉林大學社會科學學報編輯部，1994 年第 1 期。

3. 楊澤生：〈讀上博（四）箚記〉，《古文字研究》第二十六輯，北京：中華書局，
   2006 年。

4. 裘錫圭：〈關於孔子詩論〉，《國際簡帛研究通訊》第二卷第三期，2002 年 1 月。

5. 裘錫圭：〈古幣叢考讀後記〉，《古幣叢考》，合肥：安徽大學出版社，2002 年。

6. 賈繼海：〈曾子對孔子孝道觀的繼承〉，《山東理工大學學報（社會科學版）》，淄
   博：山東理工大學，2005 年 3 月，第 21 卷第 2 期。

十四劃

1. 廖名春：〈楚簡《老子》校釋〉，《簡帛研究》第三輯，南寧：廣西教育出版社，
   1998 年。

2. （日）福田哲之：〈上博楚簡《內豊》的文獻性質——以與《大戴禮記》之《曾
   子立孝》、曾子事父母爲比較中心〉，《簡帛》第一輯，上海：上海古籍出版社，
   2006 年 10 月。

3. 趙平安：〈釋包山楚簡中的「衛」與「遺」〉，《考古》，北京：科學出版社，1998
   年 5 月。

十六劃

1. 蕭毅：〈楚璽札記二則〉，《古文字研究》第二十五輯，北京：中華書局，2004
   年。

十九劃

1. 羅新慧：〈曾子與《孝經》——儒家孝道理論的歷史變遷〉，《史學月刊》，鄭州：
   河南人民出版社，1996 年第 5 期。

肆、論文（依作者姓氏筆畫、出版年代先後排列）

八　劃

1. 林素英：《從古代的生命禮儀透視其生死觀：以《禮記》爲主的現代詮釋》，國
   立台灣師範大學國文研究所碩士論文，1992 年。

2. 林清源：《楚國文字構形演變研究》，私立東海大學中國文學系博士論文，1997
   年。

十一劃

1. 張新俊：《上博楚簡文字研究》，吉林大學博士學位論文，2005 年。

2. 陳嘉凌：《楚系簡帛字根研究》，國立台灣師範大學國文研究所碩士論文，2002
   年。

3. 陳霖慶：《郭店〈性自命出〉暨上博〈性情論〉綜合研究》，國立台灣師範大學
   國文研究所碩士論文，2003 年。

4. 陳靜俐：《詩經草木意象》，國立台灣師範大學國文研究所碩士論文，1997 年。

十二劃

1. 黃人二：《戰國包山卜筮祝禱簡研究》，國立台灣大學中文研究所碩士論文，1996 年。

十三劃

1. 董妍希：《金文字根研究》，國立台灣師範大學國文研究所碩士論文，2001 年。

二十劃

1. 蘇建洲：《上海博物館藏戰國楚竹書（二）校釋》，國立台灣師範大學國文研究所博士論文，2004 年。

伍、網站文章（依作者姓氏筆劃、發表日期先後排列）

四 劃

1. 王貴元：〈上博五札記二則〉，武漢大學簡帛研究中心網站，2006 年 3 月 3 日。

五 劃

1. 田煒：〈讀上博竹書（四）瑣記〉，簡帛研究網，2004 年 4 月 3 日。

七 劃

1. 何有祖：〈上博楚竹書（四）箚記〉，簡帛研究網，2004 年 4 月 1 日。
2. 何有祖：〈上博楚簡試讀三則〉，武漢大學簡帛網，2006 年 9 月 20 日。
3. 何琳儀：〈滬簡詩論選釋〉，簡帛研究網，2002 年 1 月 17 日。
4. 何琳儀、程燕：〈滬簡《周易》選釋〉，清華大學簡帛研究網，2004 年 5 月 16 日。
5. 李銳：〈讀上博（四）札記（一）〉，簡帛研究網，2005 年 2 月 20 日。清華大學簡帛研究網，2005 年 2 月 16 日。
6. 李銳：〈讀上博四札記（二）〉，清華大學簡帛研究網，2005 年 2 月 20 日。
7. 李銳：〈上博簡《子羔》、《交交鳴烏》箚記二則〉，清華大學簡帛研究網，2006 年 10 月 2 日。
8. 李學勤：〈上海博物館藏楚竹書《詩論》分章釋文〉，簡帛研究網，2002 年 1 月 16 日。
9. 沈培：〈上博簡《姑成家父》一個編聯組位置的調整〉，武漢大學簡帛研究中心網，2006 年 2 月 22 日。

八 劃

1. 林碧玲：「上博四〈逸詩·多薪〉導讀」。（第八次簡帛資料文哲研讀會，2006

年 12 月 09 日，台大哲學系 201 室。）
http://homepage.ntu.edu.tw/~d93124002/index-new.html

2. 周鳳五：〈《孔子詩論》新釋文及注解〉，簡帛研究網，2002 年 1 月 16 日。

3. 孟蓬生：〈上博竹書（四）閒詁〉，簡帛研究網，2005 年 2 月 15 日。

4. 孟蓬生：〈上博竹書（四）閒詁續〉，簡帛研究網，2005 年 3 月 6 日。

5. 季旭昇：〈上博（四）《逸詩·交交鳴鳥》補釋〉，簡帛研究網，2005 年 2 月 15 日。

6. 季旭昇〈上博四零拾〉，簡帛研究網，2005 年 2 月 15 日。

7. 房振三：〈上博館藏楚竹書（四）釋字二則〉，簡帛研究網，2005 年 3 月 29 日。

九　劃

1. 范常喜：〈對楚簡中「喪」字的一點補充〉，武漢大學簡帛研究中心網站，2006 年 3 月 17 日。

2. 范常喜：〈簡帛《周易·夬卦》「喪」字補說〉，武漢大學簡帛研究中心網站，2005 年 3 月 14 日。

3. 范常喜：〈讀《上博四》札記四則〉，簡帛研究網，2005 年 3 月 31 日。

十　劃

1. 秦樺林：〈釋「戔」「𢼊」〉，簡帛研究網，2004 年 8 月 14 日。

2. 秦樺林：〈楚簡逸詩《交交鳴》箚記〉，清華大學簡帛研究網，2005 年 2 月 18 日。

3. 秦樺林：〈上博四·逸詩·交交鳴鳥》補釋〉，簡帛研究網 2005 年 2 月 20 日。

4. 秦樺林：〈楚簡逸詩《交交鳴鷖》箚記〉，簡帛研究網，2005 年 2 月 20 日。

5. 高佑仁：〈讀上博（四）札記三則〉，武漢大學簡帛研究中心網站，2006 年 2 月 24 日。

十一劃

1. 陳思婷：〈試釋《上博（四）·相邦之道》之女𥬒〉，簡帛研究網，2004 年 4 月 3 日。

2. 陳思婷：〈試釋《上博（四）·采風曲目》「苟虐君毋死」〉，簡帛研究網，2005 年 10 月 30 日。

3. 陳斯鵬：〈初讀上博竹書（四）文字小記〉，簡帛研究網，2005 年 3 月 5 日。

4. 陳劍：〈上博竹書「葛」字小考〉，武漢大學簡帛研究中心網站，2006 年 3 月 10 日。

5. 曹建國：〈楚簡逸詩《交交鳴鷖》考論〉，武漢大學簡帛研究中心網站，2006 年 11 月 26 日。

6. 曹建敦：〈用新出土竹書校讀傳世古籍箚記一則——上博《內豊》校讀《大戴禮

記》一則〉，簡帛研究網，2005 年 3 月 6 日。

7. 曹建敦：〈讀上博藏楚竹書《內豊》篇札記〉，簡帛研究網，2005 年 3 月 4 日。

8. 許無咎：〈《內豊》札記一則〉，簡帛研究網，2005 年 3 月 1 日。

十二劃

1. 黃鳴：〈上博四《采風曲目》零拾〉，簡帛研究網。2005 年 12 月 30 日。

十三劃

1. 董珊：〈讀上博藏戰國楚竹書（四）雜記〉，簡帛研究網，2005 年 2 月 20 日。

2. 楊澤生：〈讀上博（四）箚記〉，簡帛研究網，2005 年 3 月 24 日。

3. （日）福田哲之：〈上博四《內禮》附簡、上博五《季康子問於孔子》第十六簡的歸屬問題〉，武漢大學簡帛研究中心網站，2006 年 3 月 7 日。

十四劃

1. 廖名春〈楚簡《逸詩‧交交鳴鳥》補釋〉，簡帛研究網，2005 年 2 月 12 日。清華大學簡帛研究網，2005 年 2 月 13 日。（後載於《中國文化研究》，北京：北京語言學院出版社，2005 年第 1 期）。

2. 廖名春：〈楚簡《逸詩‧多薪》補釋〉，簡帛研究網，2005 年 2 月 12 日。清華大學簡研究網，2005 年 2 月 13 日。

3. 廖名春：〈讀楚竹書《內豊》篇箚記（一）〉，簡帛研究網，2005 年 2 月 20 日。

4. 廖名春：〈也說"交交鳴鶯"〉，清華大學簡帛研究網，2005 年 2 月 21 日。

5. 劉洪濤：〈讀《上海博物館藏戰國楚竹書（四）》箚記（二）〉，武漢大學簡帛研究中心網站，2007 年 1 月 17 日。

6. 劉釗：〈讀上海博物館藏戰國楚竹書（一）箚記〉，簡帛研究網，2002 年 1 月 8 日。

7. 劉國勝：〈上博（五）零札（六則）〉，武漢大學簡帛研究中心網站，2006 年 4 月 7 日。

8. 劉樂賢：〈楚簡《逸詩‧多薪》補釋一則〉，簡帛研究網，2005 年 2 月 20 日。

9. 禤健聰：〈上博楚簡（五）零札（一）〉，武漢大學簡帛研究中心網站，2006 年 2 月 24 日。

十八劃

1. 魏宜輝：〈讀上博楚簡四札記〉，簡帛研究網，2005 年 3 月 10 日。

二十劃

1. 蘇建洲：〈楚文字考釋四則〉，簡帛研究網，2005 年 3 月 14 日。

2. 蘇建洲：〈《上博（五）‧鮑叔牙與隰朋之諫》「豎刁與易牙爲相」章字詞考釋〉，武漢大學簡帛研究中心網站，2006 年 3 月 17 日。

3. 蘇建洲：〈上博五補釋（五則）〉，武漢大學簡帛研究中心網站，2006 年 3 月 29 日。

【註】

1. 武漢大學簡帛研究中心網站網址：http://www.bsm.org.cn/

2. 清華大學簡帛研究網網址：
   http://www.confucius2000.com/admin/lanmu2/jianbo.htm

3. 簡帛研究網網址：http://www.bamboosilk.org/

附錄：〈說夬〉

摘　要

　　夬本指射夬，玦則可以指射夬、C形佩玦。射夬與C形佩玦又與韘形珮、瑱糾纏難分，以致於典籍上的玦字究竟何指，歷代說法紛紛。本文從考古與文獻釐清射夬、C形佩玦、韘形佩、瑱的形制、流行時代，並把典籍中的玦字的用法做了比較深入的探討。

　　關鍵字：夬、玦、韘形佩

壹、「夬」之本義

　　仰天湖楚簡第 15 簡「又（有）骨![字形]」，何琳儀根據字形及出土實物，釋「![字形]」爲「夬」，何琳儀謂：

> 「△」原篆作「![字形]」。史氏釋「耳」，余氏釋「扭」，郭氏釋「叉」。按，「△」
> 應釋「夬」，參見下列楚簡文字：
>
> ![字形]　包山 260
> ![字形]　望山
>
> 包山簡「夬盟」應讀「夬韞」。《集韻》：「夬，所以闓弦者。」《廣雅·釋詁四》：「韞，裹也。」「夬韞」指盛放夬之袋。「夬」即「扳指」，詳下文。
> 包山墓出土兩件帶皮墊的骨刺「指套」即「夬」。……
> 由戰國秦漢文字「夬」還可推溯舊所不識的商周文字「夬」，……甲骨文「夬」多見甲橋刻辭，爲方國之名。《說文》：「決，盧江有決水，出於大別山。」刻辭中「夬」似與決水有關，估計在河南固始一帶。

《說文》：「夬，分決也。从又，**士**象決形。」關於「夬」的構形及本義，清代學者多有揣測之辭，茲不具載，詳《說文詁林》。朱駿聲云：「本義當爲引弦彄也。从又，**コ**象彄，｜象弦。今俗謂之扳指，字亦作觖。《周禮・繕人》決拾。注：『抉矢時所以持弦飾也，箸右手巨指。』以抉爲之。《詩・車工》『決拾既佽』釋文：『夬本作抉。』」朱氏根據小篆分析字形，殊不可據；但以「夬」爲「抉」之初文，十分正確。《集韻》：「夬，所以闓弦者。」「夬」从「又」，「抉」从「手」。「又」、「手」本一字分化，故「夬」與「抉」爲古今字。《廣韻》：「抉，縱弦彄也。」

甲骨文 **ᘛ** 正象右手套扳指之形，屬於所謂「借體象形字」。扳指有「如環無端」和「如環而缺」兩種。上文所引《集成》著錄曾侯乙編鐘「觖」所从 **ᖋ** 屬「如環無端」，**ᘒ** 屬「如環而缺」。上文所引漢代《縱橫家書》**ᘙ** 亦屬「如環而缺」者，後來被小篆 **ᘛ** 所承襲，或囿於小篆以爲「夬」从「又」，从「夂」殊誤。「夬」的形體演變列表如次：

$$\text{ᘛ} \rightarrow \text{ᘒ} \rightarrow \text{ᘙ} \rightarrow \text{ᘚ} \rightarrow \text{ᘒ} \rightarrow \text{ᘛ} \rightarrow \text{ᘙ} \rightarrow \text{ᘚ}$$

在典籍中，「夬」除作「抉」、「觖」、「決」外，亦作「玦」，即「韘」，乃先秦成年男子經常佩帶之物。《詩・衛風・芃蘭》：「芃蘭之葉，童子佩韘。」傳：「韘，玦也，能射御則佩韘。」箋：「韘之言沓，所以彄沓手指。」《說文》：「韘，射決也，所以拘弦以象骨韋系，箸右巨指。」《儀禮・大射儀》：「袒決遂」，注：「以象骨爲之，箸右手巨指，所以鉤弦而闓之」。仰天湖簡文 M1 出土 2 件，望山 M2 出土 20 件，多爲骨製。凡此說明，本文「骨夬」的釋讀是可信的。〔註1〕

【思婷案】

何文已將「夬」之造字本義說明得十分清楚。卜辭「夬」字作 **ᘛ**（前 4.12）、**ᖋ**（甲 449），金文作 **ᘙ**（段簋），手形上有環形扳指。戰國楚系「夬」字作 **ᘚ**（包 2.260）、秦系作 **ᘙ**（睡・日書乙），其扳指形位於右手大拇指之上，比甲金文更接近實際使用狀況〔註2〕。故《說文》釋「夬」爲「分決也。从又，**士**象決形」是有問題的，「夬」的本義是射夬，「分決」只是引伸義。「夬」乃爲「射夬」所造之合體象形字。

〔註1〕何琳儀：〈仰天湖竹簡選釋〉，《簡帛研究》第三輯，（南寧：廣西教育出版社，1998年 12 月），頁 109～111

〔註2〕何琳儀：《戰國古文字典》，（北京：中華書局，1998 年），頁 905；季師旭昇：《說文新證》（上），（台北：藝文，2002 年），頁 190。

　　不過要補充說明的是，目前所見的夬，用來套在拇指上的管狀物，並沒有何琳儀所謂「如環而缺」者，因此甲骨夬字作 （甲 449）者，可能是受限於書寫工具，圓形契刻不易，故所刻之圓有缺口，並不是因為有一種夬的形制是「如環而缺」的。類似這樣的「夬」字字形在金文、戰國文字亦有所見，如「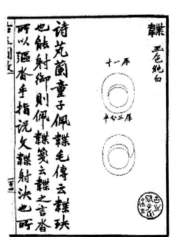」（段簋）、「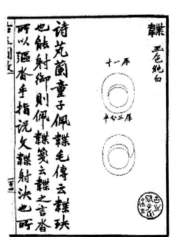」（齊系文字，陶彙 3.3739）、「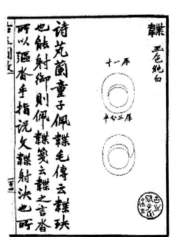」（楚系文字，曾侯乙鐘），其夬形有開缺者，可能是書寫鑄刻造成的，並非實物之完全象形。

　　由「夬」的形制來看，「夬」正確的寫法，應如甲骨「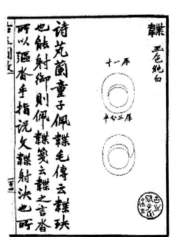」字（前 4.12），射夬之形作一完整的圓形；戰國楚系「夬」字作「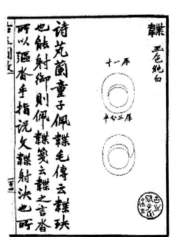」（包 2.260）、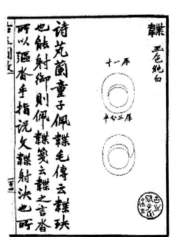（契，包 2.138）、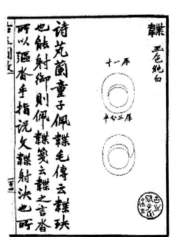（缺，曾侯乙磬石刻），秦系作「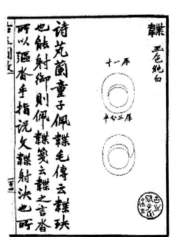」（睡・日書乙）、「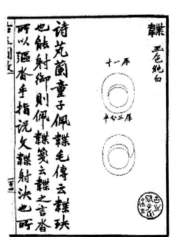」（睡 18.158）、「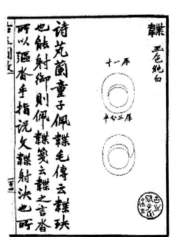」（抉，睡 14.84），夬形或有訛變，但都沒有缺口；小篆則訛寫作「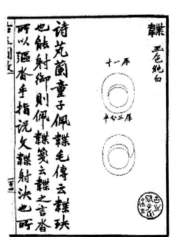」。

貳、「射夬」與「似環而缺之玦」

　　吳大澂於光緒年間，結合了先秦古籍與古玉實物，寫成了《古玉圖考》，為學術界與收藏界奉為圭臬，在《古玉圖考》中，吳大澂將兩種不同的玉器皆稱為「玦」（見下圖一），其文如下：

（圖一）

　　【玦】是玦為佩玉之玦，與鉤弦之玦不同。《說文》：「玦，玉佩也。」〈九歌〉注曰：「玦，玉佩也，先王所以命臣之瑞，故與環即還，與玦即去也。」《白虎通》曰：「君子能決斷則佩玦。」韋昭曰：「玦如環而缺。」〔註3〕

〔註3〕　（清）吳清卿（大澂）：《古玉圖考》，（台北：台灣中華書局，1973 年 6 月），頁 94。

【韘】《詩‧芄蘭》:「童子佩韘。」毛《傳》云:「韘,玦也。能射御則佩韘。」《箋》云:「韘之言沓,所以彄沓手指。」《説文》:「韘,射決也,所以拘弦,以象骨,韋系,著右巨指。」或从弓作弽。〈車攻〉:「決拾既佽」,《傳》云:「決,鉤弦也。拾,遂也。」大澂所得古玉韘與濮青士太守文暹所藏一韘,形制正同,一面厚一寸,一面厚三分半,不知者以爲破決所改,非也。決拾之決,釋文作夬。《儀禮‧士喪禮》作決,《周禮‧繕人》作抉,毛《傳》作玦,皆一字,字可从玉,必有以玉爲玦者,得此可證毛公訓玦之義。《儀禮》鄭注云:「決猶闓也,抉弓以橫執弦,王棘與檡棘善理堅刃者皆可以爲決。」陳氏啓源曰:「案〈射禮〉右巨指著決以鉤弦,食指、中指、無名指著沓以放弦。決用棘及骨及象骨爲之亦名玦,亦名抉,沓用米韋爲之,亦名極。〈大射禮〉云『朱極三』是也。」大澂以爲用棘用骨者,士大夫通用之韘,惟天子佩白玉,因以白玉爲韘,非諸侯以下所得僭用,故傳世絕少。〔註4〕

吳大澂將以上二種器物皆稱爲「玦」,這樣的器名一直爲後人所沿用。然而這兩種玉器的形制用途截然不同,據學者考證,被吳大澂稱爲「玦」、有缺口的小圓璧形玉器,原本是作爲耳飾用的;又被吳大澂稱爲「韘」的「玦」,乃是射夬,即射箭時套在大拇指上的鉤弦器。

這樣異物卻同名的情形,往往令人混淆不清,尤其在讀古籍時,見到「玦」字,容易引發誤解。爲了正確地解讀古籍中的「玦」字,我們必須先瞭解一些相關器物的形制與演變。

一、韘

「韘」是墊在射夬之下的熟皮,但學者往往以爲「韘」就是「夬」,因而混淆不清,實有釐正的必要:

《説文‧韋部》:「韘,射決也,所以拘弦,以象骨,韋系,著右巨指。𤿮,韘或从弓。」

《詩經‧衛風‧芄蘭》:「芄蘭之葉,童子佩韘。」〔註5〕《傳》曰:「韘,

〔註4〕 (清)吳清卿(大澂):《古玉圖考》,(台北:台灣中華書局,1973年6月),頁104~106。

〔註5〕 案:《詩》云:「童子佩韘」,故有論者謂韘乃古代幼童及成年人佩帶之物。然而此詩乃刺惠公幼年即位,「自謂有才能,而驕慢於大臣,但習威儀,不知爲政以禮」(鄭箋),詩中之韘與觿,乃成人所佩之物,今童子佩之,只是徒具形式罷了。(參余師培林:《詩經正詁》(上),頁180~181。)

　　玦也，能射御則佩韘。」《集傳》釋「韘」曰：「以象骨爲之，著右手大指，

所以鈎弦闓體。」

　　由上列兩筆資料來看，夬與韘似爲同物異名，都是套在大拇指上用以鈎弦的器

具，論者亦多持此說；然而那志良、徐正倫〔註6〕則認爲韘與決應爲二物，但因二

者往往搭配使用，因而混稱或省稱。那志良《古玉鑑裁》謂：

　　1. 詩小雅車攻：「決拾既佽，弓矢既調」，這裡在「決」之外，出來一個

「拾」，「拾」是什麼？傳：「拾，遂也。」遂又是什麼？儀禮鄉射禮「袒

決遂」句下注云：「遂，射韝也。」韝是臂上所著的臂衣。詩小雅把決拾

兩個字連起來說，可知拾遂都是與決有關，類似臂衣的東西。

　　2. 士喪禮「設決」一節說：「決，以韋爲藉，有彄，彄內端爲鈕，外端有

橫帶。」〔註7〕這是說，決之下墊著熟皮，這塊熟皮名彄，一端有鈕，這

個鈕套在大指上，另外一端有橫帶，纏在手上。這塊彄，也就是韘，所以

韘字從韋。

　　「拾」與「遂」是類似臂衣的東西，這個臂衣，一定是墊在決之下，用以

安定決的東西，而「彄」與「韘」也是在墊在決下之物，可知拾、遂、彄、

韘是一樣的東西。

　　決與韘的關係，也就可以瞭然，「決」是射箭時，套在拇指上的器物，用

以鈎弦；「韘」是襯在決下面的熟皮，使決在手指上牢固不動。兩件東西，

各有其用，「決」沒有韘，不會牢固不脫的著在手指上，「韘」沒有決，便

失去它的作用。正因爲兩件東西，關係密切，名稱常被混淆。〔註8〕

那志良並引《說文》釋「枼」爲「薄也」，段注云：「凡木片之薄者，謂之枼，故葉、

牒、箓、偞等字，皆用以會意。」因而推論「韘」指薄的熟皮，《說文》釋把「決」

與「韘」混而爲一。〔註9〕

　　案：那志良以「襯在夬下的薄熟皮」釋「韘」之本義，可从。只是「拾、遂、

射韝」並非「墊在夬下」的臂衣。

　　《說文·韋部》：「韝，臂衣也。」《說文·肉部》：「臂，手上也」，可知「臂」

<hr>

〔註6〕徐正倫：《細說古玉》，（台北：三友圖書公司，1992年1月），頁86。

〔註7〕《儀禮·士喪禮》：「設決麗于擘，自飯持之」，鄭注曰：「麗，施也。擘，手後節中

也。飯，大擘本也。決以韋爲之籍，有彄，彄內端爲紐，外端有橫帶，設之以紐擐

大擘本也，因沓其彄，以橫帶貫紐，結於擘之表也。」案：「擘」即手腕，「飯」即

手大指的最下處。

〔註8〕那志良：《古玉鑑裁》，（台北：國泰美術館，1980年），頁124。

〔註9〕那志良：《中國古玉圖釋》，（台北：南天，1990年），頁296。

是從肩胛到腕骨的部位。因此，韝是皮製的護臂套，穿戴在手臂上，而「夬」而「夬」是套在大拇指上，二物穿戴的部位不同；此外，李陵〈答蘇武書〉云：「韋韝毳幏，以禦風雨，羶肉酪漿，以充飢渴。」由〈答蘇武書〉來看，韋韝若可禦風雨，絕對不是一件像「夬」那麼小的東西，因此那志良「臂衣墊在夬下」的說法有可商之處。由〈士喪禮〉鄭注之語來看，夬下方的確墊有一塊皮製品，但那並不是臂衣。

《說文》韘字下云：「𢐗，韘或从弓」，可見韘確與弓箭之物相關。依據古籍記載〔註 10〕以及考古發掘來看，射夬都是堅硬之木或玉石等材質做成，「韘」本義若為「射決」，其字卻从韋枼聲，的確令人費解。由文字結構、聲訓及文獻記載綜合考量，那志良主張韘是墊在射夬之下的熟皮，而不是射夬，其說可從。

「韘」本為墊在夬下的薄熟皮，由於常和夬搭配使用，因此往往以「韘」稱「夬」。《詩經・芄蘭》云：

芄蘭之支，童子佩觿。雖則佩觿，能不我知。容兮遂兮，垂帶悸兮。

芄蘭之葉，童子佩韘。雖則佩韘，能不我甲。容兮遂兮，垂帶悸兮。

詩中可能為了叶韻而以「韘」借代「夬」，〈芄蘭〉第一章「支、觿、知」為支部韻，第二章「葉、韘、甲」為「葉」部韻，用「韘」字可以達到押韻的要求。若只有佩帶熟皮，並不足以鉤弦，還是必須配合「夬」來使用，因此《芄蘭》雖僅言及「佩韘」，其實也含有「佩夬」之意。

由於〈芄蘭〉一詩以「韘（熟薄皮）」借代「射夬」，《傳》、《毛傳》又直接將「韘（熟薄皮）」等同於「射夬」，「韘（熟薄皮）」與「夬」的名稱因而混淆，後世甚至有以「韘（熟薄皮）」代「夬」的趨勢。

附帶一提的是，或有學者引「童子佩韘」之句，謂古代的韘（案：此處以「韘」代稱「夬」）也是兒童佩帶之物〔註 11〕，這其實不是正確的說法。〈芄蘭〉一詩，旨在刺惠公幼童即位，但習威儀，不知為政以禮。《集傳》謂：「觿，錐也。以象骨為之，所以解結。成人之佩，非童子之飾。」余師培林謂：「韘（案：此處之「韘」應借代為「夬」），俗稱板指，本成人所佩，今童子佩之，故詩人以『芄蘭之葉』象之也」〔註 12〕。〈芄蘭〉寫年幼的惠公佩帶著觿與韘，只是在諷刺他雖然佩帶著

〔註10〕《儀禮・喪服》：「決，用正王棘，若檡棘，組繫，纊極二。」注曰：「王棘與檡棘，善理堅刃者，皆可以為決。」《十三經注疏・4儀禮》，（台北：藝文印書館，1989 年），頁 413。

〔註11〕劉如水：《中國古玉鑑別總論》，（台北：商周出版，2004 年），頁 54。

〔註12〕余師培林：《詩經正詁》（上），（台北：三民，1993 年），頁 178～181。

成年人所用之物、裝出了成年人的架勢，但骨子裡還是軟弱不能自主，唯隨人而已。

綜上所述，古代射箭時套在大拇指上，用來鉤拉弓弦的器具，古人為其造一專字曰「夬」，但古籍或是目前有關考古、玉器之刊物，多以「韘」稱之。為了在本文中加以區別，下文仍用「夬」來稱呼這種鉤弦器，引用學者看法時，若言及「韘」字，則採按語方式加註以標明其義。

二、射　夬

殷墟婦好墓出土一件玉器，其形狀為筒形，形似半截壺嘴，背面有一條凹槽，可納弓弦。正面雕獸面紋，有兩個小穿孔。射時套於拇指上，作鉤弦之用（如圖二〔註13〕），這是目前所見最早的鉤弦器。

甲骨文夬字作「𠂇」（前 4.1.2），其形正象手指上戴者鉤弦器的樣子，楚系「夬」字作「夬」（包 260），鉤弦器所在位置更為寫實正確，故「夬」的本義就是鉤弦器。在古籍中，只要論及射箭之「夬、玦、抉、決」，都是指這種鉤弦之器。後人「夬」、「韘（薄熟皮）」混用之後，許多介紹玉器的專書也以「韘」來稱呼它，不過下文我們仍然用「夬」。

由考古資料來看，東周墓葬出土的玉夬和骨夬，其形狀和婦好墓所出的玉夬已略有差別，婦好墓出土的玉夬，乃利用凹槽處鉤弦，春秋後期的夬，則外帶鉤樺，用此突起的部分鉤弦（如圖三〔註14〕）。

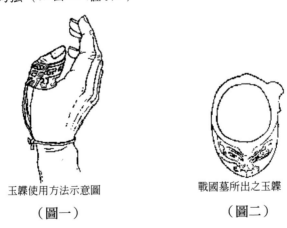

玉韘使用方法示意圖　　　　　　　戰國墓所出之玉韘
　　（圖一）　　　　　　　　　　　（圖二）

〔註13〕圖片轉引自那志良：《中國古玉圖釋》，（台北：南天，1990 年），頁 296。

〔註14〕圖片來源為盧兆蔭：〈玉觿與韘形玉佩〉，《文物天地》，（北京：文物出版社），1995
　　　　年第 1 期，頁 21。

射夬的「夬」字，典籍或作「決」，如《詩經‧小雅‧車攻》:「決拾既佽，弓矢既調」，毛傳:「決，鉤弦也」〔註15〕。《楚辭‧天問》:「馮珧利決，封豨是射。」意是是:「后羿帶著弓，用上扳指，射殺大野豬。」〔註16〕《儀禮‧喪服》中亦云:「決，用正王棘若檡棘，組繫，纊極二。」注曰:「王棘與檡棘，善理堅刃者，皆可以爲決。」〔註17〕

此外，典籍中部分的「玦」。應該也是指射夬，如《詩‧芄蘭》:「童子佩韘。」毛《傳》云:「韘，玦也。能射御則佩韘。」

由於這種形式的夬，頗爲著重雕飾。戰國時期，夬已逐漸變成裝飾品，盧兆蔭謂:

> 戰國早期的隨縣曾侯乙墓，在死者左手掌處發現一件玉韘，可能係戴拇指上。其器形和洛陽戰國墓玉韘相同，但爲素面，韘的後部有一橫穿的小孔，可用於穿繩繫縛在手腕上。其他戰國墓所出的玉夬，有的刻有紋飾，有的一邊有透雕的耳紐。看來至遲從戰國時期開始，實用的玉韘已逐漸演變作裝飾用的佩玉。〔註18〕（按:引文中的「韘」應改稱「夬」）

可見自東周以後，夬逐漸向韘形珮〔註19〕的方向發展，這是將夬身矮薄化〔註20〕，變成扁平的一種佩飾，逐漸發展成上尖下圓的平片狀，在其一面的圓孔下方，磨出斜凹面，應只是原本斜筒形的遺制，其最大的特點，就是承襲了夬中空的圓孔以及突出的勾形。

戰國時代，一部份的夬還是具有實用性;有些夬則由於雕飾時追求藝術性，只略具夬的形制，但實際上已經無法鉤弦了。這種裝飾性質大於實用性質的夬日漸盛行的原因，有可能是因爲玉的材質高貴，自然會朝向藝術品的方向去刻鏤〔註21〕。

西漢的夬，則已經變成一種稱爲「韘形佩」的玉飾。在已發掘的西漢古墓中，有數筆韘形佩出土的資料，例如廣州華僑新村 49 號西漢墓、廣州市動物園 8 號西漢

〔註15〕《十三經注疏‧2 詩經》，（台北:藝文印書館，1989 年），頁 368。
〔註16〕馬茂元主編:《楚辭注釋》，（台北:文津，1933 年），頁 236。
〔註17〕《十三經注疏‧4 儀禮》，（台北:藝文印書館，1989 年），頁 413。
〔註18〕盧兆蔭:〈玉韘與韘形玉佩〉，《文物天地》，（北京:文物出版社），1995 年第 1 期，頁 20。
〔註19〕承上文所述，所謂「韘形玉佩」應爲「夬形玉佩」，但是韘與夬名稱相混已久，且「韘形佩」已成一專用名詞，故仍以「韘形佩」稱呼這種由夬演變而來的玉佩，以下注文同，不再說明。
〔註20〕例如《古玉精英》所收錄兩件戰國時期的玉韘，其型制與本文圖三相同，然而韘身已變爲扁平。參頁 128，圖 59。
〔註21〕盧兆蔭〈玉韘與韘形玉佩〉一文言及出土的東周骨韘都沒有紋飾。

墓〔註22〕、徐州市銅山縣西漢早期墓、徐州市楊莊鄉石村南的西漢墓、楊州寶應縣西漢墓、河北定州中山懷王劉修墓〔註23〕，這些出土的韘形佩，已經演變爲「主體似韘（案：當稱爲「夬」）卻加以變化，近似橢圓形，中間有圓孔，上端中部出尖，下端圓弧，孔周圍一面稍凹，另一面微拱，器身上常用陰線刻劃勾雲紋、卷雲紋和螭紋器身的兩側（有的在一側或上方）鏤雕出廓的附加裝飾紋，姿態各異。」〔註25〕，可見到了西漢，韘形佩已經作爲純粹的佩飾（如圖四〔註24〕）。

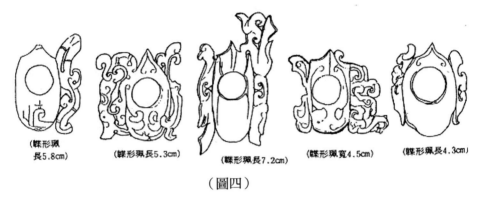

（韘形珮 長5.8cm）　（韘形珮長5.3cm）　（韘形珮長7.2cm）　（韘形珮寬4.5cm）　（韘形珮長4.3cm）

（圖四）

韘形珮的形狀大而華麗，這種狀似雞心的夬形佩飾，又稱雞心佩。這樣形制華美的夬，已經失去了原本實用的價值，成爲佩帶用的裝飾品。林巳奈夫即考證出漢代稱爲「玦」的佩飾，就是由夬演變而來的韘形佩〔註26〕。

一直到明、清，都有韘形佩的製作與使用。由於清代滿人有射獵之風，故鉤弦之夬十分盛行，滿人的鉤弦器同樣穿戴在大拇指上，但稱爲扳指或搬指，並不稱夬，「扳指均作成兩端平齊外周圓滑的圓筒形，上亦無系繩的兩圓孔和納弦的凹槽」〔註27〕，扳指也是旗人喜愛的裝飾品之一，日常亦佩帶扳指以表示身份尊貴，佩帶扳指之風，直至民國初年仍時而可見。

〔註22〕 以上二筆資料及韘形佩之圖片請參見林巳奈夫（著）、楊美莉（譯）：《中國古玉研究》，（台北：藝術圖書，1997年），頁103。

〔註23〕 以上二筆資料及韘形佩圖片請參見楊進萍：〈玉韘和韘形佩〉，《收藏》，（西安：中國收藏雜誌社），2005年8期，頁128～129。

〔註25〕 楊進萍：〈玉韘和韘形佩〉，《收藏》，（西安：中國收藏雜誌社），2005年8期，頁128～129。

〔註24〕 此爲西漢南越王墓出土之韘形佩。圖片來源爲劉良知：《古玉新鑑》，（台北：尚亞美術，1992年），頁268。

〔註26〕 林巳奈夫（著）、楊美莉（譯）：《中國古玉研究》，（台北：藝術圖書，1997年），頁102～104。

〔註27〕 周南泉：《古玉器》，（上海：古籍出版社，1997年），頁60。

三、似環〔註28〕而缺之玦

八十年代初，於蒙古發掘了距今八千年的興隆洼遺址，屬於新石器時代，其中M117墓出土了一對目前所見最早、帶有缺口的環形玉器，其形狀爲「C」形〔註29〕，出土時此玉器位於墓主頭骨兩側耳部，故推測其用途應爲耳飾。在目前所發掘的史前遺址或商周、秦代墓葬中，都出土過此類玉器（參圖五〔註30〕），例如西安張家坡西周墓葬、陝西寶雞陽平鎭秦家溝秦墓，出土時玉器皆位於墓主兩耳側，有時此類玉器也有作柱形的，例如洛陽中州路的東周墓葬。由其出土時位於墓主耳側來看，它的用途爲耳飾，應無疑問。

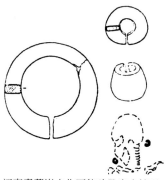

江南青蓮崗文化耳飾玦及出土情形

（圖五）

在史前或歷史遺址中所發現的這類「C」形玉器，由於它的形狀和古文獻所記載「似環而缺」的「玦」相符，因此若干考古學家便把這類的「C」形玉器稱爲「玦」，〔註31〕

〔註28〕黃士強謂，《爾雅‧釋器》雖界定「肉倍好謂之璧，好倍肉謂之瑗，肉好若一謂之環。」，但《說文》卻說「環、璧也」、「瑗，大孔璧」，可見三者時常相混。因此古籍云：「玦，環之不周者」、「玦如環而缺」，所謂的「環」，其範圍包含了《爾雅》所界定的環、璧、瑗；就考古所見的玦而言，雖概稱其爲環形，但其肉與好的比例，也同樣包含了《爾雅》的三種類型。（詳見黃士強：〈玦的研究〉，《國立台灣大學考古人類學刊》，第37、38期合刊，1971年，頁44。）案：本文所稱「似環而缺」之「環」，亦泛指璧、瑗、環三者，並不細分。

〔註29〕鄧聰：〈東亞玦飾的起源與擴散〉，《東方考古》第一集，2004年，科學出版社。鄧聰：〈東亞玉玦之路〉，《人類文化遺產保護》，（西安：西安交通大學出版社，2003年），頁41～44。楊虎、劉國祥，〈興隆洼文化玉器初論〉，《東亞玉器》第一冊，（香港：香港中文大學中國考古藝術研究中心，1998年），頁128～139。

〔註30〕圖片來源爲鄧淑蘋：〈滇與耳飾玦〉，《故宮文物月刊》，1985年9月，頁79。

〔註31〕案：這類「C」形玉耳飾是否應定名爲「玦」，仍是學者討論的問題之一，下文另作敘述。由於古籍又稱「夬」爲「玦」，本文爲了避免混淆，故依鄧淑蘋之說，將「C」形玉耳飾稱爲「耳飾玦」；若非作耳飾者，則暫稱「C」形玦、或「似環而缺」之玦，

　　學者曾試圖以人骨的性別鑒定的統計，加以分析耳飾玦究竟是男用或是女用裝飾品，但是仍未有定論，舉例來說，興隆漥 M117 墓主即爲一成年男性。西元前 800 至 500 年，男女皆有佩帶耳飾玦的習慣。〔註32〕

　　關於作爲耳飾的玦要如何佩帶，學者們有不同的看法，一類看法是直接佩帶於耳上，有學者認爲利用缺口夾在耳垂上。〔註33〕或認爲其方法與現代人穿耳洞相似，先在耳垂上打一耳孔，再將耳飾玦的缺口，直接穿入耳孔中。〔註34〕

　　然而出土的耳飾玦中，有缺口甚窄者、也有缺口甚寬者、有直徑較大者，或是柱狀玦，要將這樣的耳飾玦夾或穿在耳垂上，應該是不大容易的事，石璋如即根據美國華盛頓弗瑞美術館（Freer Gallery of Art）所藏笏形器的紋飾，認爲「耳旁的條形裝飾爲帶，則此帶上當耳之處，應有一個結，以便懸掛此玦，亦可隨時安放或取下。此玦之所以有此缺口，即爲與帶發生聯繫而設置」；亦有參考墨西哥的馬雅人、日本繩文時代人類的佩帶方式來加以推測者〔註35〕。總之耳飾玦的佩帶方式爲何，尚有許多討論空間。

　　有些「C」形玦並非成對出現，可見其用途不一定是耳飾；有些「C」形玦還鑽有小孔，1992 年馬家濱文化余杭良渚梅園 6 號墓出土兩對「C」形玦，較小的一對位於墓主耳部，較大的一對則位於手腕處〔註36〕，可見它已經發展出掛飾或手鐲等功用。有些直徑達 15 公分以上，這樣的玦應非耳飾，可能另有別種用途。

　　根據考古資料，耳飾玦、「C」形玦的使用，在西周達到高峰，由墓葬發掘結果來看，其出土位置主要有耳部、腰腿間、容器內，其用途可能分別是耳飾、佩飾、寶藏珍玩。〔註37〕

　　春秋時代，作爲佩飾的「C」形玦，已有訣別、放逐的象徵意義（詳下文）；戰國以後，「C」形玉器數量減少；秦漢時代不再當作耳飾，只作佩飾，而且數量更加

以強調其特徵。

〔註32〕鄧聰：〈東亞玉玦之路〉，《人類文化遺產保護》，（西安：西安交通大學出版社，2003年），頁 44。

〔註33〕周南泉：《古玉器》，（上海：上海古籍出版社，1997 年），頁 11。又如幼平：〈美意綿綿話玉玦〉（載於《文博》，1996 年第一期，頁 105～106）一文也持此看法。

〔註34〕黃士強：〈玦的研究〉，《國立台灣大學考古人類學刊》，第 37、38 期合刊，1971 年，頁 54。鄧聰：〈東亞玦飾四題〉，《文物》，2000 年 2 期，頁 35。

〔註35〕以上諸說，詳見那志良：《中國古玉圖釋》，（台北：南天，民國 79 年），頁 271～274。那志良：《古玉鑑裁》，（台北：國泰美術館，民國 69 年），頁 113。那志良〈耳飾的玦〉，《美育月刊》，1991 年 12 月，頁 2～5。

〔註36〕浙江省文物考古研究所：《浙江考古精華》，（北京：文物出版社，1990 年），頁 50。

〔註37〕楊美莉：〈中國古代玦的演變與發展〉，《故宮學術季刊》第十一卷第一期，1993 年，頁 30。

稀少，但並不是完全消失，以考古資料而言，中原地區漢墓少有此種玉器出土，但廣東及西南等邊陲地區仍偶而可見，例如西漢中期的南越王墓、雲南江川李家山皆有 C 形玦出土。然而魏晉之後，漢族幾乎不見使用。〔註38〕

四、耳飾玦與瑱

　　似「C」形的玉耳飾，古代是否稱「玦」，一直是學者所討論的問題。黃士強曾撰〈玦的研究〉一文，為了不引起爭議，一開頭就先詳細地將玦定義為「它可以是環形的，也可以是非環形的，但必須有一個好以及從器物外緣通到好的缺口，而缺口可能是承襲了環形玦的缺口有意開的或留下的」。〔註39〕

　　那志良曾撰〈耳飾的玦〉一文，指出古籍中雖有「似環而缺」的玦，但卻找不到玦作為耳飾的記載〔註40〕。鄧淑蘋此基礎上進一步推論，由於吳大澂《古玉圖考》的影響，使得日後大部分學者專論，及考古報告中，都稱此種玉耳飾為「玦」，並指出這種「C」形玉耳飾本名並不為「玦」。〔註41〕

　　為了解決「C」形玉耳飾本名為何的問題，學者就從古人對耳飾的稱呼著手。先秦古籍中有下列幾則記載：

　　　　《詩經·鄘風·君子偕老》：「玉之瑱也，象之掃也。」《傳》：「塞耳也。」
　　　　鄭《箋》：「瑱，吐殿反，充耳也。」

　　　　《左傳·昭公二十六年》：「幣錦二兩，縛一如瑱。」杜預《注》曰：「瑱，
　　　　充耳縛卷也。急卷使如充耳易懷藏。」

故鄧淑蘋〔註42〕、臧振〔註43〕等學者即據《詩經》、《左傳》，指出東周時稱耳飾為「瑱」，東周墓葬中，又發現墓主耳旁有狹長缺口的小圓璧玉器，所以這種「C」形耳飾應正名為「瑱」，不應稱「玦」。由於「C」形玉耳飾稱「玦」已久，為了明確作出區別以及避免讀者困惑，鄧淑蘋主張以「耳飾玦（瑱）」一詞稱之〔註44〕。

〔註38〕黃士強：〈玦的研究〉，《國立台灣大學考古人類學刊》，第37、38 合刊，頁 44～68。鄧淑蘋：〈瑱與耳飾玦〉，《故宮文物月刊》，1985 年 9 月，頁 77～87。譚顯崑：《玉器鑑定與分析（一）禮器與紋飾》，（台北：三藝文化，2003 年），頁 21。楊美莉：〈中國古代玦的演變與發展〉，《故宮學術季刊》第十一卷第一期，頁 2、38。

〔註39〕黃士強：〈玦的研究〉，《國立台灣大學考古人類學刊》，第37、38 期合刊，1971 年，頁 44～46。

〔註40〕那志良：〈耳飾的玦〉，《美育月刊》，1991 年 12 月，頁 2～5。

〔註41〕鄧淑蘋：〈瑱與耳飾玦〉，《故宮文物月刊》，1985 年 9 月，頁 80～83。

〔註42〕鄧淑蘋：〈瑱與耳飾玦〉，《故宮文物月刊》，1985 年 9 月，頁 77～87。

〔註43〕臧振、潘守永：《中國古玉文化》，（北京：中國書店，2001 年），頁 109、120。

〔註44〕鄧淑蘋：《中華五千年文物集刊——玉器篇》、《古玉圖考導讀》、《國立故宮博物院藏

可是，上述以瑱作為「C」形耳飾玉器的說法，並沒有得到全部學者的認同。

「瑱」的形制為何？吳大澂《古玉圖考》中描繪了「瑱」的形狀，謂此即古人用以「閉姦聲，弇亂色」、塞住耳孔的「瑱」（如圖六〔註45〕），吳大澂之說，向來為學者所接受。

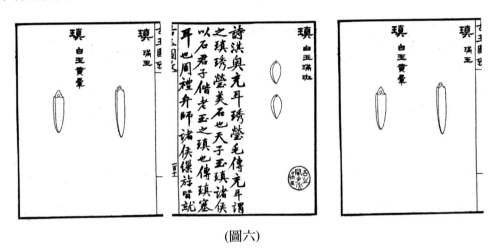

（圖六）

然而羅振玉為日本學者濱田耕作所著之《有竹齋古玉圖譜》作序時，則指出《古玉圖考》所繪之「瑱」：「塞耳之瑱，非耳能容」。那志良從羅振玉之說，並進一步說明「瑱」有二種：

　　吳氏所錄者，尺寸頗大，實非耳所能容，乃耳飾，垂於耳下者；其喪葬所
　　用納於死者耳中之瑱，並無固定之形，以用為名。蓋納於死者口中之玉為
　　唅，納於耳中之玉為瑱，凡作此用者，即得是名，而不限定其形狀。〔註46〕

那志良且質疑「塞耳之器，無須有孔，而所見之器，頂皆有穿」，故推論「佩飾用的瑱，用法又有兩種：一種是垂於冠上，地位正當耳孔；一種是直接垂於耳上」。〔註47〕

近年來墓葬考古也發掘了不少玉器，其形狀與吳氏所繪之「瑱」相同（見圖六

　　新石器時代玉器圖錄》等書。亦有將「C」形玉耳飾稱為「玦形耳飾」者，如梅原
　　末治：《日本古玉器雜考》，（東京：吉川弘文館），1971 年。宋文薰：〈論台灣及環
　　中國南海史前時代的玦形耳飾〉，《中央研究院第二屆國際漢學會議論文集》，頁117
　　～140。也有稱「玦耳飾」者，如連照美〈卑南遺址出土「玦」耳飾之研究〉。
〔註45〕圖片來源為（清）吳大澂：《古玉圖考》，（台北：台灣中華書局，1973 年），頁110
　　～112。
〔註46〕那志良：〈跋吳清卿古玉圖考〉，《古玉圖考》，（台北：台灣中華書局，1973 年），頁
　　3～4。
〔註47〕那志良：《古玉鑑裁》，（台北：國泰美術館，1980 年），頁115。

〔註48〕），新石器時代晚期華東沿海如大汶口、良渚、石峽等文化皆有出土，亦見於稍晚的二里頭文化，以及商前期盤龍城遺址。根據良渚文化墓葬的情況，這些錐形似針之器，有的出土於墓主頭頂上方、有的出土時散布土中；針身有圓有方；尾端多有凸出的尾樺，樺上多橫開一孔（亦有未開孔者），少數錐形器並無尾樺；其尺寸、粗細大小不一〔註49〕。《良渚文化玉器》一書迻名之爲「錐形器」〔註50〕，亦有學者稱爲「雷公針」。〔註51〕

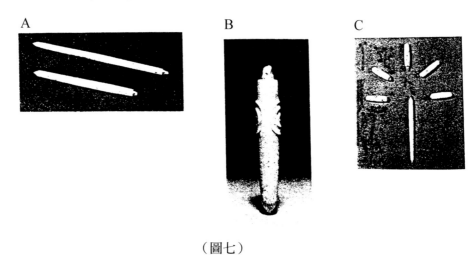

A   B   C

（圖七）

墓葬出土之錐形玉器，其形制與吳大澂所繪之「瑱」相合，然而由於此類錐形器種類繁多、出土情況複雜，故學者或推論位於墓主頭頂的錐形器，「可能是一種冠飾，尖端向上，成叢地豎插於冠上的羽毛之間」〔註52〕；亦有推論其爲串飾者；也有學者依吳氏之說，認爲錐形器就是「瑱」，小一點的可塞入耳內，即充耳，較長較大則懸掛於耳旁爲飾〔註53〕。總之，這些錐形器是否即「瑱」、或分屬不同用途，尚待進一步研究。

〔註48〕圖片來源爲中國玉器全集編輯委員會編、楊伯達等主編：《中國玉器全集——原始社會》，（石家莊：河北美術出版社出版，1992年），頁293～297

〔註49〕其長度較短如3.9公分、亦有長達15公分者。參中國玉器全集編輯委員會編、楊伯達等主編：《中國玉器全集——原始社會》，（石家莊：河北美術出版社出版，1992年），頁293～297。

〔註50〕浙江省文物考古研究所、上海市文物管理委員會、南京博物院編著：《良渚文化玉器》，（香港：文物出版社），1989年。

〔註51〕劉如水：《中國古玉鑑別總論》，（台北：商周出版，2004年），頁58～59。

〔註52〕鄧淑蘋：《國立故宮博物院藏新石器時代玉器圖錄》，（台北：故宮博物院，1992年），頁101。

〔註53〕劉如水：《中國古玉鑑別總論》，（台北：商周出版，2004年），頁58～59。

案：那志良分「瑱」為喪葬玉及佩飾玉。《儀禮·既夕禮》曰：「瑱塞耳」、〈士喪禮〉曰：「瑱用白纊」，即說明古代用白纊包住瑱，塞在死者耳中的禮儀。若以同為葬喪玉的「琀」來印證，出土的「琀」有作蟬形者、有作舌形者，曾侯乙墓墓主口中之琀，甚至是十餘件大小如豆的各類動物形玉器，因此喪葬用的「瑱」乃「以用為名，並無一定形狀」之說，應可從之。

比較棘手的是古籍中記載，作為耳飾的「瑱」。

如果我們接受吳大澂之說，認為「瑱」的用途是塞耳之器，其形制即是《古玉圖考》所繪或是出土的錐形器，那麼它尾端的尾榫與孔又是做什麼用的呢？既然有孔，必用以穿絲繩、繫於某處，這似乎又不是塞耳之所需。無怪乎學者對「瑱」的使用方法諸多推測、莫衷一是。

但是，無論「瑱」的佩戴方式如何，古籍中的「瑱」確為耳飾無疑，然而「瑱為耳飾、『C』形玉器亦為耳飾，故『瑱』即『C』形玉器」的推論，牽涉到幾個問題：

1. 由於《說文·玉部》謂：「瑱，以玉充耳也。从玉眞聲。詩曰：玉之瑱兮。䪴，瑱或从耳。」另一方面，用作充耳之「瑱」，與「填」有語根上的關係，「瑱」即填耳之說，從文字、訓詁的角度而言，有其可信度。

2. 古代佩戴耳飾的方式是夾、掛於耳垂？塞於耳孔？或者其實屬於冠飾，只是懸吊的部位正當耳旁？若「閉姦聲，弆亂色」、用以充耳的「瑱」果真是置於耳孔，但有狹長缺口的圓璧形玉器應該是無法塞進耳道中的。因此這種「C」形的耳飾，會不會和「充耳之瑱」是兩種用法不同的耳飾呢？

楊美莉〈中國古代玦的演變與發展〉，曾對「玦」的名稱提出商榷之意見，認為古籍中的似環而缺的「玦」，既作為信物，基本條件即是「大小有度，其不能太小亦不能太大」、「其玉材的切割應該整齊劃一，缺口尤其要規整」，文中亦承認由這兩個條件來看，新石器時代出土的耳飾玦多不合此規則〔註54〕。但其文中仍稱帶缺口的環形玉器為「玦」，可是並未提出古籍中有「玦」即耳飾的證據，只說明：

「玦」字意為「離」或「缺」，象徵不圓滿、遺憾之意，若就此一層意義而言，將新石器時代出土的帶缺口環形玉器稱作「玦」也稱中肯。〔註55〕

由此看來，考古學家將新石器時代出土的帶缺口環形玉器稱作「玦」，乃是受到

〔註54〕 楊美莉：〈中國古代玦的演變與發展〉，《故宮學術季刊》第十一卷，第一期，1993年，頁4。

〔註55〕 楊美莉：〈中國古代玦的演變與發展〉，《故宮學術季刊》第十一卷，第一期，1993年，頁5。

古籍中「似環而缺」之說以及吳大澂的影響，並非緣於古籍中有「玦」爲耳飾的記載。因此古籍中又名充耳的「瑱」，是否即吳氏所繪之錐狀物，用法如何；或者它就是耳飾玦？這些疑問，仍有待學者研究。

綜上所述，或許可以如此推論：一直到春秋時代，「C」形玉器同時有耳飾、佩飾等用途，但古籍中所云似環而缺之玦，皆指佩飾。這可能表示，當時二種用途不同的「C」形玉器，已分別擁有不同的名稱，人們稱作爲佩飾者爲「玦」，至於作爲耳飾者名稱爲何，則不得而知。至於戰國以後的古籍，爲什麼沒有「C」形玉器作爲耳飾的記載？其原因應是戰國以後已沒有以「C」形玉器爲耳飾的習慣了。

三、古籍中的「玦」

一、先秦時代，「玦」字可並指射夬與飾夬二物：

許又方謂「從文獻記載來看，將玦解釋爲『似環而有缺』的說法最早可溯自東漢」〔註56〕，但從先秦古籍的記載來看，秦漢之際的「玦」字實際上已可指稱「射夬」與「似環而缺之玦」兩種物品，比東漢還要早。

在《左傳‧閔公二年》的記載中，即有以似環而缺之「玦」，暗示著「絕棄」的例子：

> 太子帥師，公衣之偏衣，佩之金玦。狐突御戎，先友爲右。梁餘子養御罕夷，先丹木爲右。羊舌大夫爲尉。先友曰：「衣身之偏，握兵之要，在此行也，子其勉之，偏躬無愿，兵要遠災，親以無災，又何患焉？」狐突歎曰：「時，事之徵也；衣，身之章也；佩，衷之旗也。故敬其事，則命以始；服其身則衣之純；用其衷，則佩之度。今命以時卒，閡其事也；衣之尨服，遠其躬也；佩以金玦，棄其衷也。服以遠之，時以閡之；尨涼，冬殺，金寒，玦離，胡可恃也？雖欲勉之，狄可盡乎？」〔註57〕

杜預注「玦離」云：「玦如環而缺不連」，應劭曰：「金玦，猶決去，不反意也。」〔註58〕又，《國語‧晉語》亦云：

> 太子遂行，狐突御戎，先友爲右，衣偏衣而佩金玦。出而告先友曰：「君與我此，何也？」先友曰：「中分而金玦之權，在此行也。孺子勉之乎！

〔註56〕 許又方：〈空頭約定——《九歌‧二湘》析論〉，《東華人文學報》，2002 年 7 月，頁157。

〔註57〕 此事亦見於《國語‧晉語》、《史記‧晉世家第九》、《漢書‧五行志》。

〔註58〕 （漢）班固撰、（唐）顏師古注、楊家駱主編：《新校本漢書‧五行志》，（台北：鼎文書局，1986 年），頁 1365。

> 狐突歎曰：「以龐衣純，而玦之以金銑者，寒之甚矣，胡可恃也？雖勉之，
> 狄可盡乎？」先友曰：「衣躬之偏，握兵之要，在此行也，勉之而已矣。
> 偏躬無慝，兵要遠災，親以無災，又何患焉？」

對於先友之言，韋昭注曰：「中分。中分君之半也。金玦，以兵決事也。」又云：「握
兵之要，金玦之勢也。金爲兵，玦所以圖事決計也，故爲兵要。」由這段記載中，
我們可以知道，晉獻公送給申生的是環而有缺的玦，孤突認爲這代表「絕離」之意，
但是先友卻以「諧音」的方式來加以說解，以「玦」有「決事」之意來安慰申生。

《荀子・大略》云：

> 諸侯相見，卿爲介，以其教士畢行，使仁居守。聘人以珪，問士以璧，召
> 人以瑗，絕人以玦，反絕以環。

這種似環而缺的「玦」已有「離絕」的象徵，此處瑗、玦、環並言，可見三者在形
制上有其相似性，因此可知這種用以意謂著「絕別」、「絕離」的「玦」，乃是似環而
有缺口至孔心之物，並非指射箭所用之夬。接著再來看另一段記載，《史記・循吏列
傳》記子產：

> 治鄭二十六年而死。丁壯號哭，老人兒啼，曰：「子產去我死乎，民將安
> 歸？」索隱案：「左傳及系家云：子產死，孔子泣曰：『子產，古之遺愛也』。
> 又韓詩稱子產卒，鄭人耕者輟耒，婦人捐其佩玦也。」〔註59〕

子產乃春秋時代的鄭國貴族，由夬的發展來看，春秋時期，夬的確已逐漸朝向重雕飾
與美觀的路線發展，但一直到戰國，部分的夬雖重裝飾，然而仍具有其實用性，〔註
60〕從《詩經・衛風・芄蘭》一詩即可知春秋時期的夬，乃是成年男子佩戴之物，婦
女不涉田獵，當然不會佩夬。男女皆佩韘形佩，已是漢代之事。〔註61〕

根據學者的研究，春秋墓葬出土了許多圓璧形有窄細缺口的玉器，可以證明這
類的「玦」確實用作垂在耳飾或掛於胸前、腰上的佩飾，而且非常盛行。〔註62〕因
此《索隱》所言之「婦人捐其佩玦」之「玦」，不可能是男子射箭時用以勾弦之射夬，
應是由耳飾玦演變而來的佩飾。

類似《左傳》、《荀子》所記載的用法，在《後漢書・袁譚傳》中仍有所見：

〔註59〕 （漢）司馬遷等撰、楊家駱主編：《新校本史記三家注并附編二種》，（台北市：鼎
文書局，1987年），頁3101。

〔註60〕 可參考那志良：《古玉鑑裁》頁122～124之插圖。

〔註61〕 盧兆陰：〈玉觿與韘形玉佩〉，《文物天地》，1995年第1期，頁23。

〔註62〕 黃士強：〈玦的研究〉，《國立台灣大學考古人類學刊》，第37、38期合刊，1971年，
頁54～56。文中指出，「C」形玦在開始作爲耳飾或佩飾時，並不含有訣別、放逐之
意，之所以有這種象徵意義，可能是受到晉獻公賜申生金玦的事件影響。

尚使審配守鄴,復攻譚於平原。配獻書於譚曰:「……願熟詳吉凶,以賜環玦。」〔註63〕

〈袁譚傳〉中仍是以環玦並提。以似璧而有缺口之「玦」,用來代表「絕離」之意,其原因除了「玦」與「絕」讀音相近之外,也是由於其「環而有缺」的形制,令人有「斷絕」、「不圓滿」的聯想與感受。

由《左傳‧閔公二年》、《國語‧晉語》、《荀子‧大略》、《國語‧晉語》、《史記‧循吏列傳》的記載來看,春秋戰國時期所謂的「玦」,實際上已經可以用來指稱這種「似環而缺」的玉器;但是由《詩經‧小雅‧車攻》、毛《傳》、《儀禮‧士喪禮》、《楚辭‧天問》亦言及射箭之「玦(決)」,可見這一段時間「玦」可以同時指稱這兩種不同的器物。李乃宣謂:「近世《辭源》云:『玦凡三種:一半環曰玦;一雜佩之屬,中有孔而不正者亦謂之玦,漢有玉螭玦;一著右手大指為弦者,亦謂之玦。』……蓋一名而三物也。」〔註64〕照考古發掘及先秦文獻看來,此處所謂的「雜佩之屬,中有孔而不正者」應該就是指由夬發展出來的韘形佩,由於「夬」與「韘」名稱相混,一般人都用「韘」稱呼這種鉤弦器,「玦」在後世反而專指「似環而缺」之玉器。前引林巳奈夫認為「漢代的『玦』乃引弓時使用之抉」的看法,雖接近事實,但似乎可修正為:漢代稱「佩飾」為玦時,多指射夬、韘形佩,也可能是似環而缺之玦;〔註65〕稱象徵「絕離」的玦時,所指的是似環而缺的玉器。

二、古籍中的「玦」:

如上文所述,秦漢之際的「玦」字實際上已可指稱「射夬」與「似環而缺之玦」兩種物品。因此,欲探討古籍中的「玦」所指為何,我們必須配合考古資料,釐清射夬與C形佩飾為人所使用的時代和演變,才能作出正確的推論。

以射夬而言,自戰國時期開始即逐漸成為裝飾用的佩玉,至漢代演變為韘形佩。以C形玉飾而言,由其出土情形可知,它在西周有耳飾及佩飾兩種用途,戰國時期數量減少,秦漢時代數量更少,直至魏晉即未再出現。

由射夬與C形佩飾的演變與消長,我們可以發現,至少在秦漢之前,這二種器物是並存的,〔註66〕因此我們討論古籍中的「玦」,一定要注意時代與器物演變兩

〔註63〕 (南朝宋)范曄撰、楊家駱主編:《新校本後漢書并附編十三種》,(台北:鼎文書局,1987年),頁2414~2415。
〔註64〕 桑行之等編:《說玉》,(上海:上海科技教育出版社,1993年),頁55。
〔註65〕 例如《史記‧循吏列傳》即以「玦」稱佩飾。根據考古發掘,漢代C形玉玦已經很少見,但西漢中期的南越王墓尚出土了一件似環而缺之玦,當作為組玉佩中的飾件使用。
〔註66〕 例如戰國時期的曾侯乙墓即同時出土了射夬與C形玦。見湖北博物館:《曾侯乙墓》,

者之間的關係。

　　古籍中關於「玦」的記載，最早見於春秋時期的《左傳‧閔公二年》、《國語‧晉語》，即前引晉獻公派申生出征，賜予似環有缺的「金玦」之事。狐突認爲「金玦」代表了「絕離」之意，應是由於玦的形制有缺、且與「訣、絕」諧音之故，但先友卻由「玦」與「決」諧音，以玦有「決事」之意而寬慰申生。

　　針對這段故事，黃士強認爲，閔公二年以前，似環而缺之「玦」並沒有特定的象徵意義，否則東周墓葬也不會出土那麼多作爲佩飾或耳飾的「C」形玦；另一方面朝臣也不用費心揣測獻公的用意，何況申生出征後仍回到宮中，，並沒有被放逐，只是申生最後不幸的遭遇，使得人們聯想到賜玦之事，才增強了「玦」即「訣」的意象。黃士強並指出 C 形玦上或有龍、鳳等吉祥雕飾，認爲「玦」並非皆含不吉之意；另一方面，依《荀子大略》篇，除非把玦賜給或送給別人，才有放逐或訣別之意，對原持有者來說它不應具有這種意義。〔註 67〕

　　案：黃士強之說可從。似環而缺之玦，亦有決斷、果決之意，並非只有不祥的象徵。春秋墓葬仍出土大量作爲佩飾的 C 形玦，就表示這在當時是流行的裝飾品，原持有者所持之 C 形玦並沒有什麼「不祥」之意，否則也不會把它佩戴在身上。當 C 形玦在某些特定的時機場合當作餽贈之物時，才有「訣、絕」的象徵，這正如今日我們忌諱以傘、鐘當禮物，但並不表示擁有傘、鐘是不祥的。不過就 C 形玦的象徵意義而言，既然狐突有「訣」的聯想，而先友有「決」的聯想，這正說明了似環而缺的「玦」飾，在當時已有「絕決」與「果決」兩重涵義。

　　《莊子‧田子方》亦言及「玦」：

> 莊子見魯哀公。哀公曰：「魯多儒士，少爲先生方者。」莊子曰：「魯少儒。」哀公曰：「舉魯國而儒服，何謂少乎？」莊子曰：「周聞之：儒者冠圜冠者，知天時；履句屨者，知地形；緩佩玦者，事至而斷。君子有其道者，未必爲其服也；爲其服者，未必知其道也。公固以爲不然，何不號於國中曰：『無此道而爲此服者，其罪死！』」於是哀公號之五日，而魯國無敢儒服者，獨有一丈夫儒服而立乎公門。公即召而問以國事，千轉萬變而不窮。
> 莊子曰：「以魯國而儒者一人耳，可謂多乎？」〔註 68〕

關於「緩佩玦」之「緩」，陸德明謂：「緩，司馬本作綬。」成玄英：「綬者，五色條

　　　　（北京：文物出版社），頁 304～305、408。

〔註 67〕黃士強：〈玦的研究〉，《國立台灣大學考古人類學刊》，第 37、38 期合刊，1971 年，頁 54～59。

〔註 68〕國學整理社原輯：《諸子集成》，（北京：中華書局，1954 年），頁 717。

繩，穿玉玦以飾佩也。玦，決也；曳綏佩玦者，事到而決斷。」馬敘倫曰：「綏，為綬譌，凡佩繫於策帶，其維佩者，即綬，故曰綬佩玦。」故「綏」乃「綬」之形誤。〔註69〕

　　莊子所言「綏（綬）佩玦者，事至而斷」，應與《白虎通》「君子能決斷則佩玦」、洪興祖注《楚辭‧離騷》「紉秋蘭以為佩」云「能決疑者佩玦」〔註70〕二者取義相同。此處言儒者以「玦」為佩，但未明言「玦」之形制，因此我們僅能由考古資料來推測，莊子乃戰國時期道家著名代表人物，此時正是射夬逐漸變成裝飾品，而 C 形玦數量逐漸減少的時期，但這二種物品仍同時為人所用，因此《莊子‧田子方》的「玦」，可能是射夬，也可能是 C 形玉佩。

　　作為鉤弦器的夬（玦），和「似環而缺」的玦，同樣都與「決斷、果決」之「決」同音，若是以「諧音借義」的角度來說，二者都可暗喻「決斷」之意。《禮記》孔子之言，指玉有仁、義、禮、智等十一種美德，「君子無故，玉不去身」，「玉」對古人的重要性自然不言可喻，君子身上之所以佩帶飾品，多半是取其象徵意義，用以自勉。《韓非子‧觀行》曰：「西門豹之性急，故佩韋以自緩；董安于之心緩，故佩弦以自急。故以有餘補不足，以長續短之謂明主。」上列《莊子》言及儒者或男子身上佩「玦」，自是取「果決」之義，才有自我期許的意味，斷斷不會取「絕決」之義。

　　《楚辭‧湘君》云：

　　　捐余玦兮江中，遺余佩兮澧浦，采芳洲兮杜若，將以遺兮下女。〔註71〕

〈湘君〉乃以湘夫人之口吻創作，關於湘夫人「遺玦」之舉，游國恩謂：

　　　玦與佩，男子之事也；袂與褋，女子之事也。《湘君》之詞既為湘夫人語
　　　氣，何以不曰捐袂遺褋？《湘夫人》之詞既為湘君語氣，何以不曰捐玦遺
　　　佩，而必顛倒言之？曰：玦也、佩也，男子之所贈也；袂也、褋也，女子
　　　之所贈也。夫彼此既心不同而輕絕矣，故各棄前此相貽之物，以示訣絕之
　　　意。〔註72〕

準此，則〈湘君〉之「玦」，乃湘君贈予湘夫人之物，「捐玦遺佩」是湘夫人在感情生變之後，因為傷心生氣而有拋棄當初湘君所贈之定情信物的舉動。屈原乃戰國末楚國人，此時射夬十分重視美觀，已接近韘形佩，〔註73〕有學者認為此時的

〔註69〕 王叔岷：《莊子校詮》（中），（台北：中央研究院歷史語言研究所，1988 年），頁 787。
〔註70〕 （宋）洪興祖：《楚辭補註》，（北京：中華書局，1985 年），頁 5。
〔註71〕 馬茂元主編：《楚辭注釋》，（台北：文津，1993 年），頁 136。
〔註72〕 游國恩：《楚辭論文集》，轉引自金開誠《屈原集校注》，（北京：中華書局，1996 年），頁 216。
〔註73〕 那志良：《中國古玉圖釋》，（台北：南天，1990 年），頁 297～298。

射夬已僅具佩飾功能，〔註74〕另一方面，C 形玦也漸漸不被人們使用。因此，文中的「玦」，比較可能是男子所佩的射夬，當然，我們也不排除它或許是 C 形佩玦。湘君當初贈「玦」予湘夫人之時，是兩人感情順逐之時，因此無論這個「玦」是射夬或 C 形佩玦，必不會是「訣、絕」之意，若要說這個玦在贈予之時有什麼象徵意義，也只能解釋為「堅決、果決」，〔註75〕即當初湘君藉此向湘夫人表示情意堅決。

《禮記・內則》云：

> 子事父母，雞初鳴，咸盥漱，櫛縰笄總，拂髦冠緌纓，端韠紳，搢笏。左右佩用，左佩紛帨、刀、礪、小觿、金燧，右佩玦、捍、管、遰、大觿、木燧，偪，屨著綦。

文中所提及之佩物，皆為實用之器，故〈內則〉之「玦」是指射夬。自實用的角度來說，男子佩射夬，亦是承襲古代射獵的習慣，從實用器轉變成裝飾品的物品並非只有夬，觿也是一個例子。觿的一端尖銳，以便用以解結，另一端有穿孔，便於佩掛（見圖八〔註76〕）。證之〈衛風・芄蘭〉，可知夬與觿皆為成年男子所佩之物。觿也和夬一樣，到了漢代，其裝飾性質遠遠大於實用性質，成了身上佩帶的玉飾，由漢代墓葬的考古發掘可見，韘形佩和玉觿往往相伴出土，〔註77〕林巳奈夫即指出這類的實用佩即《禮記・玉藻》所云之「事佩」。〔註78〕由《詩經・芄蘭》與《禮記・內則》觿、夬並舉，再與漢代墓葬中的玉觿與韘形佩相對照，再一次印證了漢人所佩之「玦」有指韘形佩而言者。

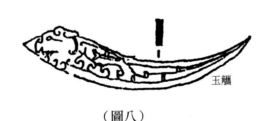

玉觿

（圖八）

〔註74〕楊建芳：《玉韘及韘形玉飾——一種玉器演變的考察》，《中國文物世界》47 期，1989 年 7 月。

〔註75〕無論是射夬或 C 形玦，「玦」皆與「決」諧音。

〔註76〕此為銅山小龜山西漢洞墓出土之玉觿，上刻卷雲紋。圖片來源為：劉良知：《古玉新鑑》，（台北市：尚亞美術出版，1992 年，頁 285。

〔註77〕盧兆蔭：〈玉觿與韘形玉佩〉，《文物天地》，1995 年第 1 期，頁 21～22。

〔註78〕林巳奈夫（著）、楊美莉（譯）：《中國古玉研究》，（台北：藝術圖書，1997 年），頁 102～104。

《史記‧項羽本紀》：

> 項王即日因留沛公與飲。項王、項伯東嚮坐。亞父南嚮坐。亞父者，范增
> 也。沛公北嚮坐，張良西嚮侍。范增數目項王，舉所佩玉玦以示之者三，
> 項王默然不應。〔註79〕

由於這段鴻門宴的記載一向爲人所熟知，故論者甚多，大部分都將文中的「玉玦」釋爲「似環而缺」之玦，其實漢人所佩的「玦」，應以韘形佩居多。我們可以從二個角度來討論這段歷史故事：

其一、根據《史記》記載，在這場鴻門宴之前，范增早已向項羽獻計有關消滅劉邦之事，因此要除掉劉邦已是項、范二人的共識了，而宴席之時正是大好良機，但范增沒想到，項羽卻在這個當口遲遲疑疑，不願下手，於是情急之下拿起隨身佩帶的玉玦，藉此暗示項羽。

如果范增舉玦乃臨時起意的動作，以考古資料而言，漢人之佩飾以韘形佩爲主，因此范增隨身所佩之玦，應是韘形佩。〔註80〕準此，則范增所舉之玦（韘形佩），只能說它象徵「決斷」之意，應無「絕人」之意，故其再三舉玦，是希望項羽「果決」一些，別再猶豫。

其二、范增雖已向項羽獻上消滅劉邦之計，但老謀深算的范增，在事前已忖度到項羽會受到項伯等人的影響而動搖，因此在鴻門宴前，先準備了一塊似環而缺的玦帶在身上，伺機拿出來提醒項羽。

若范增所舉之物爲似環而缺的玦，那麼范增究竟給予項羽何種暗示？一說「玦」與「決」同音，即是要項羽下決心殺劉邦；一說「玦」與「絕」諧音，即《左傳》以玦示絕的用法，不僅意味著斷絕關係，也有死亡之意，即指暗示項羽要「絕劉邦」。以上二說，皆由諧音雙關的角度而論。〔註81〕

《漢書‧雋疏于薛平彭傳》云：

> 武帝末，郡國盜賊起，暴勝之爲直指使者，衣繡衣，持斧，逐捕盜賊，督課
> 郡，東至海，以軍興誅不從命者，威振州郡。勝之素聞不疑賢，至勃海，遣
> 吏請與相見。不疑冠進賢冠，帶櫑具劍，佩環玦，襃衣博帶，盛服至門上謁。

關於此段記載，顏師古謂：「環，玉環也。玦即玉佩之玦也。帶環而又著玉佩也。

〔註79〕（漢）司馬遷等撰、楊家駱主編：《新校本史記三家注并附編二種》，（台北：鼎文書局，1987年），頁312。

〔註80〕林巳奈夫（著）、楊美莉（譯）：《中國古玉研究》，（台北：藝術圖書，1997年），頁103。

〔註81〕鐘雲星：〈也說『玦』的諧音雙關義——對鴻門宴中一條注釋的補充〉，《語文月刊》，1997年5月，頁37。

禮記曰『孔子佩象環』也」、「褒，大裾也。言著褒大之衣，廣博之帶。」〔註82〕依顏師古注來看，此處的「玦」似乎仍是C形玉佩，不過這裡可以作兩可之說，保留釋爲韘形佩的可能性。

《後漢書・孝安帝紀第五》云：

> 「馮石承歡，楊公逢怒」，注：「續漢書曰：『上賜尉馮石寶劍、玉玦、雜繪布等』，故曰承歡也。楊公，楊震。逢怒謂樊豐等譖震，云有恚恨心，帝免之。」〔註83〕

以考古資料來看，東漢時期C形玦幾乎已不被漢人使用，此時乃時韘形佩盛行之時；從此記載又可知，皇帝賞賜馮時之物，除了寶劍等物，還包括了「玉玦」，可見此玉玦無「絕決」之意，這裡的「玦」應該指韘形佩而言。

前引《後漢書・袁譚傳》曰：

> 尚使審配守鄴，復攻譚於平原。配獻書於譚曰：「……願熟詳吉凶，以賜環玦。」〔註84〕

東漢之際，C形玦數量已經十分稀少；審佩獻書時，乃是引用《左傳・閔公二年》、《國語・晉語》、《荀子・大略》的典故，告訴袁譚仔細考慮接下來要怎麼做，審配也好針對袁譚的決定，採取因應的對策，因此審配信中的「玦」，當然是指似環而缺之玦，這和漢人當時多佩帶韘形佩是互不牴觸的。

四、結　語

綜上所述，夬乃爲「射夬」所造之字，古籍中夬又作玦、決、抉、抉、鈌，然而後世多以「韘」稱「夬」。另一方面古籍中又以「玦」指稱有狹長缺口的圓璧。

由先秦兩漢古籍中得知「玦」已可並指二物，然而後世卻有以「玦」專指「似環而缺之玉器」的趨勢。事實上由射夬與C形佩飾的演變與消長，我們可以發現，至少在秦漢之前，這二種器物是並存的，尤其是漢代，韘形佩是十分盛行的玉飾，但C形玦的數量雖少，從文獻及考古發掘二方面來看，仍確實存在，因此我們在界定春秋至漢代古籍中的「玦」所指何物時，除非有明確的證據，否則皆不能排除射夬與C形玦兩種可能，掌握此一關鍵，則不易誤解古籍。

〔註82〕（漢）班固撰、（唐）顏師古注、楊家駱主編：《新校本漢書并附編二種》，（台北：鼎文書局，1986年），頁3035。

〔註83〕（南朝宋）范曄撰、楊家駱主編：《新校本後漢書并附編十三種》，（台北：鼎文書局，1987年），頁243。

〔註84〕（南朝宋）范曄撰、楊家駱主編：《新校本後漢書并附編十三種》，（台北：鼎文書局，1987年），頁2414～2415。

參考書目

壹、傳統典籍

1. 《十三經注疏‧4 儀禮》，台北：藝文印書館，1989 年。
2. 《十三經注疏‧5 禮記》，台北：藝文印書館，1989 年。
3. 《十三經注疏‧6 左傳》，台北：藝文印書館，1989 年。
4. 《十三經注疏‧8 爾雅》台北：藝文印書館，1989 年。
5. （漢）司馬遷等撰、楊家駱主編：《新校本史記三家注并附編二種》，台北：鼎文書局，1987 年。
6. （漢）班固撰、（唐）顏師古注、楊家駱主編：《新校本漢書‧五行志》，台北：鼎文書局，1986 年。
7. （漢）許慎；（宋）徐鉉校定：《說文解字》，北京：中華書局，2005 年重印。
8. （漢）許慎；（清）段玉裁注《說文解字注》，江蘇：廣陵古籍刻印出版，1998 年 6 月。
9. （南朝宋）范曄撰、楊家駱主編：《新校本後漢書并附編十三種》，台北：鼎文書局，1987 年。
10. （宋）洪興祖：《楚辭補註》，北京：中華書局，1985 年。
11. （清）吳清卿（大澂）：《古玉圖考》，台北：台灣中華書局，1973 年 6 月。
12. 國學整理社原輯：《諸子集成》，北京：中華書局，1954 年。

貳、近人著述（依作者筆劃爲序）

1. 中國玉器全集編輯委員會編、楊伯達等主編：《中國玉器全集——原始社會》，（石家莊：河北美術出版社出版，1992 年。
2. 王力：《同源字典》，北京：商務印書館，1991 年。
3. 古文字詁林編纂委員會編纂：《古文字詁林》第四冊，上海：教育出版社，2000 年。
4. 那志良：《中國古玉圖釋》，台北：南天，1990 年。
5. 那志良：《古玉鑑裁》，台北：國泰美術館，1980 年。
6. 周南泉：《古玉器》，上海：古籍出版社，1997 年 1 月。
7. 季旭昇：《說文新證》（上），台北：藝文印書館，2002 年。
8. 林巳奈夫（著）、楊美莉（譯）：《中國古玉研究》，台北：藝術圖書，1997 年。
9. 林尹：《文字學概說》，台北：正中書局，1971 年。
10. 林尹：《訓詁學概要》，台北：正中書局，1972 年。
11. 邱福海：《古玉簡史》，台北：淑馨，1993 年。

12. 徐正倫：《細說古玉》，台北：三友圖書公司，1992 年 1 月。

13. 桑行之等編：《說玉》，上海：上海科技教育出版社，1993 年。

14. 浙江省文物考古研究所：《浙江考古精華》，北京：文物出版社，1990 年。

15. 馬茂元主編：《楚辭注釋》，台北：文津，1993 年

16. 高大倫、蔡中民、李映福：《中國文物鑒賞辭典》，廣西：灕江出版社，1993 年 6 月。

17. 臧振、潘守永：《中國古玉文化》，北京：中國書店，2001 年。

18. 劉如水：《中國古玉鑑別總論》，台北：商周出版，2004 年。

19. 劉良知：《古玉新鑑》，台北：尚亞美術出版，1992 年。

20. 鄧淑蘋《古玉圖考導讀》，台北：藝術圖書公司，1992 年 9 月。

21. 譚顯崑：《玉器鑑定與分析（一）禮器與紋飾》，台北：三藝文化，2003 年。

參、單篇論文（依作者筆劃為序）

1. 幼平：〈美意綿綿話玉玦〉，《文博》，西安：陝西人民出版社，1996 年第一期。

2. 何琳儀：〈仰天湖竹簡選釋〉，《簡帛研究》第三輯，南寧：廣西教育出版社，1998 年 12 月。

3. 那志良〈耳飾的玦〉，《美育月刊》，台北：國立台灣藝術教育館，1991 年 12 月。

4. 許又方：〈空頭約定——《九歌·二湘》析論〉，《東華人文學報》，花蓮：國立東華大學人文社會科學學院，2002 年 7 月。

5. 黃士強：〈玦的研究〉，《國立台灣大學考古人類學刊》，台北：國立台灣大學文學院人類學系，第 37、38 期合刊，1971 年。

6. 楊虎、劉國祥，〈興隆窪文化玉器初論〉，《東亞玉器》第一冊，香港：香港中文大學中國考古藝術研究中心，1998 年。

7. 楊進萍：〈玉韘和韘形佩〉，《收藏》，西安：中國收藏雜誌社，2005 年 8 期。

8. 鄧聰：〈東亞玉玦之路〉，《人類文化遺產保護》，西安：西安交通大學出版社，2003 年。

9. 鄧聰：〈東亞玦飾四題〉，《文物》，北京：文物出版社，2000 年 2 期。

10. 鄧聰：〈東亞玦飾的起源與擴散〉，《東方考古》第一集，北京：科學出版社，2004 年。

11. 盧兆陰：〈玉韘與韘形玉佩〉，《文物天地》，北京：文物出版社，1995 年第 1 期。